Felix Büter
# Sechs Räder für ein Halleluja

AF239339

Sechs teils schon ergraute Radler werfen sich ins Abenteuer und machen sich mit ihrem Drahtesel auf den Weg. Von der Haustür in Ahaus, im westlichen Münsterland aus starten sie mit riesigem Respekt, eine 2.600 Kilometer lange Tour durch die Niederlande, Belgien und Frankreich und anschließend durch Spanien auf dem berühmten Camino Frances. Bei teils widrigen Wetterverhältnissen, Hitze und Kälte, schneidigem Gegenwind folgen sie durch blühende Landschaften und urbane Städte, über schneebedeckte Berge den Millionen Pilgern aus aller Welt, die seit mehr als tausend Jahren nach Santiago de Compostela und weiter bis Finisterre aufgebrochen sind. Mit Sattelfestigkeit und Pedaltreue überwinden sie Erschöpfung und Aufgabegedanken. Und Gott? Am Ende stellen sie fest, dass Radpilgern etwas anderes ist als nur Radwandern.

Der Autor erzählt unbefangen und manchmal augenzwinkernd von religiösen Stätten mit ihren Geschichten und Legenden, Wegeerfahrungen in der Gruppe und emotionalen Begegnungen mit Einheimischen und Pilgern. Er gibt Radwanderern Tipps. Das Buch soll die außergewöhnliche, entschleunigende Kraft einer solchen Reise vermitteln und all diejenigen ermuntern, die sich noch nicht selbst auf den Weg zum Grab des heiligen Jakob gemacht haben.

Der Autor:

Felix Büter, 1959 geboren, ist ehemaliger Bürgermeister seiner Heimatstadt Ahaus mit 40.000 Einwohnern im westlichen Münsterland. Nach einer Ausbildung und Studium und 30-jähriger Tätigkeit, bei einer großen deutschen Krankenkasse, hatte er dieses Amt 11 Jahre inne. Felix Büter engagiert(e) sich vielfach ehrenamtlich in Politik, Sport, Katastrophenschutz und Kirche und ist begeisterter Radfahrer. Bereits mehrere längere Radreisen führten ihn nach Wien, Verona und Berlin. Die Schilderung seiner Reise nach Santiago de Compostela ist sein Erstlingswerk als Buchautor.

Felix Büter

# Sechs Räder für ein Halleluja

Mit dem Drahtesel den Jakobsweg erfahren

Bibliografische Information der Deutschen Nationalbibliothek:
Die Deutsche Nationalbibliothek verzeichnet diese
Publikation in der Deutschen Nationalbibliografie;
detaillierte bibliografische Daten sind im Internet
über http://dnb.dnb.de abrufbar.

Korrektorat: Christoph Almering

Herstellung und Verlag: BoD – Books on Demand, Norderstedt

ISBN: 978-3-7578-8357-7

# Inhaltsverzeichnis

## Warum dieses Buch?

12. April – Ostersonntag - 2020

Ich sitze in meinem kleinen, aber feinen Büro unseres Einfamilienhauses in der ersten Etage. Ich sehe aus dem Fenster und kann erkennen, dass die Buche, die ich zum Bau unseres Hauses vor 36 Jahren gepflanzt habe, seine ersten Knospen ausbildet. Die Vormittagssonne scheint durchs Dachflächenfenster ins Zimmer. Außer dem Vogelgezwitscher hört man nur ab und an das leise Geräusch eines vorbeifahrenden Autos.

Aber nicht nur die Natur ist in den ersten Frühlingstagen still. Zurzeit ist es die ganze Welt. Eine in meinem schon nicht mehr ganz so kurzen Leben noch nie dagewesene Pandemie hält Milliarden von Menschen „gefangen", ändert ihr Leben radikal. Straßen sind fast menschenleer, Geschäfte geschlossen, die Wirtschaft nahezu stillgelegt, Kindergärten und Schulen nicht in Betrieb. Politische Entscheidungen bislang nicht vorstellbaren Ausmaßes werden fast täglich getroffen. Die Menschen dürfen sich nur noch in der Familie oder zu zweit mit einem Abstand von zwei Metern Entfernung begegnen, sie müssen zu Hause bleiben. Warum? Das vor wenigen Wochen entdeckte Virus Covid 19 verursacht eine Lungenerkrankung, die tödlich enden kann und verbreitet sich weltweit rasend schnell. In dem Moment, in dem ich diese Zeilen niederschreibe, sind weltweit bereits mehr als 1,8 Millionen Menschen infiziert und fast 114.000 Erkrankte gestorben. Neben den USA und Italien sind besonders auch Spanien, Frankreich und Deutschland betroffen.

Was hat das, werden Sie fragen, mit einer Fahrradreise von Ahaus nach Santiago de Compostela vor knapp zwei Jahren zu tun? Auf den ersten Blick: nichts. Beim zweiten

Nachdenken für mich ganz viel. Diese Pandemie fordert von uns keinen aktionistischen Einsatz, um Leben zu schützen, sondern eine beispiellose Entschleunigung. Nicht das Immer-Weiter, Immer-Schneller, Immer-Strukturierter ist gefragt, sondern das Innehalten, das Einen-Schritt-zurück-Gehen, das Aussteigen aus dem sich immer schneller drehenden Hamsterrad. Mir ist in dieser Situation bewusst geworden, dass es bei unserer Santiago-Tour unter anderem auch genau darum ging. Was heute ein Muss ist, war für uns vor zwei Jahren freiwillig und war heute rückschauend betrachtet eine gute Schule. So ist aus einer bisher schon lockeren Idee das Vorhaben entstanden, ein Buch zu schreiben.

Aber für wen soll das gut sein? Die Wege der Jakobspilger sind doch gemeinhin bekannt. Sämtliche Details sind bereits geschrieben und/oder im Internet veröffentlicht. Bekannte und weniger bekannte Pilger, zu Fuß, mit dem Fahrrad oder auch dem Esel, haben ihre Erfahrungen schon veröffentlicht. Und jetzt Felix Büter auch noch? Wer würde ausgerechnet auf dieses Buch noch warten?

Die Antwort ist leicht. Ich selbst. Vermutlich auch meine Mitreisenden. Und wer sonst noch, wird sich zeigen. Ob es veröffentlicht wird – keine Ahnung. Das ist mir aber auch nicht wichtig. Es ist ja in erster Linie für mich.

Ach ja. Und ich schreibe auch für meine vor 13 Jahren im Alter von 73 Jahren verstorbene Mutter, der ich das Buch auch widmen möchte. Sie hätte mich bestärkt, loszufahren, das Abenteuer zu wagen. Sie wäre stolz gewesen auf ihren Großen. Obwohl sie erst spät in ihrem Leben hat reisen können, war sie so weltoffen, neugierig auf etwas Neues und vor allem so interessiert an den Menschen. Gedanklich wäre sie dabei gewesen, hätte jeden Tag mitverfolgt.

So. Jetzt ist es an Ihnen zu entscheiden, ob Sie weiterlesen. Ob Sie glauben, noch etwas Neues zu entdecken. Lust

darauf haben, etwas zu entschleunigen. Ich lade sich herzlich ein, umzublättern.

„Möge die Straße uns zusammenführen und der Wind in deinem Rücken sein; sanft falle Regen auf deine Felder und warm auf dein Gesicht der Sonnenschein.

Und bis wir uns wiedersehen, halte Gott dich fest in seiner Hand; und bis wir uns wiedersehen, halte Gott dich fest in seiner Hand. Führe die Straße, die du gehst immer nur zu deinem Ziel bergab; hab´, wenn es kühl wird, warme Gedanken und den vollen Mond in dunkler Nacht".......

Sechs Männer stehen in der Nähe ihrer Fahrräder auf der Einfahrt meines Einfamilienhauses im münsterländischen Ahaus und singen gemeinsam aus voller Kehle dieses katholische Kirchenlied. Sicher nichts für eine Bewerbung zur Aufnahme im Gefangenenchor. Der eine oder andere schiefe Ton wird aber von der begleitenden Gitarrenmusik von Birgit Levi schön geglättet. Toll, dass sie, eine gute Freundin von Hermann Kühlkamp und mir, zusammen mit Franz-Josef Große-Berg, einem jahrelangen Begleiter, heute am Sonntagmorgen schon so früh aus dem Bett gefallen ist, um uns gemeinsam mit unseren Ehefrauen zu verabschieden.

Das Team:

Hermann Kühlkamp, 64, mit seinen 172 Zentimetern der Kleine, ist sicher der Radfahrfreak unter uns. Mehrmals wöchentlich ist er mit seinem Trekking- oder Rennrad unterwegs. Jedes Jahr unternimmt Kühle – wie ihn viele nennen - meistens mit seiner Frau Maria größere Touren. Gemeinsam waren sie schon in Verona, Santiago und selbst Rom.

Hermann Lefering, 63, 187 Zentimeter groß, der Zügige, sorgt mit seiner niedrigen Trittfrequenz in einem hohen

Gang zumindest im flachen Gelände für überdurchschnittliches Tempo.

Josef „Jupp" Terbeck, 63, bringt bei seinen 180 Zentimetern zwar etwas mehr Gewicht auf die Waage, ist aber dennoch der Zähe, den man so schnell nicht aus dem Sattel holt.

Josef Witte, 52, 185 Zentimeter groß, der „neue Unbekannte", bislang begeisterte Rennradfahrer, versucht sich zum ersten Mal an einer über Wochen gehenden Tour.

Bernold Leuker, 49, 175 Zentimeter groß, der Benjamin und Schwager von Kühle, wegen seiner lockigen Haare auch „Locke" genannt, will trotz geringerer Erfahrung unbedingt dabei sein.

Und dann bin da noch ich, Felix Büter, 59, 189 Zentimeter, für den die Tour nach Santiago ein Lebenstraum ist. Ob das schon vor mehr als 45 Jahren meine Freunde gewusst haben, als sie mich Felice (nach dem berühmten Radrennfahrer Felice Gimondi) genannt haben?

Sechs Männer, die eigentlich nicht im echten Sinne des Wortes nach Santiago de Compostela pilgern wollen, sondern eher eine besondere sportliche Herausforderung annehmen. Sich auf einen Weg machen, den schon viele unternommen haben. Wir wollen die Erfahrung machen, was eine solche Reise mit uns macht, mit dem Team, mit jedem Einzelnen. Natürlich bin ich auch sehr gespannt zu erleben, welche Spiritualität diese Reise auf mich ausübt.

Das wird nicht bei allen gleich sein. Während Hermann Lefering und ich uns durchaus als gläubige praktizierende Christen sehen, die zwar nicht jeden Sonntag, aber doch regelmäßig zum Gottesdienst gehen, ist der Bezug zum praktizierenden Glauben und insbesondere zur Kirche bei den anderen weniger stark.

Und dennoch haben wir bei der Vorbereitung gesagt: „Wenn wir schon auf einem der bekanntesten Pilgerwege der katholischen Kirche unterwegs sind, wollen wir doch zumindest den Grundstein dafür legen, dass diese Reise etwas mit unserem eigenen Glauben zu tun hat."

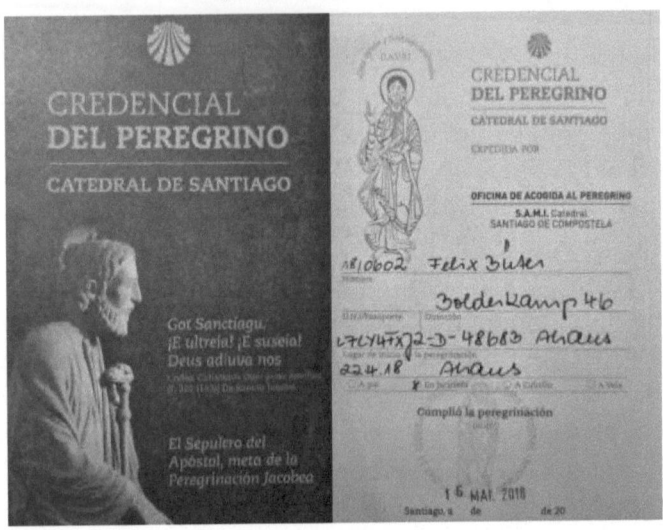

Bild 1: Pilgerausweis – Kathedrale von Santiago - Gütiger Jakobus. Weiter! und Höher! Gott steh uns bei – Das Grab des Apostels, Ziel der Jakobswallfahrt.

So hat Josef Witte uns im Vorfeld von der deutschen Jakobusgesellschaft in Aachen einen Pilgerausweis besorgt und Hermann uns mit der „Muschel" ausgestattet. Früher war sie ein Zeichen der heimkehrenden Pilger, ein wenig zu vergleichen mit den Palmenzweigen der Jerusalempilger. Und heute? Wir sind ja noch nicht einmal weg. Heute ist sie eher ein Hinweis auf den Pilgerstatus. Man sieht sie jedenfalls schon überall auf dem Weg. Und bei uns an den Lenkradtaschen der Fahrräder.

Auch unser Diakon Josef Korthues ist heute Morgen gekommen. Zwischen seinem Frühschwimmen und einem später noch anstehenden Gottesdienst hat er mit seinem

Fahrrad bei uns haltgemacht. Ein ungewöhnlicher Kirchenmann. Als Seelsorger ist er ganz dicht bei den Menschen, auf allen Kanälen. Dass er auf Facebook mehr als 2000 Freunde hat, sagt einiges über ihn aus. Weil wir uns gut verstehen, gehöre auch ich dazu.

Schon im Mittelalter sind die Pilger von ihrem Ortspfarrer mit einem besonderen Segen auf die Pilgerreise verabschiedet worden. Damals war es ja – im Gegensatz zu heute – eine Riesensache, große Entfernungen zu überwinden, durch größere Städte und einsame Gegenden zu wandern, lange fort zu sein, fremde Sitten und Gebräuche zu erleben.

„Klar komme ich, Felix", hatte Josef mir versichert, „um eure auch jetzt noch besondere Reise über eine Strecke von nahezu 2.500 Kilometern unter Gottes Segen zu stellen."

Jetzt steht er, ein geistliches Buch in der Hand, in andächtiger Atmosphäre mitten zwischen uns: „2500 Kilometer auf dem Fahrrad, nicht mit Rotwein und Französin, sondern strampelnd. Was kann da unterwegs nicht alles passieren? Viel Schönes, viele nette Leute, aber auch Unwägbarkeiten, große Anstrengungen.

Und da bitten wir um den Segen des Herrn: Gott, du hast deinen Knecht Abraham auf allen Wegen unversehrt behütet. Du hast die Söhne Israels auf trockenem Pfad mitten durch das Meer geführt. Durch den Stern hast du den Weisen aus dem Morgenland den Weg zu Christus gezeigt. Geleite auch die hier versammelte Truppe, sechs gestandene Männer, nach Santiago de Compostela, um deine Gegenwart zu erfahren, mehre ihren Glauben, stärke ihre Hoffnung und erneuere ihre Liebe. Schütze sie vor allen Gefahren und bewahre sie vor jeglichem Unfall. Führe sie glücklich ans Ziel ihrer Fahrt und lass sie unversehrt zurückkommen nach Hause. Gewähre ihnen schließlich, dass sie das Ziel ihrer Pilgerschaft erreichen. Darum bitten wir durch Christus unseren Herrn."

„Amen".

*Bild 2: Mit Gottes Segen und guten Wünschen unserer Lieben ins Ungewisse*

Puh. Dieser Sonntagmorgen hat schon früh um 07.30 Uhr für einen emotionalen Moment und glasige Augen gesorgt. Einmal kurz schütteln und dann kann es los gehen. Weil wir heute unterwegs nicht einkaufen können – die Geschäfte haben geschlossen - hat Hermann Kühlkamp (Kühle) für uns alle ein Lunchpaket zusammengestellt. Das ist schnell verstaut. Die Drahtesel sind gesattelt. Wir sind soweit. Ein Abschiedskuss von der Lieben, auf ein Wiedersehen in vier Wochen, verschwinden wir mit einem letzten Wink hinter der nächsten Ecke.

Die vier „älteren" Herren unter uns haben alle eines gemeinsam. Sie haben über mehrere Jahrzehnte hinweg, überwiegend in leitender Funktion, für die Stadt Ahaus gearbeitet. Und alle vier sind inzwischen seit zwei bis drei Jahren zu Hause. Ausgeschieden, weil sie in die Freistellungsphase der Altersteilzeit gegangen oder wie ich zu einer weiteren Wahl als Bürgermeister nicht mehr angetreten sind. Kühle ist zudem auch ein guter Freund von mir. Politisch und beruflich waren wir ein klasse Team. Oft stand er mir hilfreich zur Seite, war mir in kniffligen Situationen ein echter Helfer.

Zwei längere Radreisen haben wir Vier im letzten und vorletzten Jahr schon gemeinsam unternommen. Wo das Herz von voll ist, da läuft der Mund bekanntlich von über. Dadurch ergaben sich die Anfragen von Locke (Bernold Leuker) und Josef Witte, dessen Freund, ebenfalls mit dabei zu sein. So ergänzen die beiden Youngster das Team.

Der erste Tag steht ganz im Zeichen einer Fahrt durch das uns bekannte Münster- beziehungsweise Rheinland. Schließlich sind wir hier sehr häufig, wie man bei uns sagt, auf Pättkestour unterwegs. Pättken ist ein plattdeutscher Ausdruck und bedeutet Weg. Die Infrastruktur an Fahrradwegen durch die Natur und auf Wirtschaftswegen ist hier sehr gut. Heute bewegen wir uns allerdings entgegen der sonstigen Gewohnheit überwiegend auf Fahrradwegen entlang von Straßen. Das verkürzt die Strecke und sorgt dafür, heute schon einmal Kilometer zu machen.

Kurz nachdem wir das Ortschild von Ahaus passiert haben, kommt uns Karl-Heinz entgegen. „Moin, Kalle!" Der langjährige politische Begleiter und Ortsvorsteher des Ahauser Dorfes Ottenstein erwidert zwar meinen Gruß. Aber herzlich-vertraut hört sich das nicht an. Was ist mit dem denn los, denke ich. Jetzt dämmert es. Er hat mich in den Radlerklamotten, kurze schwarze Hose mit einem bunten Trikot, dazu Helm und Sonnenbrille wahrscheinlich einfach nicht erkannt.

Apropos Sonnenbrille: Das Wetter meint es heute gut mit uns. Es ist ein herrlicher Frühlingstag mit anfangs noch ein wenig frischen, später aber sehr angenehmen Temperaturen. Würden wir heute Morgen nicht zu etwas Großem aufgebrochen sein, wäre ich heute sicher mit meiner Ingrid auch mit dem Fahrrad unterwegs. Einzig der Wind kommt uns ein wenig entgegen. Wir kommen zügig voran. Über Vreden, an der Bauernschaft Gaxel vorbei, durch Winterswijk in den Niederlanden, erreichen wir, wieder in Deutschland, schon nach etwa zwei Stunden Bocholt.

An diesem schönen Tag wird mir noch einmal richtig bewusst, wie schön unsere Heimat ist. Die Natur, wovon wir viel haben, steht in einem noch zarten und trotzdem schon saftigen Grün. Überall ist zu erkennen, dass Bäume, Sträucher und Blumen aus dem Winterschlaf erwachen. Ganz anders als im Herbst des vergangenen Jahres, als nach einem trockenen Sommer alles braun war und nach Wasser lechzte. Dass die schönste Jahreszeit beginnt, lässt sich sehen, riechen und fühlen.

Neben anderen Gründen haben wir uns deshalb für die Zeit von Mitte April bis Mitte Mai entschieden. In den ersten zwei Wochen werden wir den Frühling genießen können und später auf dem eigentlichen Jakobsweg sind wir nicht mit Tausenden Anderen in der Hauptpilgerzeit unterwegs. Dass es im Sommer in Nordspanien brüllend heiß werden kann, muss man auch nicht unbedingt persönlich erfahren. Ob sich diese Einschätzungen bewahrheiten, wird sich zeigen.

Von Bocholt aus kommen wir über Dingden schnell vorwärts, sodass wir bereits um 11.30 Uhr in Bislich das erste Mal den Rhein sehen. Über die weitläufige grüne Flussaue hinweg fließt er ruhig in seinem Bett, fast ohne den sonst regen Schiffsverkehr. Dieser schöne Blick will noch ein wenig genossen werden.

An einem sauberen Pausenplatz entschließen wir uns für die erste – frühzeitige – Mittagspause. 66 Kilometer sind ja bereits geschafft. Ähnlich viel, wie meine Frau Ingrid und ich sonst den ganzen Tag fahren, wenn wir mit Freunden auf Fahrradtor sind. Picknick in der Rheinaue Bislich-Vahnum. Wer heute Vormittag noch eine Jacke getragen hat, braucht sie spätestens jetzt nicht mehr. Das Thermometer zeigt schon fast sommerliche 26 Grad Celsius an.

Nach der Pause rollen wir gemütlich zum Fähranleger hinunter. Wir wollen und müssen auf die andere Rheinseite. Das Vorhaben, mit der Fähre Keer Tröch II überzusetzen, haben wir mit vielen anderen gemeinsam. Unzählige Rad- und Motorradfahrer sind heute unterwegs. Die Fähre füllt sich. Just in dem Moment, da nur noch eine Handvoll Leute vor uns ist, bewegt sich die am Ufer liegende Klappe des Schiffes langsam nach oben. Ungewollt schon wieder Pause. Nun gut, nehmen wir die nächste Gelegenheit. Um 13.30 Uhr haben wir unsere Räder sicher an Bord verstaut – es gibt sogar einen eigenen Fahrradständer – und genießen die kurze Überfahrt.

Wieder hinein in den Sattel, soll es über Xanten, Geldern, Straelen, Venlo zu unserem ersten Zielort nach Baarlo in den Niederlanden gehen. Wieder genießen wir die Landschaft um uns herum. Bei dem sonnigen Wetter leuchten die weitläufigen Rapsfelder fast golden, unterbrochen von den ersten zarten hellgrünen Blättern der Bäume. Ab und zu am Straßenrand auftauchende in weißer Blüte stehende Kirschbäume sorgen für schöne Farbtupfer. Aus westlicher Richtung verdunkelt sich der Himmel jetzt aber zunehmend. Ein dumpfes Donnern ist deutlich zu hören und wird lauter. Das drohende Gewitter zieht jedoch knapp an uns vorbei. Nur einige wenige Tropfen bilden nasse Flecken auf der Straße.

In Straelen machen wir auf dem Schulhof einer Grundschule eine Kaffeepause und in Venlo eine kleine Rundfahrt durch die schöne Stadt. Viele überwiegend junge Menschen sitzen in den Straßencafés und genießen die Sonne bei einem „koffie met gebak". Wir sind mittlerweile, ohne es gemerkt zu haben, in den Niederlanden. Dieser Sonntag macht seinem Namen wirklich alle Ehre.

Um 17.15 Uhr haben wir nach 119 Kilometern unser Tageziel erreicht. Im vorgebuchten Bed and Breakfest begrüßen uns nette niederländische Gastgeber. Die Frau des Hauses ist sehr interessiert. „Wil je naar Santiago de Compostela gaan? Oh, dat is heel ver weg." Das ist aber sehr weit. Leider kann sie uns nicht mit einem kalten Bier dienen.

Drei gleiche Zimmer sind in diesem Privathaus nicht vorhanden. Also wird gelost. Unser Sonnyboy Locke ist die Glücksfee und beschert sich und Josef mit der „Fürstensuite" schon einmal selbst Glück. Wir anderen teilen uns ein Appartement, wobei Kühle und ich im Spitzboden unterkommen. Naja, wir sind ja Gönner. Und ein paar weitere Übernachtungen kommen ja noch.

Da wir etwas außerhalb wohnen, steigen wir nach einer frischen Dusche erneut aufs Rad, um in einem fünf Minuten entfernten Lokal zu essen: Schnitzel für Kühle und Mixed Grill mit Pommes und Gemüse für alle anderen; dazu natürlich ein leckeres Bier. Endlich! Auch wenn das hier weniger appetitlich aussieht als zu Hause, nämlich fast schaumlos. Im Münsterland wird ein gutes Bier in drei Minuten gezapft (und keineswegs in sieben, wie uns eine fatale Legende weismachen will), und anschließend bei knapp unter sechs Grad mit einem „Feldwebel", einer frischen Schaumkrone, obendrauf serviert. Da trinkt das Auge auch mit.

Nachdem es uns auch noch gelungen ist, für die morgige Nacht ein Zimmer zu buchen, lassen wir den Abend gemütlich und höchst zufrieden ausklingen. Goede Nacht, Nederland.


Fazit des Tages:

Ausgedehnter Sonntagsausflug in die Niederlande

## Montag, 23. April 2018 – Baarlo(NL) - Orp-Jauche(B)

Ein Fenster hat unser Zimmer immer noch nicht. Warm war es diese Nacht. An der nur knapp über meinem Kopf verlaufenden schrägen Decke habe ich mich einige Male angestoßen. Das Bett ist aber gut, so, wie ich auch geschlafen habe. Obwohl ich schon früh wach bin, studiert Kühle schon seit einiger Zeit unsere örtliche Tageszeitung. Er hat sie sich über eine App auf seinem Smartphone heruntergeladen. Großes Interesse an den Nachrichten habe ich nicht, zumal ich bis gestern früh ja noch zu Hause war.

Vielmehr geht mir durch den Kopf, wie sich unsere Frauen gestern gefühlt haben mögen. Von meiner Ingrid weiß ich, dass sie mich schon mit ein wenig Sorge hat fahren lassen: „Müssen das denn wirklich vier Wochen sein? Geht es nicht auch weniger anstrengend und gefährlich? Und die Straßenverhältnisse sind sicher auch oft schwierig. Was ist, wenn einer von euch krank wird?"

Ich erinnere mich noch gut an die ersten Überlegungen. Zu viert haben wir mit unseren Frauen im August 2016 bei uns zu Hause zusammengesessen. Wir wollten unsere erste gemeinsame große Radtour über die Alpen nach Verona noch einmal Revue passieren lassen. Natürlich waren wir ein wenig stolz darauf, die Strecke von 1.400 Kilometern und die vielen schweißtreibenden Höhenmeter über das höchste Gebirge Europas geschafft zu haben. Schöne Erlebnisse, aber auch immense Anstrengungen wurden in uns wieder wach. Kühle, Hermann, Jupp und ich haben uns in jenem Sommer zusammengefunden, weil ich nach meiner Verabschiedung aus meinem politischen Amt das Ziel hatte, mit dem Fahrrad eine Alpenüberquerung in Angriff zu nehmen. Kühle hatte eine solche Tour bereits gemacht und sich spontan angeboten, mich zu begleiten. Als wir in größerer

Runde darüber gesprochen hatten, war Hermann ebenfalls sofort begeistert gewesen von der Idee. Uns zu dritt auf den Weg zu machen, schien aber nicht sinnvoll zu sein. Zwei fahren nebeneinander, einer hinterher – diese Rolle wollte verständlicherweise niemand haben. So waren wir schnell bei der Frage gewesen, wer als vierte Person noch zu uns passen könnte und ebenfalls große Lust hätte, sich zu quälen. Ich hatte daraufhin Jupp angesprochen, der nach einer Nacht „darüber schlafen" signalisiert hatte: „Ich bin dabei." Das waren die Anfänge unserer Aktion „4fahren" gewesen. Und nun lag das Ganze schon wieder drei Monate hinter uns. Der Zauber, die Begeisterung und die Erinnerung an das Erlebte haben seitdem jedoch nichts von ihrem Reiz verloren. In gemütlicher Runde, bei einem Glas Bier und etwas zu essen schwelgten wir in Erinnerungen. Die schönen gemeinsamen Stunden, die sportliche Herausforderung, die reizvollen Landschaftsbilder und nicht zuletzt das tolle Miteinander ließen uns zu dem Schluss kommen, dass wir es nicht dabei bewenden lassen wollten. Es sollte ein nächstes, größeres Radl-Ziel geben.

Einiges diskutierten wir: Deutschland von Norden nach Süden, von Hamburg entlang der Elbe bis Prag, Rom und anderes. Nachdem ich vor einigen Jahren Israel besucht hatte und immer noch beindruckt davon war, wie mich diese „Pilgerreise" in den Bann gezogen hatte, brachte ich Santiago de Compostela ins Spiel. Dazu konnte Kühle schon einiges an Informationen beisteuern. Er hatte vor etwa 15 Jahren diese Tour aus Anlass seiner Silberhochzeit mit seiner Frau Maria schon gemeistert und wusste in etwa, was auf uns zukommen würde. Schnell war klar, dass die Strecke deutlich anspruchsvoller sein würde, und wenn wir sie von zu Hause angingen, fast doppelt so lang würde als die nach Verona. Dennoch sah man bei allen ganz schnell das Funkeln in den Augen. Das würde - sofern wir es denn schafften - ein unvergessliches Erlebnis werden.

Diese Begeisterung hielt sich bei unseren Frauen dagegen sehr in Grenzen. Es schwang die Sorge mit, dass bei dem Abenteuer auch etwas passieren könnte. Dass es möglich wäre, dass insbesondere Erkrankungen der noch lebenden fast 90 Jahre alten Eltern oder Schwiegereltern während unserer Abwesenheit lebensbedrohlich werden. Und schließlich würden wir unsere Frauen auch für vier Wochen alleine lassen. Ein Veto gab es letztlich aber auch deshalb nicht, weil wir signalisierten, dass man die Gesamtstrecke auf zwei Jahre verteilen könnte.

Einig waren wir uns aber von Anfang an, dass wir nicht erst zu Beginn des eigentlichen Jakobsweges in Frankreich oder Spanien einsteigen wollten. Wenn schon, denn schon sollte der Start von zu Hause aus erfolgen. Alpha und Omega. Von Anfang bis zum Ende. Von Ahaus bis nach Finisterre (übersetzt: Ende der Welt). So war am Ende eines gemütlichen Abends unsere Idee geboren.

Zu diesem Zeitpunkt bezeichneten wir das Vorhaben (noch) nicht als Pilgerreise. Unsere Gedanken waren eher geprägt von der gemeinsamen Freude am Radfahren, der Vorfreude auf wiederum schöne Erlebnisse und die auf uns wartenden Herausforderungen. Das sind die sportlichen Anstrengungen. Das ist aber auch das Zusammensein für einen längeren Zeitraum, die ständige Suche nach einem gemeinsamen Nenner und schlichtweg auch das Abenteuer. Es würden Dinge auf uns zukommen, die sich vorher nicht planen lassen.

Tja, aus dem Zweijahresvorhaben ist nichts geworden. Die Hindernisse im ersten Jahr von Bordeaux nach Hause und vor allem im zweiten Jahr zunächst wieder dorthin zu kommen, schienen uns zu groß. Und der Reiz, alles in eins zu schaffen, ebenso. Dennoch haben unsere Frauen auch dazu „Ja" gesagt. Dafür bin ich sehr dankbar.

Jetzt aber raus aus den Federn. Unten wartet bestimmt ein gutes Frühstück auf uns. Und tatsächlich ist der Tisch reichlich gedeckt mit Brötchen, Brot, Aufschnitt, Käse Joghurt, Orangensaft und gutem Kaffee. Und dazu die Frage unserer Wirtin: „Möchten Sie lieber Rührei, ein gekochtes Ei oder Spiegelei?" Fünfmal heißt es Rührei und einmal Spiegelei, für mich. Gut gestärkt steht der obligatorische Toilettengang an. Hupps! Mannsluuj oder Vrouwluuj, das ist hier die Frage. Gut, dass wir in der Nähe der niederländischen Grenze wohnen und wissen wohin – Mannsluuj natürlich. Um Punkt acht Uhr bepacken wir unsere Fahrräder und sind wenige Minuten später auf dem Sprung.

„Halt!"; ruft Hermann, „wir haben vergessen, uns unseren ersten Stempel zu holen:"

Auch wenn wir den Nachweis für eine erfolgreiche Pilgerschaft jetzt noch nicht brauchen, wollen wir doch von Anfang an von möglichst vielen Stellen einen Stempel für unseren Pilgerausweis, den „Credencial del Peregrino", bekommen. Also zurück ins Haus.

„Leider", so die Wirtin, „habe ich gar keinen Stempel. Ich kann Ihnen lediglich jeweils einen Briefbogen mitgeben, aus dem Sie das Emblem herausschneiden und in Ihren Ausweis kleben können,"

Damit bleibt es also zunächst bei dem ersten und einzigen Eintrag. Unser Pfarrer vor Ort hatte mir bescheinigt, am 22. April 2018 meine Reise angetreten zu haben.

Gleich zu Beginn rollt es auf asphaltiertem Untergrund ganz gut. Es ist trocken, aber deutlich kühler als gestern. Mehr als 13 Grad sind nicht drin. Aus dem Ort heraus fahren wir direkt an die Maas und daran entlang in südwestlicher Richtung, über die Orte Kessel, Buggenum und Horn. Die wenigen weißen Wolken verziehen sich und die Sonne kommt heraus. Sie spiegelt sich in der Wasseroberfläche des bemerkenswert breiten Flusses. Hinter Horn geht es auf einem Waldweg durch ein wunderschönes Naturschutzgebiet. Mit dem lockeren Baumbestand und der Heidelandschaft erinnert es an das heimische „Haaksberger Veen".

Für eine blühende Landschaft ist es aber zu früh in der Jahreszeit. An einem See entlang müssen wir auf einem straßenbegleitenden Radweg ein Stück entlang der N 278 fahren, auf die niederländisch-belgische Grenze zu. Nach heute gefahrenen 33 Kilometern überqueren wir in Neeritter die auch hier nicht mehr wahrnehmbare Grenze. Die Beine machen ganz gut mit. Oberschenkel und Waden sind zu spüren, aber nicht wesentlich.

Jetzt sind wir auf der bislang noch relativ kurzen Teilstrecke bereits vier Mal über die Grenze gefahren. An nichts anderem wird das gemeinsame Europa so deutlich wie daran. Man merkt es eigentlich gar nicht. Keine Schlagbäume, keine Zöllner. Selbst die Währung bleibt gleich. Das Einzige, was sich jeweils verändert, sind die Häuser und die Sprache. Und hier von den Niederlanden zu Belgien verändert sich nicht einmal das. Im Norden des Königreichs Belgien ist mit den hier lebenden Flamen nämlich niederländisches Sprachgebiet.

Etwa 12 Kilometer hinter der Grenze erreichen wir auf gut ausgebauten Wirtschaftswegen den Ort Neeroeteren, wo in einem Spar-Markt die tägliche Verpflegung organisiert wird.

„Wie organisiert man eigentlich eine solche Reise?", bin ich im Vorfeld von einigen Interessierten gefragt worden. „Alles kann man sicher nicht planen. Aber eine gute Vorbereitung ist schon wichtig. Selbst dann warten noch genügend Überraschungen. Selbst dann wird es noch eine Entdeckungsreise bleiben. Andererseits hat man für sich und vor allem die Gruppe Verantwortung dafür, dass Planbares auch geplant ist."

Es beginnt bei der Auswahl und Festlegung des konkreten Streckenverlaufs. So, wie viele Wege nach Rom führen, so gelangt man auch aus unterschiedlichen Richtungen nach Santiago de Compostela. Dabei hätten wir es uns relativ einfach machen können. Vor einigen Jahren hatte das

Katholische Bildungswerk im Kreis Borken eine mehrjäh-
rige Fahrradreise nach Santiago de Compostela angeboten
und über einen Zeitraum von fünf Jahren mit jährlich rund
500 Kilometern jeweils in einer knappen Woche auch
durchgeführt. Die Routendaten waren mir bekannt. Man
hätte diese Strecke einfach nur „nachzufahren" brauchen.
Aber ehrlich, das war zu simpel, und es wäre zu wenig wir
selbst. Darüber hinaus wäre die Route etwas länger gewesen und hätte es uns schwer gemacht, exakt nach vier Wochen wieder zu Hause sein. Und das müssen wir, weil Locke
und Josef beide von ihren Chefs maximal vier Wochen Urlaub bekommen haben. Und letztlich wollten wir uns auch
nicht sklavisch an vorgegebenen Pilgerwegen halten. Bei der
Streckenauswahl waren uns besonders im ersten Teil auch
landschaftliche Kriterien wichtig.

Der Weg zum Ziel ist das eine. Das Drumherum das andere. Als wir gestern losgefahren sind, hingen an allen Rädern links und rechts Gepäcktaschen, mit allem, was man
für vier Wochen braucht, aber auch nicht mehr, als man
tatsächlich benötigt. Hier ist ganz klar weniger mehr. Jedes
Kilo zusätzlich muss jeden Kilometer mitgeschleppt werden.
Besonders schwer wiegt das den Berg hinauf, wenn jedes
Kilogramm nach unten zieht. Also nahmen wir uns im Vorfeld vor, mit zwei Gepäcktaschen und einer Lenkradtasche
auszukommen. Das ist nicht einfach, aber machbar. Und
es war sogar noch Platz für Gaskocher für den täglichen
Kaffee, Werkzeug für den Fall der Fälle und eine kleine
Hausapotheke. So habe ich - gewogen - insgesamt 17 Kilogramm Gepäck dabei. Wenn ich daran denke, dass es schon
Fahrradpilger gegeben hat, die sich mit knapp 50 Kilogramm auf den Weg gemacht haben... Wie soll das gehen?
Nicht ganz so viel, aber vermutlich mehr als wir anderen
hat auch Locke mit auf den Weg genommen. Denn an seinem Vorderrad hängen noch zwei weitere Taschen.

„Es fährt sich besser, wenn das Gewicht gleichmäßiger verteilt ist."

Wir haben uns vorgenommen, wann immer es möglich ist, unsere Pausen an der frischen Luft zu verbringen. Das steigert das Erlebnis- und Gemeinschaftsgefühl. Und es spart Zeit. Würden wir jeden Mittag irgendwo einkehren, mit sechs Personen bestellen, anschließend bezahlen und so weiter, würde eine Mittagspause länger dauern, zu lange. Davon einmal ganz abgesehen: Es wird - weiß Gott - nicht immer zur richtigen Zeit am passenden Ort etwas zu finden sein. Deshalb unser täglicher Einkauf, bei dem wir uns abwechseln. So kommt jeder in den Genuss, auch seine eigenen (Essens-)Vorlieben berücksichtigt zu bekommen. Jeweils zwei Mann kaufen Lebensmittel, zwei weitere Brot und Getränke und zwei halten die Stellung bei den „Fietsen" (Niederländisch für Fahrräder).

Bei mittlerweile nahezu idealen Radfahrtemperaturen und wieder aufgefülltem Getränkehaushalt setzen wir unsere Fahrt fort. Langsamer als gedacht und gewollt. Schon seit heute Morgen weht ein frischer Wind, der mit etwa 20 Kilometern pro Stunde leider von vorne kommt. Gegenwind kostet Kraft und Tempo. Du schaltest automatisch einen Gang herunter. Der „Belgische Kreisel" muss uns helfen. Wir fahren nicht mehr nebeneinander, sondern in kurzen Abständen hintereinander. So nutzen alle den Windschatten des jeweils vor ihnen Fahrenden gut aus. Der Erste strampelt je nach Windstärke für zum Beispiel drei Minuten direkt im Wind. Dann lässt er sich nach ganz hinten zurückfallen. So wird das Wind- und Windschattenfahren gleichmäßig verteilt. Auch wenn es sich für manchen anders anfühlt.

„Der Scheiß-Wind", flucht Kühle. „Immer wenn ich vorne fahre, gibt´s mehr Wind, immer," wittert er Verschwörung.

Windschützende Wallhecken und Wälder? Fehlanzeige, wenn Kühle vorne fährt.

„Das Leben ist so ungerecht", hört man ihn leise vor sich hin brummen. Dennoch kommt der Santiago-Express gut in Fahrt. Kühle hat schon ganz anderen Gegenwind gemeistert.

Und immerhin ist wenigstens auch heute in Belgien die Radinfrastruktur wieder sehr gut. Asphaltierte Radwege, immer abseits der Straßen, teilweise durch Waldgebiete. Einfach super.

Nach der Durchfahrt durch Opoeteren passieren wir das Stadion des KRC Genk, das heute am Montag natürlich verwaist ist. Am Wochenende kann man hier das Spiel eines der Top-Clubs der ersten belgischen Fußball-Liga verfolgen. Der Verein ist in den letzten 20 Jahren drei Mal Landesmeister und drei Mal Pokalsieger gewesen. Darauf wird Kühle mit seinem FC Schalke 04 wahrscheinlich bis zum Lebensende warten müssen. Jedes Jahr beginnt der Traum von der Meisterschaft neu. Und jedes Jahr nach weniger oder mehr Wochen ist er wieder ausgeträumt. Ich wurde nicht noch geboren, als die Blauweißen zum letzten Mal als Meister die „Salatschüssel" hochhalten konnten.

Über Waterschei und Winterslag, dabei Genk links von uns liegen lassend, finden wir an dessen Ortsrand neben einem Wohngebiet eine kleine Grünfläche mit zwei Bänken. Sie stehen etwas zu weit auseinander. Dennoch ein guter Platz für die Mittagsrast. Und nach mehr als vier Stunden Fahrzeit und 75 Tageskilometern ist der nötige Hunger sowieso da. Brötchen, Käse, Serranoschinken, Wiener Würstchen und Hackballen sind ruckzuck weggeputzt. Dazu wird mit unseren drei kleinen, aber richtig kräftigen Gaskochern Kaffee gekocht. Ich habe das Gefühl, dass das schneller geht als zu Hause auf dem Herd.

Vorausgesetzt man hat beim letzten Mal alles ordnungsgemäß wieder eingepackt. Steckt man aber seinen Kocher in einen noch teilweise mit Wasser gefüllten Topf, ist am nächsten Tag natürlich alles pitschnass. So gestern geschehen und heute Zündhemmungen nach sich ziehend. Auf die Frage, ob noch Wasser in den Töpfen ist, wird beim nächsten Mal sicher erst mit „nein" geantwortet, nachdem nachgesehen wurde. Das hilft.

Kurz nach 14 Uhr geht es wieder auf die Räder. Es liegt noch einiges an Strecke vor uns. Etwa zehn Kilometer gefahren, kommen wir an den Albertkanal. Die nach König Albert I. benannte 130 Kilometer lange Wasserstraße verbindet die beiden Städte Lüttich und Antwerpen miteinander. Wir fahren daran auf einer perfekten Straße etwa sechs Kilometer entlang, bis wir in Hasselt eintreffen. Eine mit über 400.000 Einwohnern größere Stadt in Belgien. Vor dem Justizpalast, der direkt am Bahnhof steht und von fast überall sichtbar ist, machen wir einen kurzen Halt. Das 13-stöckige, von einem deutschen Architekten mitentworfene Gebäude soll die Form eines Haselnussbaumes haben. Mit viel Fantasie wird das wohl so sein. Aber warum eigentlich ein Haselnussbaum? Es soll eine Referenz an die Haselnussbäume im Stadtwappen von Hasselt sein. Zwei freundliche Belgierinnen, eine Mutter mit ihrer Tochter, sind so freundlich, uns vor diesem, die Stadt prägenden Gebäude zu verewigen.

Weiter in südwestlicher Richtung führt uns der Weg nach Sint-Truiden. In der Nähe des historischen Marktplatzes haben wir einen Blick auf das Rathaus mit Belfried (Turm) und die Liebfrauenkirche. Wir erreichen den südlichen Teil Flanderns. Nach heute schon 107 gefahrenen Kilometern haben wir uns die Kaffeepause verdient. Zur Tea-Time in England. Dass der Wind noch immer nicht nachgelassen hat, zeigt sich daran, dass die Flamme des Kochers nur sehr schwer unter den Topf zu bekommen ist. Mit Hilfe der Kuchenplatte geht´s.

Es ist 17 Uhr und wir haben noch 30 Kilometer vor uns. Manche wären jetzt schon platt wie eine Flunder. Das wird also noch ein hartes Stück Arbeit und Gas geben müssen wir auch noch. Durch eine fruchtbare Gegend, nach Attenhoven, Landen und schließlich Orp-Jauche. Hier wird Obst angebaut. Äpfel und Birnen. Links und rechts des Weges steht alles in voller Blüte. Die in Reihe und Glied stehenden über und über voll mit weißen Blüten geschmückten, etwa zwei Meter hohen Bäume sehen unheimlich stattlich aus in ihrem Sonntagskleid.

An anderen Stellen säumen wilde Obstbäume den Weg. Hinter Landen sind wir auf einer ehemaligen Bahntrasse unterwegs, die geteert und links und rechts mit Bäumen bestückt ist. Diese geben auch ein wenig Windschutz. Das tut gut. Die Beine sind mittlerweile schwerer geworden. So kommen wir dennoch ganz gut voran, müssen wir auch.

Alles wird gut. Oder doch nicht? Kurz vor dem Ziel, die letzten zwei, drei Kilometer, geht der Blick nach oben. Noch einmal ein heftiger Anstieg. Es ging den Tag schon immer mal wieder auf und ab, aber jetzt kommt noch eine richtige Bergwertung. Etwas schnaufend und mit geringem Tempo, schaffen wir es aber und sind ziemlich exakt um 19 Uhr nach 138 Kilometern und rund 550 Höhenmetern am Ziel. Jetzt ist alles gut.

In der schmucken kleinen Ansammlung von Gebäuden ragt ein zweistöckiges Gebäude mit Walmdach, weißen Fensterläden und rotem Verblender etwas hervor. Das sei, teilt uns ein Nachbar mit, die Adresse unserer Unterkunft. Ein älteres Ehepaar stellt einige Zimmer ihres mittlerweile allein bewohnten Hauses als Chambres d´hotes zur Verfügung. Wir werden sehr herzlich willkommen geheißen. Und unsere Gastgeber wissen genau, was die sechs müden Krieger jetzt am liebsten hätten. Für jeden steht schnell eine kühle Flasche Bier auf dem Küchentisch, an dem wir gerade Platz genommen haben.

„Boah, zischt das", hört man Josef die Begeisterung an. Den anderen ist sie ins Gesicht geschrieben.

Nachdem die schicken Zimmer bezogen und alle wieder frisch sind, bleibt nur noch eine Frage offen: „Wo bekommen wir jetzt noch etwas zu essen?"

„Am einfachsten ist es, wenn Sie unten beim Chinesen einkehren. Das ist am Nächsten dran," erklärt der Hausherr.

„Chinese und unten?", schäumt Locke nicht gerade vor Begeisterung.

„Nichts oder ganz weit weg dürfte wohl keine Alternative sein", ist Jupp wieder einmal ganz Pragmatiker.

Also sausen wir den Berg hinunter und sitzen nach gefühlten zwei Minuten bereits am Tisch des typisch chinesisch dekorierten Lokals. Beim Blick in die Speisekarte die nächste Enttäuschung für Kühle: Wie eigentlich nicht anders zu erwarten, kein Schnitzel. So schließt er sich wohl oder übel den anderen bei der Wahl an. Wenigstens gibt es zur Ente die geliebten Pommes dazu. Anscheinend sieht man uns den großen Hunger an. Jedenfalls bekommen wir unser Essen schnell serviert. Das Ergebnis ist Enttäuschung Nummer drei. Kühle sucht vergeblich nach seinen Pommes Frites - bis ihm dämmert, dass wir bereits im französischsprachigen Teil Belgiens sind. Die gebratenen Äpfel (pommes) lässt er sich dennoch schmecken.

Als wir später den Berg wieder hinaufgekraxelt sind, liegen wir mit einem guten Gefühl über das Erlebte und der nötigen Bettschwere in unseren Kojen.

„Bonne nuit, Kühle."

„Bonne nuit, Felix."


Fazit des Tages:

Von früh bis spät: Blühende Landschaften, soweit das Rad sich dreht.

Ich habe geschlafen wie ein Stein. Nach der langen Etappe gestern haben wir uns zudem eine Stunde länger Schlaf gegönnt. Das bringt verbrauchte Energie zurück. Ganz nebenbei brauchten dadurch auch unsere lieben Gastgeber nicht mitten in der Nacht aufzustehen.

Als wir zum Frühstück zusammenkommen, kann ich nur sagen, das ist der Hammer. In der besten Stube finden wir einen reich gedeckten Tisch vor. Es fehlt an nichts. Drei verschiedene Sorten selbstgebackenen Brotes zum Beispiel wird man in keinem Hotel finden.

Wir haben allen Grund uns bei unserem sehr netten Gastgeberehepaar zu bedanken. Die Super-Unterkunft, das bombastische Frühstück, das Gratis-Bier gestern Abend, die Flasche Mineralwasser als heutige Wegzehrung und nicht zuletzt das automatische Öffnen des Garagentores, als wir gestern Abend später wieder zurück waren. Wir verabschieden uns von ihnen mit einer herzlichen Umarmung und einem Streicheln des treuen Hundes. Der 15 Jahre alten Lakelandterrier ist zwar aufgrund seines Alters blind und taub, konnte uns aber offensichtlich gut leiden. Ich vermag nicht abzuschätzen, ob das anders gewesen wäre, wenn er die Truppe hätte sehen und hören können. Mit einem von Herzen kommenden „Bon Voyage" und einem „Bon Courage" schicken sie uns wieder auf die Reise.

Gestern waren wir in Flandern unterwegs, heute in Wallonien. Kurz vor Orp-Jauche haben wir die „innerbelgische Grenze" überquert. Ab jetzt wird nicht mehr niederländisch, sondern französisch gesprochen. Aber selbst, wenn man mit keinem Menschen redet, bemerkt man schnell den Unterschied. Während der nördliche Teil des Landes auch hinsichtlich der Architektur, der Landschaft oder der

Infrastruktur dem ähnelt, was wir aus den Niederlanden kennen, bietet sich uns nun eher ein Bild davon, wie man sich die ländlichen Bereiche Frankreichs vorstellt. Weniger perfekt, ein wenig verlassen wirkend, strukturell schwächer.

Direkt unten im Ort Jauche kaufen wir für den Tag ein und sind dann wieder für ein ziemlich langes Stück auf der uns schon bekannten Bahntrasse unterwegs. Ein sehr gut ausgebauter Radweg, auf dem wir fast alleine fahren. Die Strecke liegt auf einem Damm, links und rechts gesäumt von Bäumen. Diese geben dazwischen den Blick frei auf die Umgebung. Auf den überwiegend landwirtschaftlich genutzten Flächen stehen zwischendurch einzelne, meist kleinere Bauerngehöfte. Sie wirken wie kleine Festungen in der Umgebung. Wie unschwer zu erkennen ist, kommen die Eigentümer nicht zu wirtschaftlichem Reichtum. Vieles ist renovierungsbedürftig. Der letzte Anstrich liegt meist länger zurück. So gepflegt wie bei uns im Münsterland ist das hier bei Weitem nicht.

Es ist gut, dass wir heute Morgen die Beinlinge unter unsere Radlerhosen gezogen haben. Bis heute habe ich ein wenig das Gefühl, dickere schwarze Frauenstrümpfe mit Strumpfband zu tragen, wenn ich die Dinger anhabe. Sie halten aber warm, nehmen wenig Platz in Anspruch. Es ist mit weniger als zehn Grad doch ziemlich frisch. Und den Schatten der Bäume benötigen wir heute auch nicht. Wogegen man sich leider nicht anziehen kann, ist der Wind, der auch heute wieder kräftig aus der falschen Richtung weht. Den musst du aushalten.

Erst nach mehr als 25 Kilometern mit einigen kleineren Erhebungen, immer geradeaus, haben wir den nächsten Ort im Blick. Es ist eine willkommene Abwechslung, durch die Gemeinde Gembloux zu fahren, die mit rund 25.000 Einwohnern wohl eher eine Stadt ist. Obwohl wir den Kern nur streifen, ist der die übrigen Gebäude überragende schlanke Glockenturm mit seiner metallenen verzierten Haube ganz gut zu erkennen. Dieser „Belfried", wie man ihn zum Beispiel aus Antwerpen oder Brügge kennt, ist besonders für flämische Städte typisch. Belfriede gehören nicht, wie man meinen könnte, zu einer Kirche, sondern wurden als Symbol der weltlichen Macht errichtet. Sie stehen deshalb – wie hier - unmittelbar am Rathaus und sind – wie dieser 2005 - fast alle zum Weltkulturerbe erhoben worden.

Die stillgelegte Zugverbindung ging früher bis nach Ligny. Auf dessen Trasse sind wir auch weiterhin unterwegs. Den kleinen Ort passieren wir nach rund 36 Kilometern. Dass es auch beschwerlicheren Untergrund gibt, merken wir kurze Zeit später nach einem ersten kleineren Anstieg. Erst sind die Beine gefordert; dann kommt das leichte Schlingern auf der Schotterpiste unter unseren Rädern dazu. Und ab und zu macht es „ping", wenn die hochgeschleuderten Steine gegen Felge oder Speichen schlagen.

Nun kommen wir ein längeres Stück am Flughafen Brüssel-Charleroi entlang. Dieser mit 50 Kilometern deutlich weiter von der Hauptstadt entfernt liegende Flughafen als „Brussels Airport" ist kleiner, aber dennoch der zweitgrößte Belgiens. So wundert es fast nicht, wie groß das dafür notwendige Gelände wirklich ist. Mit dem Fahrrad nimmt man es nur wesentlich stärker wahr.

In den zurückliegenden Stunden bin ich das eine oder andere Mal hinter Locke gefahren. Bislang selten, weil er sich sonst eher im hinteren Bereich aufhält. So, wie er fährt, kann ich mir vorstellen, dass er bei dieser Mammuttour am meisten gefordert sein wird. Er fährt zwar auch sonst sehr regelmäßig mit dem Fahrrad zur Arbeit. Und das sind immerhin für den Hin- und Rückweg jeweils 15 Kilometer. Er arbeitet in der Nachbarstadt Vreden für eine große Firma, die Auflieger für LKW produziert, das weltbekannte Unternehmen Schmitz CargoBull. Aber mehrere Stunden, manchmal für die Länge eines ganzen Arbeitstages, jeden

Tag neu auf dem Rad zu sitzen, ist etwas anderes. Und Locke muss das unter erschwerten Bedingungen machen. Seine beiden Hüften sind angeschlagen. Im Herbst wird vermutlich eine Operation anstehen. Er hat sich vor dem Start extra einen neuen Sattel gekauft, den man hydraulisch hoch- und herunterfahren kann. Das macht es ihm erst möglich, sein bewegungseingeschränktes Bein über den Sattel zu heben. Und dann kommt dieser Fahrstil dazu. Es sieht so aus, als wenn sein Sattel zu hoch eingestellt ist. Jedenfalls rutscht er auf ihm ständig hin und her. Das wird deutlich mehr Kraft kosten. Ob die am Ende reicht?

Heute fällt im Gegensatz zu gestern auf, dass es in Belgien unabhängig von der Sprache auch sonst ein Nord-Süd-Gefälle gibt. Gestern fanden wir eine sehr saubere Umgebung vor. Hier und heute ist das anders. An vielen Stellen ist es schmutzig, und Müll sieht man viel zu oft an den falschen Stellen. Kein schöner Anblick. Wir sehen Orte, in denen niemand von uns wohnen möchte. In der nächstgrößeren Stadt Courcelles ist - platt gesagt - vieles „Bruch und Dallas". Verfallene Gebäude. Von den Wänden bröckelnder Putz. Straßen mit unzähligen Schlaglöchern. Ein wirklich schäbiger Ort.

„Wenn du so etwas siehst", sagt Josef, der als leitender Mitarbeiter bei einer Entsorgungsfirma arbeitet, „merkst du erst, dass wir einen guten Job machen. Selbst wenn bei uns nach einer Sperrgutabfuhr das eine oder andere an der Straße liegt, ist das nichts gegenüber dem, was wir uns hier ansehen müssen."

Schnell weiter.

Kaum haben wir das wieder aus dem Blick, geht es auch noch kräftig bergauf. Und ein passender Pausenplatz ist nicht in Aussicht. Belgien wirkt auf mich in diesem Moment zum Vergessen.

Endlich, nach einer etwas holprigen Walddurchfahrt, finden wir um 14 Uhr eine Stelle, an der wir, in der Nähe eines

Bauernhofes, zu Mittag essen können. Sitzmöglichkeiten gibt es hier nicht, lediglich eine Ablagemöglichkeit für unsere Lebensmittel. Der Platz ist alles andere als komfortabel, aber dafür ist er heilig – vor einem Bildstock.

„Ehrlich gesagt, habe ich schon gemütlicher gegessen und getrunken. Und ziemlich kühl ist es auch noch."

„Du hast vollkommen recht, Locke", entgegnet Jupp, „aber ich bin schon froh, wenn die bellenden Hunde da drüben auf dem Hof bleiben, wo sie sind, und uns in Ruhe lassen."

Dem Appetit tut das keinen Abbruch. Morgens haben wir noch gedacht, wir hätten vielleicht zu viel in den Einkaufskorb getan. Das hat sich als Trugschluss herausgestellt. Alle sind satt, es ist aber auch alles gegessen. Gut gestärkt können wir uns auf die noch bevorstehenden 35 Kilometer durch hügeliges Gelände machen.

Der wassergebundene Weg führt uns entlang weiter Felder, kleiner Bäche, vereinzelter Bäume und Baumgruppen. An zwei kleineren Orten vorbei erreichen wir Binche. Gegründet im 12. Jahrhundert als Befestigungsstadt, als Grenzfestung gegen Frankreich. Wie noch heute am Landschaftsbild zu erkennen ist, hat es hier seit der Industrialisierung Kohlegruben gegeben. Aus dieser Zeit stammt auch der historische Bahnhof, von dem wir mit dessen grünem Vorplatz ein Foto machen.

Beim Anblick dieses architektonisch schönen Gebäudes aus Backstein, mit dem Treppengiebel über dem Haupteingang, denke ich über den Baustil in diesem Land nach. Es gibt viele hässliche Häuser, im Süden mehr als im Norden. Das mag daran liegen, dass es hier entweder keine oder wesentlich lockere Bauvorschriften als in Deutschland gibt. Es scheint so, als wenn jeder baut, wie er will. Flachbauten neben dreigeschossigen Gebäuden mit Satteldächern. Völlig unterschiedliche Traufen- und Giebelhöhen. Hochmoderne und gediegene Häuser in direkter Nachbarschaft zueinander. Ein wilder Straßenrandmix. Das Einzige, was fast durchgehend einheitlich ist, sind die Backsteinfassaden, wenn sie nicht später verputzt wurden. Diese Einheitlichkeit dürfte baukulturell in erster Linie den Grund haben, dass insbesondere Flandern als ton- und lehmhaltige Region den Rohstoff liefert.

Was für einen großen Stellenwert hatte die Stadtplanung dem gegenüber während meiner elfjährigen Zeit als Bürgermeister in Ahaus! Wie oft haben wir uns bei der Erstellung von Bebauungsplänen intensiv Gedanken über ein einheitliches Stadtbild gemacht! Wie oft haben wir mit Bauherren über die Wichtigkeit einer guten äußeren Gestaltung gesprochen! Der Leitgedanke lautete: „Wir müssen die Stadt weiter und nicht neu bauen. Man darf im Stadtbild unterschiedliche Planungszeiträume sehen, ja, aber alles muss zueinander passen." Die belgische Stadtplanung ist meinem Eindruck nach hingegen chaotisch oder nicht erkennbar.

Grenzfestung gegen Frankreich. Das heißt, dass es nicht mehr weit bis zur „frontière" sein kann. Durch die hügelige Landschaft, entlang von Flachsfeldern erreichen wir diese tatsächlich nach gut zehn Kilometern. Sie trennt den belgischen Ort Grand-Reng von seinem französischen Nachbarn Vieux-Reng, in diesem Fall den dazu gehörigen Weiler Lameries. Fährt man durch beiden „Brüder" und weiß es nicht, erkennt man nicht, welcher von beiden belgisch und welcher französisch ist. Alte Grenzfestung hin oder her: Hier erkennt man, dass ein Europa auch ein Europa der Regionen ist und Grenzen oftmals fließend sein können. So kennen wir es auch aus unserem eigenen niederländisch-deutschen Grenzgebiet.

Gedanklich bedanken wir uns ganz herzlich für die belgische Gastfreundlichkeit. Besonders ist die ausgesprochen große Rücksichtnahme gegenüber Radfahrern aufgefallen. Man grüßt freundlich, lässt uns die Straße queren, auch wenn wir keine Vorfahrt haben, hält eine gute Infrastruktur vor. Bedankt und Merci.

Das erste Stück auf französischem Boden führt uns auf geringbefahrenen Straßen durch zwei kleine Orte an die Sambre. Unrühmlich bekannt ist sie durch Schlachten, die sowohl im ersten als auch im zweiten Weltkrieg an ihr stattgefunden haben. Über 200 Kilometer Länge, jeweils etwa zur Hälfte in Frankeich und Belgien, verläuft sie von der hiesigen Region aus hin zu ihrer Mündung in die Maas, also dahin, wo wir herkommen.

„Salut la France! Bon jour Monsieur!" Das können wir nach zwölf weiteren Kilometern auch persönlich sagen. Wir sind am Ziel für heute, dem Grand-Hotel in Maubeuge. Wie passt das denn zusammen? Pilgern und dann Grand-Hotel? Wir konnten erstens nichts anderes bekommen, zweitens ist es vom Preis in Ordnung und drittens bietet es nicht das, was der Name vielleicht verspricht. Für unsere Bedürfnisse ist es aber ein gutes Haus.

Heute sind wir etwas weniger gefahren (100 Kilometer), aber der Wind und das hügelige Auf und Ab haben es dennoch geschafft, uns müde zu machen.

Nach einem kleinen „Anlegerbier" steht das jeden Tag gleiche Prozedere an. Zimmer beziehen. Kühle und ich haben diesmal getrennte Betten, während die anderen jeweils zu zweit in Kuschelbetten übernachten. Duschen. Bei uns hat sich das gut eingependelt, dass Kühle beginnt und ich mich anschließe. Wäsche waschen. Unsere Radlerklamotten nehmen wir mit unter die Dusche, reiben sie mit dem unverwüstlichen Klassiker Rei aus der Tube ein, stampfen sie ein wenig mit den Füßen sauber und waschen sie mit klarem Wasser wieder aus. Anschließend werden sie mit dem gerade benutzten Badetusch so weit wie möglich entwässert und schließlich zum Trocknen auf die mit im Gepäck befindliche Wäscheleine gehängt. Es mag sich komisch anhören. Aber diese Handwäsche ist fast das

Wichtigste am Tag. Wird vor allem die Hose mit dem Sitz-
kissen nicht täglich von Staub, Schweiß und nach dem Waschen von Seife befreit, neigt sie schnell zum Scheuern am
Allerwertesten. Wer will schon aussehen wie ein Pavian?
Und dass das Fahrradfahren dann nicht mehr lustig ist,
kann sich jeder vorstellen.

Auch an diesem Abend haben wir in unserem Zimmer an
irgendwelchen Kleiderhaken, Schranktüren und sonstigem
unsere Wäscheleine befestigt bekommen, und unsere Wäsche hängt. Jetzt noch ein wenig aufhübschen, sofern das
bei uns überhaupt geht, und ab zum Abendessen.

Heute werden wir mit einem Stück Rindfleisch, mit diesmal echten Pommes, und Salat verwöhnt. Dazu ein belgi-
sches Bier, an dem nur die bauchigen Gläser etwas ungewöhnlich sind. Es schmeckt wirklich gut und macht Lust
auf mehr. Das wäre allerdings nicht gesundheitsfördernd.
Es soll insgesamt mehr als 1.000 verschiedene belgische
Biersorten geben. Bis man dadurch ist...


Fazit des Tages:      7


Schon wieder einen Schritt weiter als gestern und immerhin
schon in Frankreich.

Obwohl unser Hotel an einer stärker befahrenen Straße und in der Nähe des Bahnhofs liegt, sind wir von eventuell vorhandenem Lärm nicht gestört worden. In alter Frische sind wir wieder auf den Beinen. Der erste Weg ist heute Morgen nicht zum Frühstückstisch, sondern erst einmal vor die Tür. Unsere Sorge gilt den Drahteseln. Das erste Mal konnten wir sie gestern nicht in einem separaten, verschlossenen Raum unterstellen. Der stand hier nicht zur Verfügung. Zunächst hatten wir sogar überlegt, uns deswegen nach einer anderen Unterkunft umzuschauen. Zu groß waren die Bedenken, dass ein oder mehrere Fahrräder gestohlen werden könnten. Ohne den fahrbaren Untersatz kein Ankommen in Santiago. Nach intensiven „Verhandlungen" mit dem Hotelpersonal über ein „Sicherheitskonzept" konnte doch noch eine akzeptable Lösung gefunden werden.

Die Fahrräder wurden auf der Außenterrasse abgestellt, auf der sonst bei gutem Wetter die Gäste in der Sonne sitzen. Die Terrassenbegrenzung wurde mit vereinten Kräften so verstellt, dass sie unseren Parkplatz eng umschloss und den Zugang erschwerte. Die Fahrräder wurden extra gesichert, alle miteinander verbunden. Die Beleuchtung sollte die ganze Nacht eingeschaltet bleiben und der Nachtportier des Hotels ein Auge auf sich nähernde Personen haben. Super. Es hat funktioniert. Alles steht noch so da, wie gestern abgestellt.

„Mensch", könnte man fragen, „sind die nicht ein bisschen überempfindlich?" Ich würde es eher „aus Erfahrung vorsichtig" nennen. Wenn einem, so wie mir, schon sieben Fahrräder gestohlen wurden, davon zwei in den vergangenen sechs Jahren, scheint mir die Sorge durchaus nachvollziehbar.

Ganz wertlos ist das Material auch nicht. Wir haben mit einer Ausnahme zwar keine superteuren Hightech-Räder, aber gute Qualität schon. Unsere Trekkingräder unterschiedlicher Marken sind solide gebaut, mit höherwertigen Komponenten bei Rädern, Bremsen und Schaltung ausgestattet und vor der Tour noch einmal generalinspiziert und -überholt worden. Schließlich sollten sie uns ja auch über tausende Kilometer, teils über Stock und Stein ans Ziel bringen. Einzig Kühles „Liebling" ist etwas ganz Besonderes. Der Edelstahlrahmen wurde individuell und von Hand hergestellt. Alles andere ist ebenfalls hochwertig. Es ist halt das Sportgerät eines im besten Sinne des Wortes „Fahrradverrückten".

„Alles gut", denke ich „solange man nicht den Blick gen Himmel richtet." Seit Sonntag hat es bislang nicht geregnet. Auch jetzt ist es noch trocken. Wie es aussieht, wird das aber nicht so bleiben. Egal. Es gibt kein schlechtes Wetter, sondern nur unpassende Kleidung.

Jetzt wird zunächst in Ruhe gefrühstückt. Und das ist gut. Später beim Aufsatteln sind die ersten Tropfen schon auf den Bürgersteig gefallen. Die Vorsichtigen ziehen Regenhose und Regenjacke an, die Mutigen lassen sie weg beziehungsweise beschränken sich auf die Jacke.

Und los geht es. Mit genügend Zeit im Rücken hätten wir den relativ bekannten Zoo von Maubeuge besuchen können. So geht es nur kurz durch die Stadt. Schon nach wenigen hundert Metern heißt es: „Stopp!" Die Mutigen werden belohnt. Es hat schon wieder aufgehört zu regnen. Für die anderen heißt es: wieder heraus aus der Regenkleidung. Erneut an der Sambre entlang, entfernen wir uns in Hautmont nach sechs Kilometern vom Wasser. Kurz danach kehren wir daran zurück, fragen uns nun aber, ob das wirklich ein Radweg sein soll. Die Spur ist schmal und geht wenig später ganz in Rasen über. Das Treten wird schwer. Nur gut, dass direkt vor uns der Rasenmäher noch in Sichtweite unterwegs ist. So ist das Gras wenigstens kurz. Als wir schon über Alternativen nachdenken, können wir abbiegen und es auf einer Nebenstraße wieder besser rollen lassen.

Durch dünn besiedelte Landschaft radelnd, haben wir schon vor 10 Uhr nach 20 Kilometern in der Ortschaft Aulnoye-Aymeries eine gute Gelegenheit zum Einkauf. Bislang hat sich das Team in allem ganz gut zusammengefunden. Ob das auch für Verpflegung zutrifft, wird sich heute zeigen. Die neu hinzu gekommenen Locke und Josef sind für uns erstmalig mit dem Einkaufswagen unterwegs.

Später passieren wir weitere kleine französische Dörfer und gelangen in den Fôret domaniale de Mormal. Das ist ein riesiger Staatsforst. Wälder dieser Größenordnung von fast 100 Quadratkilometern Fläche kennen wir in unserer münsterländischen Parklandschaft nicht. Links und rechts des ausgezeichneten asphaltierten Waldweges stehen fast ausschließlich gut gewachsene Eichen und Buchen. Stattliche Bäume. Und alle stehen im frischen Grün. Die hin und wieder hinter den Wolken hervorkommende Sonne vervollständigt einen schönen Ausblick.

„Schau dir diese gepflegten Flächen an! Kein bisschen Totholz zwischen den geraden Stämmen!", ruft Hermann begeistert. „Und guck Dir an, wie sauber sie hier im Winter die Bäume fällen und auf Länge schneiden und dann ordentlich am Wegesrand lagern!". Und augenzwinkernd und mit Blick auf unsere gemeinsame Vergangenheit fügt er kurz darauf hinzu: „Da soll noch einer sagen, dass Staatsdiener nicht fleißig sind."

Diese schöne Umgebung und der angenehme leicht säuerliche Geruch des geschlagenen Holzes bleiben uns zehn

Kilometer lang erhalten. Zwischendurch wirft uns Josef ein Lob zu.

„Kühle und Felix! Ihr habt bislang wirklich eine tolle Route ausgearbeitet. Schotter gehört hin und wieder dazu. Ansonsten klasse Wege, immer abseits des Verkehrs. Super!"

„Danke für die Blumen. Aber wir werden auch noch anderes Terrain erleben. Vor Überraschungen sind wir auch nicht gefeit. Und dass wir so eine Waldstraße vorfinden, war nicht vorhersehbar."

Schon wieder deutlich spürbar ist das immer vorhandene leichte Auf und Ab. Es sind keine Berge, aber viele aneinander gereihte kleine und größere Hügelchen. Im Laufe des Tages werden sich die Höhenmeter summieren.

Als wir den Wald verlassen, ändert sich das Bild. Es ist aber nicht weniger sehenswert. Ringsherum sorgen riesige blühende Rapsfelder für einen durchgehenden, kräftig gelben Teppich in der Landschaft; nur unterbrochen von den grünen Hecken, die die einzelnen Grundstücke einfassen. Herrliche Bilder mit Rahmen.

Hinter dem Ort Le Cateau-Cambresis wollen wir abseits der vermutlich stark befahrenen D21 bleiben und wechseln auf einen parallel verlaufenden Wirtschaftsweg. Doch der ist sehr schlecht beschaffen. Schotter und durch Traktoren versursachte tiefe Spurrinnen machen das Fahren – hier zudem auch bergauf – schwierig. Wir müssen höllisch aufpassen, dass die Pedale nicht aufsetzen und die Räder auf dem losen Untergrund nicht rutschen. Abgearbeitet oben angekommen, gönnen wir uns eine kleine Trinkpause und entscheiden uns doch für die Straße.

Wie heißt es so schön? Vom Regen in die Traufe. Jetzt nervt der Verkehr, und wie. Auf der geraden Piste rast der eine oder andere Autofahrer bedenklich dicht an uns vorbei. Gemütlich ist das nicht. Nach 20 Minuten haben wir es erst einmal geschafft. Mittagspause. Um 14 Uhr in Busigny in

Frankreich. Wieder haben wir einen für Pilger angemessenen Ort ausgewählt. Ein kleiner gemütlicher Platz an einer kleinen Kapelle. Locke und Josef haben ihre Premiere als Einkäufer übrigens bestens bestanden. Es gab nichts zu meckern. Und die Mousse au Chocolat. Soooo lecker! Die Jungs wissen, was schmeckt und gut für die Seele ist.

Als wir unsere Sachen wieder einpacken, glaube ich zunächst nicht, was ich sehe. Eine Bank auf dem mit Gänseblümchen bedeckten Rasen hat es ihm angetan: Jupp hat sich darauf so richtig lang gemacht. Sein Bauch reckt sich der Sonne entgegen.

*Bild 3: Eine kurze horizontale Lebenspause.*

„Ich weiß nicht, warum ihr so verwundert guckt. Ältere Herren brauchen ihren Mittagsschlaf."

Viel Zeit gönnt er sich dafür aber nicht. Nach insgesamt einer Stunde Pause sitzen wir alle wieder auf dem Rad. Vor uns liegt ja immerhin noch die halbe Tagesstrecke. Heute Morgen haben wir unbemerkt gebummelt. Deshalb wird es heute Abend wieder später werden.

Die nächsten knapp 30 Kilometer sind zum Vergessen und deshalb schnell erzählt. Immer an der Straße lang. Immer eng am Straßenrand. Immer auf und ab. Verkehr, Verkehr, Verkehr. Und fast immer geradeaus. Da schaltest du den Verstand ab und denkst nur noch daran, weiter zu kommen. Und für die schönen Rapsfelder hast du dann auch keinen Blick mehr.

In der nächstgrößeren Stadt Saint Quentin haben wir das Gefühl, dass alle Franzosen gleichzeitig Feierabend haben. Um 16.30 Uhr steht hier am Rande der Straße das Wasser wieder auf dem Kocher. Coffee-time in Rushhour. Gemütlichkeit pur. Das macht aber jetzt auch schon nichts mehr aus.

Obwohl es in Frankreich die Tour de France gibt. Obwohl wir die vergangenen und die kommenden jeweils 30 Kilometer auf der Radrennstrecke Paris-Roubaix 2012 unterwegs sind. Frankreich hat offensichtlich kein Herz für Radfahrer. Es gibt so gut wie keine Radwege. Die Alternativen sind Schotter oder Straßen. Und die Einschätzung des Verkehrs ist in der Planung sehr schwer. Eine Klassifizierung der Straßen nach Verkehrsaufkommen gibt es hier auf den Distriktstraßen nicht.

„Es nützt ja nix, Opa", wie die Enkeltochter von Kühle immer sagt. „Da müssen wir durch."

Wieder nur Autos, Autos, Autos. Und wieder Rücksichtslose, die trotz Gegenverkehr mit 120 Sachen an uns vorbei jagen.

Wenige Kilometer vor unserem Ziel können wir abbiegen. Von der Straße weg. Diesmal macht uns der Schotter nicht viel aus. Und auch nicht, dass wir das gebuchte Quartier nicht sofort finden.

Schließlich klingeln wir um 19.30 Uhr am eisernen Eingangstor zur Anlage. Es dauert einen kurzen Moment, und die Pforte zum Chateau de Quesmy gibt den Weg und anschließend den Blick frei auf eine äußerlich sehr sehenswerte Anlage. Das Haupthaus und mehrere Wirtschaftsgebäude, alle aus Backstein gebaut, wirken gut erhalten. Der parkähnliche Garten mit teils älterem Baumbestand ist gepflegt. In ihm eingebettet eine größere Teichanlage. Für den Moment fühle ich mich wie Gott in Frankreich. Wie kann das denn sein? Wohnen im Schloss? Beim Anblick des Ganzen im Inneren relativiert sich dann vieles. Hier ist es nicht mehr ganz so gepflegt. Wir haben zwar ein Gebäude, das für zehn Gäste reicht, für uns allein. Die Räume sind aber in ihrer Ausstattung geprägt von „Gelsenkirchener Barock", und die Betten sind eher etwas für Weiche. Ein wenig muffig ist es auch. Kein Grund also ein schlechtes Gewissen dafür zu haben, als Pilger in einem Schloss zu übernachten. Außerdem gibt es dafür keine Zeit. Schnell geduscht, Klamotten gewaschen und über den Hof hin zu dem Ort, den man uns als Restaurant gezeigt hat. Ich sollte wohl besser Ballsaal sagen. Discokugel, rote samtbezogene Stühle und die Größe des Raumes deuten stark darauf hin.

Ab jetzt heißt es aber einen Gang niedriger schalten. Die Kellnerin hat alle Hände voll damit zu tun, uns zu erklären, was alles auf der Speisekarte steht, aber nicht mehr zu bekommen war. Dabei sind wir die einzigen Gäste. Das, was es noch gibt, lässt auf sich warten. Und später geht ihnen das Bier auch noch aus...

„Na Jungs, wie war denn der Tag?", frage ich zwischendurch in die Runde. Die Antworten fallen eindeutig aus:

„Es fing so schön an und ging dann so beschissen weiter."

„120 Kilometer können verdammt lang werden, wenn es viele lange Geraden gibt und etliche Buckel überquert werden müssen. Von dem schon gewohnten Gegenwind rede ich nicht einmal."

„Es hätte ja noch passen können. Aber mit dem Verkehr war echte Willenskraft gefragt."

„Lass uns den berühmten Haken daran machen. Morgen ist ein neuer Tag."

Fazit des Tages:

Was gut anfängt, kann später im Straßenverkehr untergehen.

## Donnerstag, 26. April 2018 – Quesmy(F) - Chelles(F)

Der gestrige Eindruck von „unserem Schloss" hat sich auch heute Morgen bestätigt. Zwar haben wir eine wunderbare Aussicht, das Frühstück selbst ist aber eher bescheiden. Viel mehr als das typisch Französische – Feingebäck wie ein Croissant mit Butter und Marmelade, dazu eine große Tasse Milchkaffee – ist es nicht.

Um 8.30 Uhr stehen wir abfahrbereit auf dem Innenhof des Chateaus. Wo soll es jetzt langgehen? Den gestrigen Abzweig zum Hotel zurückfahren würde ein Umweg bedeuten. Wofür haben wir unsere Fahrradnavigationsgeräte mit?

Eigentlich dienen sie uns dazu, uns auf der ausgearbeiteten Route zu halten. Jeder hat die Datei auf seinem Gerät gespeichert und kann so GPS-navigiert an der Strecke entlangfahren. Bisher hat sich das wunderbar bewährt. Wir haben uns nicht einmal wenige hundert Meter verfahren. Und falls der Vorausfahrende doch eine Abzweigung verpasst hatte, gab es mindestens einen, der gerufen hat: „Halt! Wir müssen hier rechts abbiegen."

Jetzt soll uns mein Gerät vom Standort möglichst direkt auf die geplante Strecke zurückrouten. Tatsächlich wird mir eine kürzere Alternative angezeigt.

„Bitte folgen!"

Auf die Technik vertrauend, wird aus der Straße leider schnell nur noch ein Weg, über den es dann mehr und mehr ruckelnd über Stock und über Stein geht.

Nicht immer hält es uns auf dem Rad. Weiter durch einen Wald, beschleicht mich ein immer schlechteres Gefühl. Wohin schicke ich meine Kameraden hier? Wo werden wir landen? Zu meiner eigenen Beruhigung rufe ich nach hinten:

„Mountainbiker hätten an dieser Strecke sicher ihre reine Freude."

*Bild 4: Wenn du nicht fahren kannst, dann schiebe, aber bleib in Bewegung.*

Einen kleinen Mountain haben wir zudem auch noch zu überwinden. Als wir an einem Waldarbeiter vorbeikommen, der mit seinem riesigen Radlader gefällte Bäume stapelt, schüttelt er nur mit dem Kopf und zuckt mit den Schultern.

Gott sei Dank wird nach gut vier Kilometern aus der Offroad-Tour wieder normales Radfahren, auf angemessenem Untergrund.

Trotzdem müssen wir einen technischen Stopp einlegen. Die Bremsen von Kühle haben auf dem letzten Stück Abfahrt nicht mehr richtig „gegriffen". Ich denke lieber nicht darüber nach, was bei einem Totalausfall gewesen wäre. Ein kurzes Nachstellen der Hydraulikbremse behebt das Problem.

Jetzt befinden wir uns wieder auf der gestern verlassenen Hauptverkehrsstraße. Gut, dass es jetzt so gegen 9 Uhr wenig Verkehr gibt. Über Noyon, wo wir auch einkaufen, radeln wir an einem Kanal (Canal Latéral A L'oise) entlang in Richtung Pimprez. Es ist ein kleiner Ort, der nur deshalb erwähnenswert ist, weil wir nicht wie gewollt dorthin kommen. Wieder haben wir Rasen unter unseren Rädern, der später zu einer ausgewachsenen Wiese wird. In dem Ort, auf einer Brücke stehend, ist am Kanal kein halbwegs befahrbarer Weg mehr zu erkennen.

„Wie kann man hier auf der Karte einen Radweg kennzeichnen und den auch noch als Pilgerweg ausweisen", ärgert sich Locke.

Leider sind die OpenStreetMap-Karten, die von Nutzern so ähnlich weiterentwickelt werden wie die Wikipedia-Bibliothek, nicht überall auf einem gleich guten Stand.

„Es tut mir leid", erwidere ich. „Das ist das mitgebuchte Abenteuer."

Also ändern wir die Streckenführung in Richtung Compiègne. Der Umweg dürfte nicht riesig sein. Auf einer ausgeschilderten Radroute kommen wir über Bailly und Saint-Leger-aux-Bois in den Fôret de Compiègne, den drittgrößten Staatsforst in Frankreich. Er umfasst eine Fläche, die fast so groß ist wie die unserer gesamten Heimatstadt inklusive ihrer Dörfer. 140 Quadratkilometer. Wir befinden uns hier übrigens auf der Eurovelo-Route 3, einer Fahrradpilgerroute. Nach neun Kilometern zwischen hochgewachsenen Eichen und Buchen kommen wir am Waldrand nach Choisy-au-Bac, wo wir eine Pause einlegen.

Unsere Geldbörsen sind inzwischen aus Zwiebelleder: „Wenn du reinschaust, kommen dir die Tränen." Wir brauchen Geldnachschub. Es ist höchst erfreulich, wie einfach das inzwischen geht. Mit der MasterCard Gold hebt man den gewünschten Betrag ab und zahlt nicht einmal Gebühren dafür. Weil es bei der Caisse d´Epargne, der hiesigen Sparkasse, nur einen Automaten gibt und es hübsch hintereinander geht, haben wir Zeit, uns ein wenig die Beine zu vertreten. So treffen wir die ersten Radler, die ebenfalls

Santiago als Ziel haben. Da sie ihre Pause gerade beendet haben und schon auf der Weiterfahrt sind, bleibt leider nur ein freundliches „Buen Camino". Schade.

Es ist schon bemerkenswert, dass wir bereits 500 Kilometer unterwegs sind und erst jetzt die ersten Pilger treffen. Schließlich sind wahrscheinlich jedes Jahr rund 700.000 Menschen nach Santiago unterwegs. Und zu Hause kennt fast jeder jemanden, der den Camino schon erlebt hat.

Jeder kommt auf seine eigene Weise zum Jakobsweg. Und für jeden ist er unterschiedlich erlebnisreich. Was mögen die beiden soeben für Beweggründe haben? Den Verlust eines lieben Menschen, den Wunsch, sein Leben neu zu ordnen, der Dank, eine schwere Krankheit überwunden zu haben, die Suche nach dem eigenen Glauben? Wir werden es nicht erfahren.

Sie kamen aus einer Richtung, die etwas abseits des direkten Weges liegt. Vielleicht sind sie hinter dem benachbarten Ortsteil Francport auf der anderen Seite des Flusses an der sogenannten Waffenstillstandslichtung gewesen. Dort wurde nicht weit entfernt von hier in einem Eisenbahnwaggon 1918 die Kapitulation des Deutschen Reichs gegenüber Frankreich am Ende des ersten Weltkriegs unterzeichnet und im zweiten Weltkrieg 1940 die Kapitulation Frankreichs gegenüber dem Deutschen Reich. Wir sind an einem historischen Ort. Die Geschehnisse der beiden Weltkriege sind im Übrigen auf unserem bisherigen Weg durch Nordfrankreich an vielen Stellen präsent.

Aufgrund einer Baustelle im Ort ist die weitere Verkehrsführung geändert. Deshalb ist uns nicht ganz klar, wie es genau weitergeht. Ich frage eine Anwohnerin nach dem Weg. Dafür reichen meine eher bescheidenen Französischkenntnisse gerade aus. Meine Frage kommt an. Die viel zu schnell gesprochene und etwas verwirrende Antwort weniger. Also sagt die junge Frau ihren beiden noch kleineren Kindern, dass sie vor uns herfahren sollen. Wir folgen den beiden über die nächste Kreuzung, überqueren mit ihnen auf einem ganz schmalen baustellenfreien Pfad die Brücke und sind wieder auf unserem Weg – unschwer zu erkennen an dem ersten „offiziellen" Wegweiser mit der Jakobsmuschel. Mit einem ganz herzlichen „merci beaucoup" bedanken wir uns bei ihnen. Selbst hätten wir diese kleine Lücke vermutlich nicht gefunden.

Nach einem kurzen Stück entlang der L´Aisne mündet diese in die Oise. Der in Nordfrankreich wichtige Fluss ist zusammen mit den uns schon bekannten Kanälen ein Teil des Binnenwasserweges, der Belgien und den Ärmelkanal mit dem Norden und dem Großraum Paris verbindet. Das links von uns liegende Gewerbegebiet gehört schon zu Compiègne. Besonders ragt ein großes Werk von Colgate-Palmolive heraus. Am Zentrum mit dem Schloss, in dem schon Kaiser Napoleon gewohnt hat, und dem Rathaus mit seinem Glockenturm vorbei, bleiben wir an der Oise und erreichen weiter flussabwärts kurz nach 13 Uhr Verberie. Auch jetzt können wir wieder im Freien „dejeunieren". Es ist zwar mit 13 Grad nicht besonders warm, fühlt sich in der Sonne aber angenehm an.

Irgendwie sind wir in den letzten Tagen vormittags im Bummelzug unterwegs. Auch heute. Wieder haben wir zur Pause erst weniger als die Hälfte des Pensums geschafft. Kein gutes Zeichen?

Weg vom Fluss, bleiben wir nach der Stärkung auf dem Eurovelo 3, überwinden 100 Höhenmeter und nehmen auf der wenig befahrenen D 932a Kurs auf Senlis. Eine Stunde lang ist es ein relativ entspanntes Fahren in der hügeligen Landschaft mit leichter Tendenz bergab. Den Kern der mittelalterlichen Stadt mit den ersten Ursprüngen im dritten Jahrhundert streifen wir nur, um unsere Fahrt in westlicher Richtung fortzusetzen. Nach Überqueren der Autobahn von Paris nach Lille wartet wieder ein Forstgebiet (Fôret d´Ermenonville) auf uns. Und wieder dürfen wir uns auf zehn Kilometern auf einen sehr guten Belag in einem toll gepflegten Wald freuen. Das Hügelige mildern wir dadurch ab, dass wir den Schwung der kurzen Abfahrten schon für die nächste Steigung nutzen. Schick sind die hölzernen weiß-grünen Wegweiser an den Wegekreuzungen.

Die anschließende Abkürzung von Loisy nach Beaumarchais würden wir uns beim nächsten Mal sicher sparen. Die schlechte Wegstrecke sollte den Traktoren vorbehalten bleiben. Kurz vor dem Ort, direkt auf einer Eisenbahnbrücke, machen wir Kaffeepause. Keine Sorge. Außer uns ist hier weit und breit niemand; wer weiß wie oft diese Fußgängerbrücke überhaupt noch genutzt wird. Ein zunächst kaum wahrnehmbares Geräusch kündigt einen heranfahrenden Zug an. Irre, mit welcher Geschwindigkeit der auf uns zurast. Es muss ein gutes Gefühl sein, auf dieser Hochgeschwindigkeitsstrecke von Paris zum Eurotunnel mit 300 Kilometern in der Stunde unterwegs zu sein. Ich kann mich jedenfalls gut an den „Kick" erinnern, als ich vor fast 20 Jahren mit meinem damals zwölfjährigen Sohn Thomas in Lathen mit der Magnetschwebebahn Transrapid übers Emsland gesaust bin. Lang ist´s her. Schon seit 2011 ist die Teststrecke nach einem schweren Unfall Geschichte.

Nach einigen weiteren gefahrenen Kilometern wird der Untergrund besser. Befestigte Straßen, zwar mit etwas Verkehr, aber gut befahrbar, lassen uns gut vorankommen. Wichtiger Eintrag ins Logbuch: Heute haben wir keinen Gegenwind. Ist das nicht schön?

In Richtung Mitry-Mory nehmen wir regen Flugverkehr wahr. Start- und Landeanflüge vom und zum Flughafen Paris-Charles-de-Gaulle im Minutentakt. Über den Wolken muss die Freiheit wohl grenzenlos sein.

Wir befinden uns schon im Großraum Paris. Nun verlassen wir den Eurovelo 3. Bei unserer gestrigen Zimmersuche für heute haben wir eine Buchung abseits der Strecke vornehmen müssen. Näherliegende Hotels waren entweder ausgebucht oder nur zu einem für Pilger unangemessenen Preis zu bekommen. Den Umweg zu einer passenden und preislich akzeptablen Bleibe nehmen wir gerne in Kauf.

Die letzten 20 Kilometer Strecke heute führen durch dicht besiedeltes Gebiet. Großraum Paris eben. Über Villeparisis nach Chelles, wo wir in einem Gewerbegebiet „unser" Ibis Budget Hotel finden. Nach siebeneinhalb Stunden reiner Fahrzeit ist es wieder 20 Uhr geworden.

Die Zimmer sind klein und einfach, die Betten aber gut. Alles in allem preisgerecht. Interessant ist der Duschbereich, der als Fertigelement in den Raum eingebaut ist. Wie die den wohl hereinbekommen haben? Sicher nicht durch die Tür oder das Fenster.

Das Hotel hat kein Restaurant. Dennoch ist die Frage, wo man hier in einem Gewerbegebiet noch etwas zum Essen bekommen kann, schnell beantwortet. Wenige Meter entfernt gibt es ein mongolisches „All-you-can-eat"-Restaurant. Es muss keiner Sorge haben, hungrig ins Bett zu müssen.

Nach allerlei Fleisch, Fisch und Meeresfrüchten plus Dessert liegen wir rundherum satt in unseren Betten. Wie jeden Abend kommt Kühles fürsorgliche Frage:

„Soll ich dir noch eine Geschichte vorlesen?" Wie jeden Abend bekommt die gleiche freundliche Antwort:

„Ja, gerne, Kühle. Aber du weißt ja, dass ich höchstens ein, zwei Sätze mitbekommen werde, bis ich schlafe."

„Macht nichts. Lese ich eben für mich allein. Wenn du willst, kann ich dir ja morgen erzählen, wie die Geschichte weitergegangen ist."


Fazit des Tages:

Durch Wald und Flur auf (frank)reichlichen Unwegen

**Freitag, 27. April 2018 – Chelles(F) - Etampes(F)**

„Guten Morgen, Felix."

„Guten Morgen, Kühle. Hast du gut geschlafen?"

„Du weißt ja, wenn ich abends noch meine Lektüre habe, ist alles gut. Das hat sich bei mir zu einem Ritual entwickelt."

„Nur gut, dass du dir den Lesestoff auf dein Smartphone herunterladen kannst. Sonst hättest du wahrscheinlich zusätzlich fünf Kilogramm allein an Büchern mitzuschleppen."

„So, heute fahren wir durch Paris. Ich bin gespannt, wie das klappen wird durch die Metropole."

Wir hatten im Vorfeld lange überlegt, ob wir den Weg durch die Stadt nehmen oder den Bereich umfahren sollen. Man verliert in der Regel viel Zeit durch häufiges Stoppen an Ampeln und Kreuzungen und hat ständig auf den Autoverkehr zu achten. Andererseits: Wenn man fast das ganze Land mit dem Fahrrad von Norden nach Süden durchquert, will man auch die Hauptstadt mitnehmen. Der Wunsch war so groß, dass wir uns dafür entschieden hatten.

„Wir werden sehen. Heute Abend wissen wir mehr."

Um 8.15 Uhr sind wir wieder auf dem Weg, um zunächst wieder auf den Weg zurückzukommen. Das gelingt uns zügig. Den zwischenzeitlichen Hügel - etwa von der Höhe des Montmartre - nehmen wir ziemlich souverän. In Bondy kehren wir zurück auf den Pilgerradweg am Canal de Lorch, einer von drei Kanälen in Paris. Auf einem schönen Radweg fahren wir an dem schnurgeraden Gewässer in Richtung City - neun Kilometer. Am Parc de la Villette ist Zeit für ein kurzer Fotostopp. Gekennzeichnet ist der von einem Japaner entworfene größte Park der Stadt von vielen „Punkten", die direkt ins Auge fallen. Alles verschiedene kräftig rote kleinere Gebäude, die die Fläche strukturieren. Große Grünflächen, Museum, Konzerthaus und weitere Einrichtungen sind hier ebenfalls zu finden. Herausstechend ist ein großes IMAX-Kino, dessen hochglanzpolierte riesige Edelstahlkuppel beeindruckt. Was auf den ersten Blick so aussieht, wie eine große durchgehende Kugel, erweist sich beim näheren Hinsehen als eine Aneinanderreihung von Tausenden gleich großer Dreiecke. In der Sonne, die schon ganz gut wärmt, wirken sie zusammen wie ein großer Spiegel. Der Park und die breiten Uferwege werden von den Parisern intensiv genutzt. Selbst an diesem Freitagvormittag, also einem normalen Arbeitstag, sind hier viele Fußgänger, Radfahrer, Jogger und andere Menschen unterwegs. Hier können Francois und Francoise es sich gut gehen lassen. Leider müssen wir weiter.

Am Ende des Parks geht auf der gegenüberliegenden Seite von hier aus der Canal Saint-Denis in Richtung Westen ab. Wir radeln weiter. Zunächst am Bassin de la Vilette entlang, dann noch ein kurzes Stück am Canal de Saint Martin nach Süden. Der Bau der drei Kanäle der Stadt wurde um 1800 herum von Napoleon in Auftrag gegeben. Während der erste zur Versorgung der Stadt mit Trinkwasser und zur Stadtreinigung gedacht war, sollten die beiden anderen Wasserstraßen dem Schiffsverkehr dienen. Uns dienen sie dazu, gut vorwärtszukommen. Keine Kreuzungen und keine Ampeln.

Nach insgesamt 20 Kilometern biegen wir an einer weiteren Grünanlage nicht mit dem Kanal links ab, sondern fahren geradeaus in Richtung Seine durch die Innenstadt. Teils in der Fußgängerzone unterwegs, wirken wir in unserer Radlermontur wohl etwas fremd. Jedenfalls ziehen wir die Blicke auf uns. Nach nicht einmal zwei Stunden stehen wir direkt am Ufer der Seine. Vor uns die Ile de la Cité. Rechts die Pont Neuf. Majestätisch steht sie da, die älteste im Originalzustand erhaltene Brücke über den bekannten Fluss.

Über dem Brückenkopf hinweg ragt im Hintergrund der Eiffelturm in die Höhe. Etwas links davon die Kuppel des Invalidendoms. Wow!

Bei mir macht sich ein Glücksgefühl breit. Das ist schon eine irre Stadt. Und jetzt hier zu sein, nicht mit dem Flieger, der Bahn oder dem Auto, sondern à vélo, ist schon etwas Besonderes. Vergessen die Sorge um das Durchkommen. Sich an den Wasserwegen zu orientieren war eine gute Entscheidung. So blieben wir abseits von stark befahrenen Straßen, mussten nicht alle 200 Meter anhalten und bewegten uns an den schönen Stellen der Stadt.

Ansonsten wäre es sicher schwierig geworden. Man muss sich das einmal bildlich vor Augen halten. Die Fläche der eigentlichen Stadt Paris ist nur 2/3 so groß wie unser Ahaus. Hier leben aber nicht 40.000, sondern 2,2 Millionen Menschen. Unvorstellbar.

Zum Erreichen eines ersten größeren Zwischenetappenziels klatschen wir uns gegenseitig ab. Den Lieben daheim wird direkt ein Beweisfoto geschickt.

*Bild 5: La vie est belle.*

Beschwingt chauffieren wir gegen die Fließrichtung am Wasser der Seine entlang nach Südwesten. Zum Ende der Ile de la Cité ist der Blick auf den südlichen Seine-Arm frei. Von hier aus zeigt sich uns die Kathedrale Notre-Dame de Paris so richtig in ihren beeindruckenden Ausmaßen. Die zu den bekanntesten und meistbesuchten Kathedralen der Welt gehörende katholische Kirche ist viel mehr als ein wichtiges Symbol des Christentums. Sie ist die meist besuchte Sehenswürdigkeit des Landes. Sie ist ganz sicher auch ein großes Stück Selbstverständnis ganz Frankreichs. Insbesondere der Anblick der beiden massiven Glockentürme und der höchsten Erhebung, dem eher filigranen Vierungsturm, wird mir besonders in Erinnerung bleiben. Ein Bild verbunden mit dieser Reise. Gut, dass wir zu dieser Zeit nicht ahnen, welches Schicksal diesem ehrwürdigen Monument nur ein Jahr später mit dem fürchterlichen Brand widerfahren sollte.

Jetzt kommt zum ersten Mal nach unserer Abfahrt so etwas wie Pilgergefühl auf. Wir sind wieder auf einer Pilgerroute unterwegs. Und hier in Paris beginnt einer von vier bekannten alten Pilgerwegen Frankreichs. Die „Via Turonensis" hat diesen Namen, weil sie durch die Stadt Tours führt. Nach Aussage des ersten Pilgerführers „Liber Sancti Jacobi" schon aus dem zwölften Jahrhundert beginnt dieser Weg in Orléans. Heute wird aber Paris als Startort angenommen. Wir werden diesem Weg nicht direkt folgen, ihm aber mehrmals wieder begegnen.

Weiter am Wasser entlang stehen viele weitere interessante Gebäude und Sehenswürdigkeiten wie der Pariser Zoo, der Gare de Lyon oder die Nationalbibliothek. An der Einmündung der Marne in die Seine überqueren wir den Fluss, bleiben aber an seinem Ufer. Wir lassen es etwas gemütlicher angehen, um die immer wieder neuen Eindrücke in uns aufzusaugen.

Hermann will zwischendurch nur schnell seine Jacke ausziehen. Ihm ist warm geworden. „Oh Gott", ruft er erschrocken. Kein Trikot darunter. Nur das Unterziehshirt. „Mist. Ich habe heute Morgen meinen frisch gewaschenen Dress im Hotel vergessen."

„Wenn du nicht erst nach Mitternacht völlig kaputt ankommen willst, brauchst du an zurückfahren und holen überhaupt nicht zu denken." Wo Jupp recht hat, hat er recht. „Okay. Weg mit Schaden. Vielleicht rufe ich noch an und lass es mir nach Hause schicken."

Nach schlappen 40 Kilometern machen wir an einem Sport- und Freizeitzentrum unser tägliches Picknick. Das passt heute besonders gut. Die Sonne scheint. Die Temperaturen sind angenehm. Der Blick aufs glitzernde Wasser. Nachdem wir gegessen haben, trällere ich unbemerkt vor mich hin: „Kalkutta liegt am Ganges, Paris liegt an der Seine. Doch dass wir jetzt so satt sind, das liegt nur an du Pain."

„Bist du unter die Poeten oder Sänger gegangen? Ich wusste nicht, dass du eine künstlerische Ader hast", bemerkt Hermann aus dem Hintergrund.

„Ich freue mich nur über diesen schönen Tag. Sänger werden? Um Gottes willen", beginne ich zu erzählen. „Das würde mich an den Rand der Existenz bringen. Ich würde vermutlich nicht einmal mehr satt. Schon in der Grundschule hieß es von meiner Lehrerin: Wir stimmen einen Kanon ein. Felix, du brauchst nicht mitzusingen. Oder: Du bist kein schlechter Schüler. Aber im Singen reicht es nur für eine vier minus. Mit Rücksicht auf die Eltern."

Wir bleiben anschließend noch weitere rund zehn Kilometer an der Seine und biegen in Viry-Chatillon rechts ab. Jetzt wird's knackig. Nicht lang, aber ziemlich steil. Unschwer zu erkennen an den Häusern entlang der Straße: zwei Häuserfronten machen ungefähr ein Stockwerk aus. Wenn du hier wohnst und nicht gut zu Fuß bist, kannst du deinen Nachbarn wohl nur mit Hilfe einer Seilwinde besuchen.

Nach wie vor ist die Umgebung durchgehend bebaut. Eine Gemeinde schließt sich ohne Unterbrechung an die nächste an. Einzig die Bebauung wird weniger massiv.

Nach Überquerung der N 104, des „Autobahnrings" um größere Teile von Paris, nähern wir uns einem riesigen Einkaufszentrum. Hier möchte Hermann durch. „Vielleicht kann ich den Schaden von heute Vormittag direkt wieder beheben." Kein Problem. Wir haben noch Zeit. Und einen anderen Sportladen werden wir so schnell nicht finden. Nach einer kleinen Ehrenrunde betreten ungelogen fünf Männer einen Decathlon-Laden. Shoppingtour, wie man sie sonst nur von Frauen zu kennen glaubt. Was für ein Bild! Und alles für ein Shirt. Das Vorhaben kann immerhin schon nach 15 Minuten erfolgreich abgeschlossen werden.

Jetzt verlassen wir mehr und mehr den Großraum Paris. Wahnsinn! 90 Kilometer sind wir von Norden nach Süden durch die mit 12,5 Millionen Einwohner größte Metropolregion Europas gefahren. Und das die ganze Zeit völlig entspannt und fast immer abseits vom Verkehr. Würde mich jemand fragen, ob ich noch einmal mit dem Fahrrad durch diese Stadt fahren würde, hieße die Antwort: auf jeden Fall. Ich habe es nicht bereut. Es war bislang auch eine wesentliche Bereicherung.

Von nun an radeln wir durch einige kleinere, aber schöne Orte auf wenig befahrenen Straßen. Kurze Zeit später führt dann ein Radweg parallel zur stark befahrenen D19. Der Lärm stört uns jedoch deutlich weniger als der jetzt wieder sehr auffrischende Wind. Durch das Häusermeer hatten wir ihn vorher kaum gespürt. In einem der Dörfer steht unsere obligatorische Pause am Nachmittag an. Heute gibt es zur Feier des Tages zu unserem Kaffee ein Stück frischen Obstkuchen. Ein echter Genuss.

Frisch gestärkt, nehmen wir den nächsten Anstieg hinauf zum regionalen Wald von Cheptainville und direkt wieder herunter. Auf den letzten Tageskilometern erwarten uns erneut einige schnuckelige Dörfer, ab und zu ein Chateau, Wiesen und Wälder. So stellt man sich Frankreich im Frühjahr vor.

In Etampes angekommen, beziehen wir wieder ein Ibis-Hotel und trinken ein Ankunftsbier auf den entspannten Tag. Dass wir heute mit 90 Kilometern unterhalb unseres durchschnittlichen Tagesziels von 100 Kilometern geblieben sind, hat zwei Gründe. Wir wussten im Vorfeld nicht, wie gut wir durch Paris kommen würden, was unter dem Strich sehr gut geklappt hat. Zum zweiten haben wir dieses Hotel als einziges vor Tourbeginn schon gebucht – mit Rücktrittsmöglichkeit. Die Gegend hinter Paris bis hierher und auch weiter bis zur nächsten größeren Stadt Orléans ist sehr strukturschwach. Wir wollten sicher gehen, nicht im Schlafsack irgendwo im Freien schlafen zu müssen. Weil es die ersten Tage einen Vorsprung gab, konnte die heutige Etappe kürzer sein. Und das haben alle sichtlich genossen.

Und das soll sich auch am Abend fortsetzen. Auf einen aufwendigen Restaurantbesuch wird verzichtet. Wir bleiben hier. Der Koch bereitet für uns eine Lasagne zu. Dazu zwei Flaschen französischen Rotwein, für alle zusammen versteht sich. Mehr brauchen wir nicht. Um 22 Uhr gehen wir früh schlafen. Wir wollen morgen gut ausgeschlafen sein für die dann vor uns liegende deutliche längere Tagesstrecke.


Fazit des Tages:

Gern einmal nach Paris, nicht einfach so nur zum Spaß!

Heute Morgen heißt es früh aufstehen. Um 6 Uhr geht der Smartphone-Wecker. Der dient nur zur Sicherheit. Die innere Uhr sorgt auch so fürs rechtzeitige Wachwerden. Und außerdem war Kühle sowieso schon früher munter.

Im Gegensatz zu ihm verzichte ich bewusst auf Zeitung, Radio und Fernsehen. Es ist ein etwas merkwürdiges Gefühl. Jeden Tag finden wichtige Ereignisse statt, aber ich bin irgendwie aus der Welt um mich herum ausgeschieden. Wobei Kühle es für seine Pflicht hält, mir von den „ganz" wichtigen Ereignissen zu berichten. Wie heute Morgen:

„Es scheint auf der Welt auch noch die Möglichkeit der Entspannung zu geben. Kim Jong Un und der Präsident der Republik Korea, Moon Jae-in, haben sich gestern die Hände gereicht und symbolträchtig die im Boden eingelassenen Betonschwellen überschritten, die den Beginn des jeweils anderen Staatsgebiets anzeigen. Später am Tag befürworteten beide Staatschefs ein atomwaffenfreies Korea. Zitat Ende."

Das ist auf jeden Fall ein historisches Ereignis. Schließlich besteht dort schon seit fast 70 Jahren eine Demarkationslinie. Aber wie gesagt, ich habe schon Abstand genommen.

Das Hotel ist anscheinend auch auf Geschäftsreisende ausgerichtet. Jedenfalls können wir früh frühstücken und schon um 7.45 Uhr starten. Ein längerer Weg braucht schließlich seine Zeit. Und bekanntlich fängt der frühe Vogel den Wurm. Was vormittags nicht geschafft ist, kann man später schlecht wieder aufholen. Das hat auch die Erfahrung der letzten Tage gezeigt. Deshalb bleibt uns auch keine Zeit, um die ehemalige königliche Stadt Etampes mit ihren vielen denkmalgeschützten Bauwerken zu erkunden.

Auf direktem Kurs nach Süden nehmen wir erst einmal wieder ein paar Höhen. Es bleibt wie es ist. Frankreich ist hügelig. Dennoch dürfte es heute insgesamt zu schaffen sein.

Wir sind zügig unterwegs, fahren durch eine Landschaft, die von Land- und Forstwirtschaft geprägt ist. Im ersten Ort Saclas überqueren wir einen kleinen Fluss, La Juine, dessen Verlauf in dieser Gegend fast durchgängig von Waldstreifen umgeben ist. Wir werden ihn parallel mit mehr oder weniger Abstand begleiten.

Im nächsten Ort Méréville halten wir an, um für die Tagesverpflegung zu sorgen. Auf der einen Seite liegt die Boulangerie Rodrigues, ein typisch französischer Bäcker. Auf der hellblauen Fassade sind links und rechts schicke Bilder gemalt, die unverkennbar auf das Bäckerhandwerk hinweisen. Die Fenster und Türen sind umfasst von gelben Rahmen. Die ebenfalls hellblaue Markise bleibt heute eingefahren. Es ist bewölkt und kühl. Auch der gegenüberliegende kleine Supermarkt, bei uns würde man Tante-Emma-Laden sagen, strahlt etwas aus. Außerhalb des Gebäudes aufgestellte Auslagen mit frischem Obst und Gemüse laden zum Einkauf ein.

Später, direkt außerhalb des Ortes, sehen wir einen Gartenbaubetrieb. Hier wird in den Auen der Juine auf größeren Flächen Brunnenkresse angebaut. Der Ort ist für dieses winterharte, frische und leicht scharfe Gemüse sehr bekannt.

Auf den kleineren Straßen besteht schon manchmal die Möglichkeit, zu zweit nebeneinander zu fahren und sich dabei zu unterhalten. Jupp erzählt mir bei einer diesen Gelegenheiten, dass er mit seinem Leben im Ruhestand sehr zufrieden ist. Er könne viel Zeit mit seiner lieben Agnes verbringen. Ehrenamtlich arbeite er für den örtlichen Bürgerbusverein. Was der öffentliche Personennahverkehr aus betriebswirtschaftlichen Gründen an Fahrstrecken über

Bus und Bahn nicht bedienen kann, soll der Bürger-Minibus für neun Personen teilweise ausgleichen. Realisiert werden kann das Ganze nur, weil es zahlreiche Ehrenamtliche gibt, die sich als Fahrer oder in der Organisation engagieren. Keine entlohnte, aber eine lohnenswerte Aufgabe. „Ansonsten habe ich auch noch meinen Garten inklusiv Gewächshaus.

Dort pflanze ich auch Kresse an, nur für mich."

*Bild 6: Grüß Gott*

Von nun an reihen sich in etwa im Fünf-Kilometer-Takt kleinere französische Orte aneinander.

Dörfer, die überwiegend eine lange Geschichte haben und meist noch sehr ursprünglich sind. So wie wir sie bei uns schon lange nicht mehr kennen. Sie wirken heimelig. Nur Menschen sieht man nicht viele. Die Zeit scheint hier, ich weiß nicht vor wie vielen Jahren, angehalten worden zu sein. Mit jeweils 200 bis 800 Einwohnern sind viele dieser kleinen Gemeinden nach wie vor selbstständig und haben sowohl einen Gemeinderat als auch einen eigenen Bürgermeister. Und wie sich das gehört, eine Kirche und eine Mairie. Die Mairie ist nicht die Frau des Bürgermeisters, sondern sein Amt und die Gemeindeverwaltung. Während die Kirchen an ihren Türmen zu erkennen sind, sind es bei der Mairie die sehr häufig herausgehängten Fahnen Europas, Frankreichs und wahrscheinlich der jeweiligen Gemeinde.

Ganz oft verlangen die Straßen- oder Verkehrsverhältnisse – wie jetzt wieder - ein Hintereinanderfahren. Für diese Situationen haben wir ein Meldesystem eingeübt. Hintere Fahrer können Hindernisse und Ähnliches nicht oder nur sehr spät erkennen. Also gibt der Vorfahrende sowohl ein akustisches als auch ein sichtbares Zeichen zur Warnung. Das wird dann von vorne bis nach hinten weitergegeben.

Dieses Warnsystem hat sich in den ersten sechs Tagen und heute auf den ersten 50 Kilometern gut bewährt. Es hat bestens funktioniert.

Nun, in dem ersten mit knapp 5.000 Einwohnern wieder etwas größeren Ort kommt es an einer Straßeneinmündung erneut zum Einsatz. Hermann sieht von rechts ein Auto angefahren kommen, hebt die Hand und ruft „Vorsicht, anhalten!" Noch rechtzeitig? Die Warnung wird von jedem Einzelnen weitergegeben. Bis zum vierten Mann reicht die Zeit. Beim fünften, Locke, nicht mehr. Der sechste fährt auf. Rums. Zum Sturz kommt es nicht. Aber das hintere Schutzblech von Locke ist ziemlich lädiert und etwa 30 Zentimeter oberhalb des Rücklichts gebrochen.

Was nun? Eine Werkstatt ist nicht in der Nähe. Und wenn, würden die ein passendes Blech ohnehin nicht haben. Dann sind wir eben selbst Werkstatt. Mit dem Leatherman, einem Multifunktionswerkzeug, wird das Kunststoffblech sauber abgeschnitten. Die Schnittstelle, ein wenig geglättet und mit Isolierband abgeklebt, sieht jetzt ganz passabel aus. Nach einer Viertelstunde ist alles passiert. So wird aus einem Trekkingrad ein Mountainbike.

Darf es noch ein großes Waldgebiet mehr sein? Hier im Norden von Orléans befindet es sich. Der Fôret Domaniale d'Orléans ist mit sage und schreibe 50.000 Hektar oder 500 Quadratkilometern der größte in Frankreich. Wir durchfahren ihn von Norden nach Süden auf einer Länge von 13 Kilometern. Es handelt sich um einen Mischwald. Die Hälfte besteht aus Eichen, ein Drittel etwa aus Waldkiefern. Viele Tiere wie Hirsche, Rehe, Wildschweine haben hier ihr Zuhause. Die hier auch nistenden Adler bekommen wir leider nicht zu Gesicht. Im Schatten der Bäume dürfte es sich auch bei hochsommerlichen Temperaturen gut aushalten lassen.

Da. Mitten im tiefen Wald. Kein Knusperhäuschen. Eine ganze Ortschaft. Mit Kirche und allem Drum und Dran. Das habe ich so auch noch nicht gesehen.

Als wir den Wald nach einer wiedermals schönen Fahrt verlassen, sind es nur noch sieben Kilometer bis Orléans. Dazwischen liegt nur noch Fleury-Les-Aubrais. Dem Namen entsprechend früher eine Gärtner- und Blumenstadt. Man sieht es auch.

Orléans. Diese Stadt ist den meisten Menschen durch die französische Nationalheldin Jeanne d'Arc, der Jungfrau von Orléans, bekannt. Bevor wir jedoch Kontakt mit der Dame bekommen, fahren wir zunächst über die D97 in die Stadt hinein. In Richtung Zentrum passieren wir das Haus der schönen Künste und machen Bekanntschaft mit einer nackten Frau. Sehr kühl, die bronzene Statue „Beauce". Sittlicher präsentiert sich da schon das Pendant „La Loire", angezogen. Mitten dazwischen am Place Sainte-Croix stellen wir unsere Räder ab. Vor uns erhebt sich in ihrer ganzen Größe die Kathedrale.

Wären wir mit dem mittelalterlichen Pilgerführer unterwegs, wären wir verpflichtet, das Kreuzesholz und den Kelch des heiligen Bischofs Evurtius in der Heiligkreuzkirche zu besuchen. Als der Bischof hier im vierten Jahrhundert eine heilige Messe feierte, soll die Rechte des Herrn über dem Altar erschienen sein und alles genauso vollzogen haben wie der Bischof. Am Ende des Messopfers sei die Hand dann wieder verschwunden. Daraus ist laut Fremdenführer zu ersehen: „Wer immer die Messfeier ausführen mag, Christus ist es, der die Messe selbst singt." 2018 beschränken wir uns auf den ehrfurchtsvollen Blick auf die „Nachfolgerin" der Ursprungskirche.

Wir drehen uns um und schauen in die nach Jeanne d´Arc benannte Prachtstraße der Stadt. Am Ende des Boulevards findet man die nach Friedrich Schillers Drama bei uns als Jungfrau von Orléans bekannte Heldin, kämpferisch auf einem Sockel. Während des Hundertjährigen Krieges soll sie Orléans Anfang des 15. Jahrhunderts, nach einer göttlichen Eingebung, als 17-jährige von der Belagerung der Engländer befreit haben. Bewundernswert, dieser Mut der Freiheitskämpferin. Später wurde sie festgenommen, in einem kirchlichen Verfahren als Ketzerin verurteilt und auf dem Scheiterhaufen verbrannt. Bereits 25 Jahre danach widerrief die katholische Kirche das Urteil und erklärte Johanna zur Märtyrerin. Heute wird sie als Heilige verehrt.

Zurück zu den Helden der Gegenwart. Für die gibt es „ohne Mampf keinen Kampf". Dem einen oder anderen sieht man das auch an. Kühle ist vielleicht etwas, aber nur etwas zu klein für sein Gewicht. Für Jupp ist das Leben keine Fastenzeit. Locke findet, dass Radfahren mehr ist, als sich die Kilos abzustrampeln. Wie sagte Franz, der Vater eines Freundes von mir, immer? „Ich mag nicht besonders gesund leben. Dafür habe ich aber mit 50 Jahren schon mehr gelebt als mancher 90-Jährige".

Beim Mampfen kommt auch das Auge nicht zu kurz. Die naturbelassene Loire mit ihren Sandbänken und Inseln hat was. Im Wasser auftauchende kleine Dellen deuten darauf hin, dass der längste Strom Frankreichs hier nicht mehr schiffbar ist. Hellgraue bis fast schwarze Wolken lassen das Wasser mal heller oder dunkler erscheinen. Es unterstreicht die fast schon unheimlich wirkende Ruhe.

Ruhe? Da war doch noch was. Wir haben doch ein Ziel. Dazu überqueren wir die Loire über eine noch junge, eher untypische Brücke und pedalen flussabwärts. Auf den Spuren der Jakobspilger an die Loire. Kein Widerstand unter den Rädern, kein Widerstand von vorne, kein Widerstand geologischer Art. Es läuft. Locke setzt sich an den Tête de la Course. Er übernimmt die Führung und macht Tempo. Ruckzuck sind wir in Meung-sur-Loire, wechseln erneut auf die andere Flussseite und fahren weiter hinter Locke her. Der Zug ist gut in Fahrt. Nur in Beaugency müssen wir vom Gas herunter. Geschwindigkeitsbegrenzung: 20 Stundenkilometer. Eine gute Gelegenheit sich einen Moment schöner Ausblicke zu gönnen. Hier ist die Loire-Brücke typisch. Finde ich zumindest. Massives Mauerwerk. Dicke, gegen die Fließrichtung angespitzte Pfeiler. Meist gleichgroße Bögen. 21 davon aneinandergereiht.

Als wir wenig später einen idyllischen, überdachten Platz mit Kneipp-Tretbecken sehen, pausieren wir. Die 35 Kilometer nach der Mittagspause liegen nach weniger als zwei Stunden hinter uns. Locke dürfte mehrere Sprintwertungen gewonnen haben.

Wir sind uns einig. Die Ankündigung, dass der Radweg an der Loire ein besonders schöner sein würde, hat sich zunehmend bestätigt. Man sieht unterwegs schöne Herrenhäuser und kleine Chateaus. Vieles bleibt aber auch verborgen. Zahlreiche Schlösser liegen nicht direkt im Loire-Tal. Man müsste sich vom Fluss fortbewegen. Doch das würde unser Weiterkommen zu stark bremsen.

Weiter schlängelt sich unser Radweg durch Wald- und Wiesenlandschaft. Den Fluss mit seiner fast spiegelglatten Oberfläche und den dazwischen auftauchenden grünen Inselchen immer im Blick. Unterbrochen wird die Idylle nur von dem unschönen Blick auf die zwei mächtigen Kühltürme des Kernkraftwerkes an der anderen Loire-Seite bei Avaray.

Das Thema Kernkraft steht in Ahaus seit mehr als 40 Jahren auf der politischen Tagesordnung. Einen Krieg musste ich nie erleben. Gott sei es gedankt. Kriegsähnliche Zustände schon. In Ahaus war mit dem Zwischenlager für abgebrannte Brennelemente aus deutschen Kernkraftwerken seit 1992 eine kerntechnische Anlage in Betrieb. Die in Teilen sehr kontrovers und hoch emotionale Auseinandersetzung darüber erlebte bei einem Transport 1998 ihren Höhepunkt. Kernkraftgegner aus ganz Deutschland hatten sich zum Ziel gesetzt, mit allen Mitteln zu verhindern, dass der Zug mit sechs Brennelementebehältern sein Ziel erreicht. Ich war damals stellvertretender Fraktionsvorsitzender im Rat der Stadt. Die Bilder von damals haben sich mir eingebrannt. 20.000 Demonstranten und 15.000 Polizisten waren in der Stadt. Alle Zufahrtsstraßen wurden gesperrt. Ausnahmezustand. Hubschrauber mit Suchscheinwerfern überflogen die Bahnlinie. Polizisten und teils vermummte Demonstranten lieferten sich Straßenschlachten. Pflastersteine flogen. Ganze Bürgersteige wurden aufgenommen. Menschen verletzt. So etwas hatte unsere Kleinstadt in ihrer Geschichte noch nicht erlebt. So etwas, da war ich mir mit – denke ich – allen Ahauserinnen und Ahausern einig, durfte sich nicht wiederholen. Heute können wir feststellen: Es hat sich nicht wiederholt und wird es auch in Zukunft nicht. Da bin ich mir sicher. Ganz unabhängig von den vielen verschiedenen Gründen, die es dafür gegeben hat, freue ich mich immer noch sehr darüber. Politisch arbeiten ist wie pilgern. Zu einem Ziel auf dem Weg sein.

In bester Stimmung kommen wir dem Übernachtungsort Blois rasch näher. Als wir ihn auf der anderen Uferseite im Blick haben, sind wir beeindruckt von der mittelalterlichen Skyline. Die Stadt der Könige thront mit ihrem Schloss auf Hügeln über der Loire. Sie spiegelt sich ebenso im Wasser wie die inzwischen aufgelockerten Wolken. Dieses Bild wäre ein ausgezeichnetes Motiv für Staffel und Leinwand. Wie wir einige Meter später sehen, ist es das auch.

Nach dem Überqueren der urtümlichen Brücke macht uns die Suche nach dem Hotel zu schaffen. Wer den Thron besteigen will, muss hoch. Aber doch nicht, wie vom Navi gewollt, über Treppen! Sähe aber bestimmt lustig aus, das Fahrrad samt Gepäck auf den Schultern. Weil es immer einen Weg gibt, schaffen wir auch die letzten Meter.

Mit über acht Stunden haben wir heute bislang die längste Zeit im Sattel gesessen. Mit 140 Kilometern war es bislang die längste Tagesentfernung. Fast die ganze Zeit vorne weg, ist Locke eindeutig der Tagessieger. Ob er meine Bedenken der vergangenen Tage hinsichtlich seines Durchhaltevermögens geahnt hat und das Gegenteil beweisen wollte? Es wäre ihm auf jeden Fall gelungen.

Zur Belohnung gibt es in einem kleinen, typisch französischen Restaurant ein gutes Stück Fleisch bei einem Glas Rotwein. Auf dem Weg dorthin gibt es auch noch etwas auf die Augen. Auf einem etwas größeren Platz am Hauptbahnhof ist eine ganze Batterie von alten Fiat-500-Autos in Reihe und Glied abgestellt. Möglicherweise sind die kleinen gelben, grünen, orangenen, weißen Flitzer morgen, am Sonntag, zu einer Rallye unterwegs.

Fazit des Tages:

Wir haben heute unseren Meister gefunden.

## Sonntag, 29. April 2018 – Blois(F) - Saint-Michel-sur-Loire(F)

In der ersten Woche unserer Reise sind wir nahezu komplett vom Regen verschont geblieben. Heute soll das ganz anders werden. Laut Wetterbericht wird es den ganzen Tag über mehr oder weniger nass werden. „Heute ist Regentag", fasst es Kühle kurz und knapp zusammen. Regenjacke und -hose bleiben beim Packen der Taschen diesmal draußen. Ansonsten wird wie jeden Vormittag alles schön geordnet wieder in die Gepäcktaschen verstaut. Die zweite Radlergarnitur zum Wechseln, bestehend aus kurzer Hose, Socken, Unterziehshirt, Trikot. An Freizeitkleidung haben wir jeweils eine schnell trocknende kurze und lange oder eine Zipperhose dabei; zwei Mal Unterwäsche inklusive Socken; drei Hemden oder T-Shirts, einen Pullover, Schlafanzug, leichte Schuhe. Für die Körperpflege der kleine Kulturbeutel mit allem Notwendigen in Kleinformat bestückt. Dazu Badelatschen und ein kleines leichtes Reisehandtuch. Heute bekomme ich alles leicht untergebracht. Einiges bleibt draußen. Neben Regenkleidung auch die Softshelljacke, denn kühl wird es auch. Eine Radlergarnitur und die dazugehörigen Schuhe habe ich bereits an. Der Helm liegt bereit. Um nichts zu vergessen, gehe ich unsere Packliste noch einmal kurz durch.

Fahrrad:
Ersatzschlauch; Flickzeug; Werkzeug wie Multitool, Leatherman, Kettennieter, Imbusse etc. (klären)
Ersatzteile wie Kettennieten, Ersatzspeichen, Schrauben etc. (klären)
Luftpumpe (klären)
Schloss; Seilschloss für Gepäck (klären)

Radkleidung:
Helm
Radschuhe
Radbrille
Radhose kurz (2 x)
Unterziehshirt (2 x)
Trikot kurz (2 x)
Radsocken (2 x)
Softshelljacke
Regenjacke und Regenhose
Handschuhe (kurz und lang)
Füßlinge
Beinlinge; Ärmlinge
Ggf. Halstuch; Ggf. Mütze

Ausgehkleidung:
Leichte Schuhe
Leichte Hosen; ggf. Zipperhose (2 x)
Gürtel
Hemden, T-Shirts (4 x)
Unterwäsche, Socken (2 x)
Leichter Schlafanzug kurz
Ggf. Badehose

Schlafen:
Iso-Matte
Hüttenschlafsack

Verpflegung:
Kühltasche
Kocher, Topf, Zange, Kartuschen (1 x je Zimmer)
Tasse
Taschenmesser, Löffel

Unterlagen:
Roadbook
Personalausweis
DJH-Ausweis
Kreditkarte, EC-Karte
Geldbörse, Geld
Flugtickets
Pilgerausweise
Ggf. Tagebuch (1 x)
Kopien Ausweis, Kreditkarten etc. (zusätzlich Foto auf Handy)

Waschen:
Waschzeug (kleine Portionen)
Reisehandtuch
Badeschlappen
Fön (1 x je Zimmer)
Rei in der Tube

Medizin: Klären!
Individuelle Medikamente
Insektenschutz
Schmerztabletten
Erste Hilfe
Sonnenschutzcreme
Sitzcreme (z.B. Assos oder vergleichbar)

Technik:
Kleine Mehrfachsteckdose
Handy und Ladegerät
Navi und Ladegerät
Sonstige Ladekabel

Sonstiges:
Wäscheleine, Wäscheklammern (1 x je Zimmer)

Brille, Ersatzbrille
Papiertaschentücher
Ggf. Taschenlampe (klären)
Armbanduhr
Stein für Cruz de Hierro!!!

Passt. Alles an Bord. Pünktlich bin ich auch. Kühle sowieso. In fünf Minuten haben wir uns vor dem Eingang des Ibis-Hotels zur Abfahrt verabredet. Wenig später stehen wir zu fünft schon bei unseren Rädern, als Locke gemächlichen Schrittes durch die sich automatisch öffnende Eingangstür schreitet. Etwas angestrengt versucht er zu lächeln. Wir können uns fast vor Lachen nicht halten. Wie er da steht. Steif, in voller Montur, Helm auf dem Kopf, Regenjacke übergezogen. Und links und rechts, über die Beine gestreift, zwei große durchsichtige Müllbeutel. Richtig, Müllbeutel. Sie sind an der geschlossenen Seite aufgeschnitten und mit Gummibändern an den Waden zusammengezogen. Oben soll ein Knoten dafür sorgen, dass sie nicht herunterrutschen. Ein Bild zum Wegschreien.

„Ist das die neueste Entwicklung in Sachen Fahrradregenkleidung?", schießt es belustigt aus Jupp heraus.

„Ist ja schon gut. Wer den Schaden hat, spottet eben jeder Beschreibung. - Ich habe in Orp Jauche in Belgien einen Teil meines Gepäcks nach Hause geschickt. Nicht gewollt, aber dabei war auch die Regenhose."

„Dumm gelaufen", kann ich mir mit ein wenig Schadenfreude nicht verkneifen.

Als er die Geschichte mit den vorderen Taschen erzählte - von wegen „bessere Statik fürs Fahrrad" - hatte ich mir schon gedacht: Der hat bestimmt deutlich mehr eingepackt, als auf unserem Zettel steht. Das kleine Schwarze und so. Als die ersten Bergwertungen kamen, wurde reduziert. Letztlich aber zu viel des Guten. Ob es bei der Regenhose bleibt?

Andererseits muss man sich eben zu helfen wissen.

„Ich bin mal gespannt, wie sich deine neue Erfindung bewährt und ob du dafür ein Patent anmelden kannst."

Im Regen geht es herunter an den Fluss, abermals über die historische Brücke mit der markanten hohen Säule in der Mitte und dann an der anderen Uferseite ein Stück unten am Deich entlang. Etwas später entfernen wir uns von der Loire, passieren zwei Orte, um anschließend an ihr zurückzukehren. Allein auf diesen wenigen Kilometern hätten wir schon vier Schlösser besichtigen können.

Zwischendurch bleibt es bei der kleinen Pechsträhne für Locke. Auf einer Brücke rutscht er auf dem nassen Holzboden aus. Es zieht ihn zu Boden. Erfreulicherweise wissen wir schnell, dass nichts passiert ist. Er steht wieder, und selbst seine spezielle Regenhose hat den Sturz unversehrt überstanden.

Später in Chaumont-sur-Loire präsentiert sich uns eines der wenigen großen, direkt an der Loire liegenden Chateaus. Über den in einer langen Reihe entlang der Straße stehenden Häuser des Ortes erhebt es sich immer wieder. Das gleichnamige, sehr bekannte Schloss hat ein bisschen was aus einem Disney-Film. Die massiven runden Wehrtürme, der weiße Stein und die dunklen, vermutlich mit Schiefer gedeckten Dächer innerhalb der grünen Landschaft bieten dafür jedenfalls eine tolle Kulisse. Das trübe Wetter heute beeinträchtigt die An- und Aussicht und nimmt doch nichts von seinem Reiz.

In einem der weiteren mittelalterlichen Orte, Mosnes, gibt es kurz die Überlegung, abzukürzen und entlang der D 751 auf direktem Weg nach Amboise zu fahren. Der Sonntag macht seinem Namen heute nämlich wirklich keine Ehre. Es bleibt indes bei dem landschaftlich schönen Weg durch die Weinberge. Wir sind bislang ganz gut vorangekommen. Daran haben die beiden ordentlich steilen, aber kurzen Hügel, die uns zwischendurch aus dem Sattel geholt haben, auch nichts geändert. Und das wird auch ein noch vor uns liegender nicht schaffen.

Als wenn das Wetter unsere Entscheidung bestätigen wollte, hört es wider Erwarten auf zu regnen, nach insgesamt zweieinhalb Stunden. Der Blick in das Weingebiet wird klarer. Man stelle sich vor, hier mitten zwischen den Weinreben zu sitzen. Die Frühlingssonne wärmt dir das Gesicht, während du bei einem guten Glas Rotwein den herrlichen Blick hinunter ins Tal in vollen Zügen genießt.

Wenig später erhasche ich auch real noch ein solches Highlight – ohne Rotwein und ohne Sonne. Wir sind von oben auf Amboise zugefahren. Ein leider nur kurzer atemberaubender Blick auf das auf einem Felsplateau stehende Schloss und die darunter liegende kleine, weiß gekleidete Stadt. Und auf die prächtige Brücke über die Loire. Hier hätten wir kurz anhalten sollen. Zu spät. Es gibt bergab kein Halten mehr. Auf die Kirche zu bis fast ans Wasser.

In der Stadt ist auch am Nicht-Sonn-Tag viel los. Vielleicht Touristen, die das Schloss oder Clos Lucé besuchen? In dem Herrenhaus hat in den letzten drei Jahren seines Lebens Leonardo da Vinci gelebt. Heute ist darin ihm zu Ehren ein Museum untergebracht, zu dessen Sammlung unter anderem ein hölzernes Fahrrad gehört. Das Multitalent aus Italien wurde eine ganze Weile für den Erfinder des Fahrrades gehalten. Man hat vor etwa 45 Jahren eine alte, vermeintlich von da Vinci stammende Zeichnung eines Fahrrades gefunden. Die ganze Welt staunte und Italien jubelte. Nicht sehr lange. Heute gilt die Skizze als Fälschung. Wie dem auch sei. Das, was wir hier machen, ist auf jeden Fall echt.

In echt ist der Trubel übrigens auf die vielen Besucher des Marché zurückzuführen. Entlang der von Bäumen gesäumten Allee stehen Hunderte von Händlern. Hier kannst du alles kaufen. Vom Brot bis zum billigen Hut. Von der Frühlingsblume bis zum Mixer. Von der ollen Klamotte bis zur Gartenharke. Essen und Trinken gehen sowieso immer. Da ist für uns beim besten Willen kein Durchkommen. „Wir empfehlen Ihnen, diesen Bereich weiträumig zu umfahren", was wir auch tun.

Umdrehung für Umdrehung bewegen wir uns auf Tours zu. 40 Kilometer liegen hinter uns, 30 sind es noch bis dort. In Bewegung bleiben, um sich warm zu halten. Bei nicht mehr als 13 Grad am bislang kühlsten Tag. Zwischen den beiden Gemeinden Lussauit-sur-Loire und Montlouis-sur-Loire fällt die Entscheidung „Weinberge oder Straße" anders aus als heute Vormittag. Diesmal nehmen wir die Straße. Es ist und bleibt dunkel. Die Gefahr von Regen ist immer präsent. Wir sparen zwar nicht viel. Auf der Straße ist es hingegen sehr ruhig. Die Weinberge des berühmten Anbaugebietes Vouvray auf der gegenüberliegenden Seite entgehen uns auch auf diesem Weg nicht.

Die erste „echte" Pilgerstadt erwartet uns. Der Namensgeber für den westlichsten der bekanntesten Pilgerwege Frankreichs. Seit fast 1000 Jahren besuchen Pilger Tours.

Am Schloss in Höhe der größeren Loire Insel fahren wir links in die Stadt hoch. Kurz vor der Kathedrale machen wir halt. Das „Le Petit Cappuccino" schaut uns einladend an. Premiere. Wir kehren für eine Tasse Kaffee und ein Baguette ein. Das wahrscheinlich kleinste Bistro der Welt ist voll, als wir drin sind. Der Kaffee zum Aufwärmen passend heiß. Die leckeren, vom freundlichen Inhaber mit Liebe gemachten Baguettes sind den Bedürfnissen von uns Radfahrern entsprechend groß.

„Vouz venez d`Allmagne?"

„Oui, Monsieur."

„Etes-vous un pèlerin?"

„Oui, Monsieur."

„À Santiago de Compostela?"

„Oui, Monsieur."

„Spectaculaire, Messieurs. Bonne Chance!“ „Merci, Monsieur.“

Irre, in welch perfektem Französisch wir hier parlieren...

*Bild 7: Le Petit Kühle et Le Petit Cappuccino*

Wir nutzen die Pause auch zur Besichtigung der Kathedrale des Saint Gatien. Er war der erste Bischof von Tours, noch vor dem heiligen St. Martin. Die später ganz in der Nähe zu Ehren des heiligen Martin gebaute Basilika, bildet mit der Kathedrale und einem Kloster eine Kirchenfamilie und wurde selbst zum Pilgerort. In ihr befinden sich die Gebeine des in Tours beigesetzen Heiligen.

Schon als kleines Kind habe ich St. Martin verehrt. In meinem katholischen Kindergarten bastelte ich als Vierjähriger mit Unterstützung der Ordensschwester Pankracia eine schicke Laterne. Am 11. November, dem Namens- und Grablegungstag des Heiligen Martin, zogen wir mit leuchtenden Laternen und Augen in der Dämmerung singend durch die nähere Umgebung. „Ich geh` mit meiner Laterne und meine Laterne mit mir...“ Andächtig und ehrfurchtsvoll hörten wir vorher die Geschichte von Martin.

Der Legende nach ritt er an einem kalten Wintertag an einem hungernden und frierenden Bettler vorbei. Der Mann tat ihm so leid, dass Martin mit dem Schwert seinen warmen Mantel teilte und dem Bettler eine Hälfte schenkte. In der Nacht erschien Martin dem Bettler im Traum und gab sich als Jesus Christus zu erkennen.

Dieser Brauch wird noch heute gefeiert.

Andächtig und ehrfurchtsvoll betreten wir durch das mittlere von drei Portalen die Kathedrale. Sie ist auch heute noch Bischofssitz. Die gotische Kirche mit ihrem weiträumigen Innenraum und den hohen farbigen Fenstern ist hell und elegant, hinreißend schön. Der Hingucker ist die Rosette des Nordschiffes. Was für ein Durchmesser! Was für Farben!

Das Beste zum Schluss: Wir bekommen unseren ersten offiziellen Camino-Stempel.

Die letzten 35 Kilometer bis zum Ziel lassen wir relativ locker angehen. Weil es nicht mehr regnet, entledigen wir uns der Regenklamotten. Neben der Loire lernen wir auch den auf der anderen Seite durch Tours fließenden Cher kennen. Ihm folgen wir jetzt. Bis er in die Loire mündet.

La Loire á vélo. Den größten Teil unseres Abschnitts auf dem Radweg durch das Val de Loire haben wir inzwischen absolviert. Nein, das ist das falsche Wort. Besser wäre: bestaunt. Ich bin schon viele Flüsse entlanggefahren. Ich habe auch schon vorher das Schauspiel von Natur, schönen Städten und Dörfern erlebt. Aber dieser naturbelassene, nirgendwo begradigten Flusslauf mit seinen so reizvollen Orten und Landschaften ist etwas Besonderes. Ich kann gut verstehen, dass das Teil des Weltkulturerbes ist.

*Bild 8: In dieser Herberge soll unser Platz sein?*

Drei Kilometer vor dem heutigen Ziel wechseln wir auf die Nordseite und stehen wenig später vor einem Gebäude in dem Miniort Saint-Michel-sur-Loire.

„Das ist doch nicht unser Nachtlager, oder?", fragt Hermann mit ungläubigen Blicken.

„Ich befürchte wohl", lautet meine verunsicherte Antwort.

Der erste Eindruck ist bescheiden. Das Haus hat bestimmt früher einmal gute Zeiten gesehen. An einigen Stellen erkennt man auch das Bemühen, dahin zurückzukommen. Aber da bleibt noch eine ganze Menge Arbeit. Ich wage mich zunächst einmal vor und hinein. Plumps! Da liegt er, der Stein, der mir vom Herzen gefallen ist. Im Inneren ist das Haus gemütlich und ansprechend. Auch die Zimmer sind gut. Und als die Wirtin die drei Menüs beschreibt, die zum Abendessen zur Verfügung stehen, komme ich zu dem Ergebnis: Doch alles richtig gemacht.

„Kommt rein, Jungs! Ihr werdet angenehm überrascht sein."

Verwundert an die Ohren fasse ich mich später in unserer Bude. „Aaaah!", schrillt es aus dem Bad, in dem sich Kühle gerade duscht. „Aaaah, mein Arsch!"

„Was ist los?" Ich stürme in den kleinen Raum und stoße dem am Boden liegenden Kühle dabei auch noch die Tür an den Oberarm. „Au!"

„Ich bin ausgerutscht und voll auf dem Steißbein gelandet."

„Schlimm?"

„Es tut höllisch weh."

Oh Gott, denke ich, hoffentlich wird er weiterfahren können. Das wäre bitter, wenn er deshalb abbrechen müsste. In Kühles Gesicht steht anscheinend die gleiche Sorge geschrieben. Ich helfe ihm auf. Nachdem ich ebenfalls - sehr vorsichtig - geduscht habe, sieht die Welt schon ein wenig besser aus. Locke hat den Verletzten mit Tabletten und Salbe versorgt. „Wenn der Schmerz gaaanz langsam etwas nachlässt..." – Kühles Kommentar auf die Frage nach seinem Befinden.

Die Wirtin hatte nicht zu viel versprochen. Das typisch französische Menü ist richtig gut. Der Rotwein auch. Es ist gleichzeitig Seelenmassage für Kühle. Der Rotwein auch. Damit steht einem gesundwerdenden Schlaf nichts mehr im Wege.

Guérir bientôt – gute Besserung.


Fazit des Tages:

Mit dem Strom und von den Beinen

## Montag, 30.04.2018 – Saint-Michel-Sur-Loire(F)- Parthenay(F)

Normalerweise habe ich einen guten Schlaf. Es dauert nicht lange, bis ich im Land der Träume bin und erst am Morgen daraus wieder aufwache. Ich bin sehr froh darüber. Selbst an Tagen, an denen ich mit großen Sorgen zu Bett ging, war das so. Und von diesen Situationen gab es einige. November 2005 beim „Schneechaos" im Münsterland zum Beispiel. Plötzlich einsetzender längerer, heftiger Schneefall bei Temperaturen um die null Grad sorgte dafür, dass die weiße Masse an den Stromleitungen förmlich festklebte. Das immense zusätzliche Gewicht ließ Strommasten umfallen wie Streichhölzer. Viele Menschen waren komplett ohne Strom. Und das teilweise über etliche Tage. Krisenmanagement für eine ganze Stadt war gefordert. Ältere und Kranke wurden in Behelfsunterkünften untergebracht. An verschiedenen Punkten wurde eine warme Mahlzeit angeboten, weil auch der Elektroherd nicht mehr lief. Ein ganzes Dorf sollte evakuiert werden. Händeringend versuchten wir Notstromaggregate zu besorgen. Mehr als 300 aus ganz Deutschland und den Nachbarländern ließen letztlich Stück für Stück zumindest provisorisch den Strom wieder fließen. In zahlreichen Lagebesprechungen kümmerten wir uns um die heftigen „Begleiterscheinungen". Schulen mussten geschlossen, Unmengen Schnee von den Straßen geräumt, Stromleitungen schnellstmöglich und doch sicher repariert, die Bürgerinnen und Bürger zeitnah und umfassend informiert werden. Und vieles mehr. Immer von dem Bemühen getrieben, dass die Menschen keinen Schaden nehmen. Trotz Dauerstress und sehr hoher Anspannung als Bürgermeister habe ich auch in diesen Zeiten gut schlafen können.

In der letzten Nacht war das anders. Ein-, zweimal wurde ich wach. Es schoss mir wieder durch den Kopf, dass ein Traum ganz schnell zu Ende sein kann. Schon auf unserer Tour nach Verona vor zwei Jahren habe ich drei Tage vor dem Ziel über einen Abbruch nachdenken müssen. Die Nachricht von zu Hause, dass Rainer, der Bruder meiner Frau Ingrid, schwer erkrankt ist, ließ mich mitleiden. Verbunden mit den Überlegungen, die Tour abzubrechen.

„Er ist bei den Ärzten im Krankenhaus gut aufgehoben. Sein Zustand ist stabil. Er ist auf dem Weg der Besserung. Du kannst im Moment hier nicht helfen."

Ingrids Zuspruch und die Tatsache, dass ich bei einer vorzeitigen Rückreise eh nicht früher daheim sein würde als geplant, ließen mich weiterfahren. Die Sorge um die Gesundheit Rainers begleitete mich damals.

Würde Kühle jetzt aussteigen müssen? Ein Blick nach links beruhigte mich. Er schlief neben mir wie ein Murmeltier. Er würde das packen. Schalke-Fans sind Schmerzen gewohnt.

Das morgendliche „Guten Morgen, Kühle" fällt heute ins Wasser. Stattdessen: „Wie geht es dir?"

„Es tut noch weh. Aber es wird gehen. Es muss gehen."

Dabei beißt er sichtlich die Zähne zusammen. Und als er aufsteht, sehe ich auch warum. Seine rechte Pobacke hat die Farben eines (dunklen) Regenbogens.

Auch die anderen vier erkundigen sich beim Frühstück besorgt um das Wohlbefinden des Patienten. Schnell entspannt sich auch bei ihnen die Situation.

„Lass uns schauen, dass wir unterwegs einen Duschstuhl kaufen", witzelt Jupp schon wieder. „Alte Männer sind nicht mehr so standfest."

Mit Blick auf das Frühstück: „Wieso wurde dir denn bei der Verletzung eine Diät verordnet?"

„Das hier ist halt typisch Französisch. Gestern beim Abendessen très bien und heute beim Frühstück juste un peu."

Brötchen, Marmelade, Butter, Kaffee. Schluss. Das war`s. Der Hunger treibt es hinein.

Heute Vormittag ist erst einmal Kettenpflege angesagt. Nach einer Woche die Glieder wieder geschmeidig machen. Zunächst wird im Freilauf die Kette einige Male durch den Putzlappen gezogen und anschließend frisches Kettenöl aufgetragen.

Alle Augen blicken auf Hermann. Auch er hat alles wieder festgezurrt. Dann die Frage: Was macht Kühle? Ganz langsam und vorsichtig hebt er sein rechtes Bein über Sattel und Querstange. Es dauert länger, dann ist es geschafft. Los geht's. Die ersten 15 Kilometer bleiben wir auf der D 952 immer am Ufer des längsten Stroms Frankreichs entlang. Am Waldsaum entlang und an der rechten Seite Wiesen und Felder. Zwischendurch sehen wir immer einmal wieder weiße Charolais-Rinder. Diese französische Rasse kenne ich ganz gut. Clemens, ein guter Freund und Kegelbruder, züchtet diese robusten und wetterharten Tiere seit vielen Jahren. Das Fleisch gilt für viele Spitzenköche als das beste überhaupt. Ich kann das bestätigen. Allein schon die dunkle rote Farbe lässt einem das Wasser im Mund zusammenlaufen.

Wir wechseln die Loire-Seite in Höhe eines weiteren Kernkraftwerkes an diesem Fluss. Der erste inzwischen stillgelegte Reaktor – gleichzeitig auch der erste in Frankreich gebaute – fällt mit seiner markanten Form einer Silberkugel ins Auge. Diese ist ebenso wenig typisch für den Blick auf eine Kernkraftwerksanlage wie die nicht sichtbaren Kühltürme. Um die Landschaft zu erhalten, wurden sie nicht in die Höhe, sondern in die Breite gebaut. Umweltschutz in Verbindung mit Kernkraft wäre in Deutschland ein sehr heikles Thema. In Frankreich ist hingegen die Akzeptanz dieser Form der Energiegewinnung anscheinend nach wie vor wesentlich höher. Drei Viertel des produzierten Stroms kommen hier aus diesen Kraftwerken. Franzosen gehen für oder gegen vieles auf die Straßen. Kernkraft gehört nicht zu diesen Themen.

Entlang der D 7 fahren wir auf Montsoreau zu, überqueren kurz vorher die Vienne und durchfahren eines der schönsten Dörfer Frankreichs. Candes-Saint-Martin ist dem heiligen Martin geweiht. Nicht ohne Grund. An der Stelle der sehenswerten, für dieses kleine 200-Seelen-Kalksteindorf mächtigen Wallfahrtskirche soll der Heilige gestorben sein.

Wenig später schließen wir das Kapitel Loire ab und fahren in südwestlicher Richtung von ihr weg. Für mich war es eine schöne Erfahrung. Für Kühle zwar ein Radweg mit guter Wegeführung. „Aber vom Hocker hat mich das nicht gerissen. Ein paar Schlösser, ein paar schöne Stadt- und Dorfansichten, das war`s." So können die Meinungen selbst unter Freunden auseinandergehen.

Oh. Jetzt gibt es stramme Waden. Die Trittfrequenz wird geringer, der Kraftaufwand immer höher. Und noch eine Umdrehung. Und noch eine Umdrehung. Der Puls steigt und steigt. Es geht ganz schön steil bergauf. Bis an die zehn Prozent. Auch, wenn das Stück nicht sehr lang ist, pusten wir - oben angekommen - ganz schön.

Weiter geht es. In Fontevraud sollte man einen Ausflug zur größten zusammenhängenden Klosteranlage Europas machen. Vielleicht auch um festzustellen, ob hier tatsächlich Richard Löwenherz begraben liegt. Wir begnügen uns mit einem entfernten Blick darauf.

Als hätten wir es geahnt. Gerade einmal zwei Kilometer weiter, die Abtei noch in Sichtweite, versperrt ein rot-weißer Balken die Straße. Dazu das Schild: Verbot für Fahrzeuge aller Art.

„Na, toll. Was ist das denn?", tönt es von hinten vorwurfsvoll.

„Gefährlicher Bereich", liest Kühle vor. „Zugang während der Schießübungen verboten.

Dass hier geschossen wird, ist unüberhörbar, das Rattern eines Maschinengewehrs unverkennbar.

„Und nun?"

„Dass sich hier ein Militärgelände befindet, haben wir bei der Planung gesehen. Es sollte aber zugänglich sein."

„Ist es aber nicht."

„Doch, nur nicht jetzt. Ab zwölf Uhr wieder, steht hier zu lesen. Wenn wir anderthalb Stunden warten, wird der Balken hoch gehen."

„Nicht dein Ernst, oder?"

„Weiterfahren durch den Kugelhagel ist auch keine Option, oder? Einzige Alternative ist, das Sperrgebiet zu umfahren."

Das erscheint uns denn auch die sicherste und beste Möglichkeit zu sein. Wenngleich wir noch nicht wissen, wie groß der Umweg sein wird.

Gerade als wir losfahren, kommt uns eine Militärjeep entgegen. Mit strengem Blick und einer klaren Ansprache werden wir darauf hingewiesen, dass wir uns außerhalb des Sperrbereiches zu bewegen haben. Ach was...

Wie bei der Bundeswehr damals, im Frühjahr 1979, denke ich bei mir. Während meines Grundwehrdienstes fuhr ich bei einer Übung auf dem Truppenübungsplatz Bergen-Hohne meinen Kommandeur zu einer Schießübung. Mit der deutsch-französischen Panzerabwehrwaffe „Milan" wurde dort auf Panzerattrappen geschossen. Der leichte Flugkörper war erst zwei Jahre „im Dienst" und sollte durch die neuartige drahtgesteuerte Lenkung sein Ziel nicht mehr verfehlen können. Doch der Schuss eines Oberfeldwebels ging knapp am Ziel vorbei. Der dann folgende „Anschiss" hatte sich gewaschen. „SIND SIE WAHNSINNIG? Ein

Schuss kostet 12.000 Mark, und Sie setzen das Ding daneben?" Dem armen Kerl passte kein Schuh mehr. In dem Moment war ich froh, dass ich Monate vorher dem Werben um
eine Ausbildung als Reserveoffiziersanwärter und einer Verpflichtung als Soldat auf Zeit widerstanden hatte. So hatte
ich nur noch etwa 90 Resttage auf meinem Maßband. Dann
war das Thema Bundeswehr nach 15 Monaten erledigt.

Zurück ins Hier und Heute. Auch die nächste und die
übernächste Straße, die wieder in unsere Richtung führen,
sind gesperrt. Der Umweg dürfte also länger werden. Über
Champigny kommen wir in Chancé auf eine als Plan B aus-
gearbeitete längere Route. Jetzt ist klar: 20 Kilometer kommen heute mindestens oben drauf. Da hätten wir ja fast
warten können. Voraussetzung: Der Balken wäre tatsächlich hoch gegangen.

Beim anstehenden Einkauf beschränken wir uns auf das
Flüssige. Auf das Outdoor-Mittagessen wird verzichtet, weil
es heute mit sieben bis zehn Grad zu kalt und zudem reg-
nerisch ist. Es kommt zwar nicht sehr viel von oben, aber
ständig ein bisschen. Die Hoffnung, irgendwo einkehren zu
können, um eine Kleinigkeit zu essen, ist stark, aber nach
und nach verliert sie an Kraft. Die jetzt kommende Strecke
zeigt uns große Felder, Wiesen und wenig Häuser. Die kleinen Orte, die wir durchfahren sind, so scheint es, ausschließlich von Landwirten bewohnt. Wir sehen den ganzen
Tag fast keine Menschenseele und schon gar keine Einkehrmöglichkeit. Stunde um Stunde wird der Hunger größer.

Die Motivation ist schon fast im Keller. Da kommt ein
Sandweg auf uns zu, der eigentlich so aussieht, dass man
ihn ganz gut befahren kann. Aufgrund des fetten Bodens
und der Nässe des gestrigen und heutigen Regens wird er
zu allem Überfluss zur Lehmpiste. Sehr zur Freude von Locke. Der legt sich ein zweites Mal auf den „Bart" und
schimpft wie ein Rohrspatz. „Mann. Schon das zweite Mal
heute. Und jetzt sehe ich auch noch aus wie ein Schwein,

das sich im Dreck gesuhlt hat." Weiter geht es. Besser wird die Gemütslage nicht. Wir schlingern nur noch. An echtes Fahren und Bremsen ist nicht mehr zu denken. Der rote klebrige Untergrund bleibt an fast allem hängen, an Rädern, Schutzblechen, Bremsen, auf den Reifen. Diese laufen so schwer wie unter Dauerbremsung.

Nach einigen Kilometern haben wir es geschafft und Glück im Unglück. Am Straßenrand sehen wir in unmittelbarer Nähe eines Bauernhofes einen Wasserschlauch hängen. Es ist niemand zu sehen. Auch auf mehrfaches Rufen hin null Reaktion. Keine Möglichkeit zu fragen, ob wir den Schlauch benutzen dürfen. Dann eben ohne Genehmigung. Wasser marsch!

*Bild 9: Humor ist, wenn man trotzdem lacht.*

Alle Fietsen sind wieder abgespült und können sich wieder halbwegs sehen und, was wichtiger ist, fahren lassen. Der Wermutstropfen ist jedoch, dass die Liste der Sünden, um deren Vergebung wir in Santiago bitten müssen, um eine länger geworden: Diebstahl.

Jetzt haben wir auch wieder einen besseren Blick für schöne Landschaften, alte Kirchen, teils verlassene Häuser in kleinen Dörfern. Keine Massentierhaltung wie bei uns zu Hause, Idylle pur. Aber nach wie vor auch eben keine Läden, nicht einmal eine Bäckerei. Hier ist wirklich nichts gedroschen.

Wir sind schon fast 100 Kilometer im Sattel und es ist schon kurz vor 17 Uhr. Und noch immer nichts zu essen. Der Magen hängt uns förmlich in den Kniekehlen, als wir den mit rund 3000 Einwohnern etwas größeren Ort Airvault erreichen. Für die Burgruine haben wir keinen Blick. Wehe, hier gibt es auch keinen Laden. Aber zunächst erneut Fehlanzeige. Erst als ich eine nette dunkelhaarige Französin fragen kann und sie mir den Weg erklärt, kommt Erleichterung auf. Zwei Straßen weiter gibt es einen großen Supermarkt. „Inter Marché.“

Dort angekommen, finden wir nicht, wie in den Supermärkten bei uns üblich, ein Café, aber im Foyer einen Stehtisch mit fünf Hockern und einen Kaffeeautomaten in Reichweite. Wir kaufen ein Baguette und Aufschnitt im Laden und schieben das Ganze inklusive Kaffee in uns hinein. Ein Hochgenuss nach fast zehn Stunden ohne einen Happen zu essen. Die irritierten Blicke der an der Kasse stehenden und anschließend an uns vorbeigehenden Kunden nehmen wir fast nicht wahr. Und Locke kann auch schon wieder lachen.

Da es heute Abend später werden wird – wir haben noch mehr als 25 Kilometer Fahrt vor uns – und wir für die kommende Nacht eine Ferienwohnung gemietet haben, kaufen wir auch für das Abendessen ein. Es soll selbst gekocht werden. Die einzige Frage, die in diesem Zusammenhang diskutiert wird, ist die, wie viele Flaschen Wein wir dazu kaufen. Gefühlt mit etwa fünf Kilogramm mehr auf dem Gepäckträger, geht es an das letzte Stück Strecke.

Um 19.30 Uhr erreichen wir unser Ziel. Ein Haus in einer kleinen Wohnsiedlung. „Clo Hujobe" steht an der Haustür. Keine Ahnung, was das übersetzt heißt. Aber das muss es sein. Eine Einliegerwohnung, so sieht es aus, ist unser Nachtlager. Ich klingele. Es tut sich nichts. Ich klingele ein zweites Mal. Es tut sich wieder nichts. „Die Buchung gestern ist uns eindeutig bestätigt worden", antworte ich auf die fragenden Blicke. Schon etwas unruhig, rufe ich die Mobilfunknummer des Vermieters an. Gott sei Dank habe ich diese vorsichtshalber abgespeichert. Nach dreimaligem Klingeln meldet sich jemand. „Heute wollen Sie bei uns übernachten? Nicht Morgen?" – „Nein, wir hatten für heute gebucht." – „Also gut. Die Wohnung ist frei. Sie ist allerdings noch nicht hergerichtet. Wir bitten Sie um eine halbe Stunde Geduld. Wir sind noch einkaufen, kommen aber sofort." – „Vielen Dank. Bis später."

Das hätte uns gerade noch gefehlt. Als Clochard auf der Straße schlafen. Da fällt das Warten nicht sehr schwer. Bereits nach zehn Minuten rückt die ganze Familie an. Fünf Frauen und Männer sorgen im Handumdrehen dafür, dass unsere Bleibe gereinigt und hergerichtet ist. Das ging schneller als gedacht.

Eingerichtet mit dem Charme der 70er-Jahre, plüschig, aber großzügig haben wir´s. Das ist in Ordnung. Aber ein einziges Bad sollen wir uns teilen. Das wird dauern. Also müssen wir uns aufteilen und nach der Reihe duschen und essen, während Jupp bereits am Herd steht und kocht. Eintopf mit Würstchen steht auf dem Speisezettel.

Genau passend schaut unser Vermieter durch die Tür, fragt, ob alles in Ordnung ist, und überraschend auch, ob wir als Deutsche zufällig ein Bier möchten. Das lassen wir uns natürlich nicht zweimal fragen. Gesagt, getan. Und schon steht für jeden eine Flasche kaltes original Franziskaner Weißbier auf dem Küchentisch. Und ein passendes Glas auch dazu. Lediglich die Werbung ist für mich und vor

allem Kühle gewöhnungsbedürftig: „FC Bayern München".
Dem Geschmack tut das allerdings keinen Abbruch.

Nach einem guten Essen – dem wohl leckersten Eintopf –
lassen wir den Abend bei Erdnüssen (fast ein ganzes Kilo
verputzen wir) ausklingen. Der Tanz in den Mai fällt aus.
Das sähe sicher auch komisch aus – nur unter Männern
und ohne Musik.

Die Nacht wird für Kühle und mich zu einer kleinen Herausforderung. Unser Doppelbett steht direkt an der Wand.
Damit wir nicht übereinander steigen müssen, ziehen wir
es von der Wand ab. Allerdings bleibt nur ein sehr schmaler
Gang. Egal. Das muss reichen.

Diese Nacht werden wir beide deutlich besser schlafen.
Kühle wird auf jeden Fall weiterfahren können. Die Schmer-
zen sind zwar nicht komplett weg, aber deutlich geringer.
Die nötige Bettschwere ist auch da. Ein anstrengender Tag
liegt hinter uns. Und ein gutes Gefühl begleitet uns in das
Land der Träume. Wir haben heute die 1000-Kilometer-
Marke geschafft.

Rendez-vous demain – bis morgen.


Fazit des Tages:


Männer haben auch Gefühle. Hunger zum Beispiel.

## Dienstag, 01.05.2018 – Parthenay(F) - Saint-Savinien(F)

Wie immer, beginnt der neue Tag mit dem Wachwerden. Heute ist der 1. Mai, der Tag der Arbeit. Auch in Frankreich ist La Fête du Travail ein gesetzlicher Feiertag. Doch für die Franzosen hat der 1. Mai noch eine andere Bedeutung. An diesem Feiertag begehen sie außerdem das Maiglöckchen-Fest und verkaufen und verschenken zu diesem Anlass gerne die weißen Blumen. Sie werden als porte-bonheur, als Glücksbringer, einem geliebten Menschen geschenkt.

Blumen stehen nicht auf dem Tisch, ansonsten ist aber alles da, was ein Mann zu einem guten Frühstück braucht. Gestern selbst gekauft und heute selbst zubereitet. Und jetzt natürlich selbst verzehrt; reichlich.

Bei dem Gedanken, eine gute Grundlage für den Tag zu schaffen, kommen mir der gestrige Tag und der Traum der vergangenen Nacht in den Sinn. Ich habe das Gefühl, auf dieser Pilgerreise häufiger und intensiver zu träumen als sonst. Das ist wahrscheinlich ein gutes Zeichen. Denn Träumen gehört zu jedem gesunden Schlaf. Anscheinend erlebe ich die Dinge, die mich tagsüber beschäftigen, hier aber intensiver. Im Traum war ich mit dem Fahrrad bei hohen Temperaturen in den Bergen unterwegs. Eine Serpentine nach der anderen war zu bewältigen. Die körperliche Anstrengung war riesig und der Körper überhitzt. Ich hatte kaum gegessen und getrunken. Und auf einmal ging nichts mehr. Völlige Kraftlosigkeit stellte sich ein, ich litt unter extremen Schweißausbrüchen. Mir wurde schwindelig und schwarz vor Augen. Das waren die typischen Symptome des bei Ausdauersportlern -insbesondere Radfahrern - gefürchteten und berüchtigten „Hungerastes". Ein Mangel an Kohlenhydraten, der zu einer Unterzuckerung führt und dadurch plötzlich einen kompletten Leistungseinbruch des Körpers auslöst. Ich kann keinen Meter mehr fahren. Dann endet der Traum. Soweit ist es gestern glücklicherweise nicht gekommen. Es sollte mir und uns aber eine Warnung sein. Essen bevor der Hunger kommt. Trinken bevor der Durst kommt. Und das lässt sich nur beherzigen, wenn wir genügend zu essen und zu trinken dabeihaben.

Dafür ist heute vorgesorgt. Ein Teil der gefühlten fünf Kilo Mehrgewicht von gestern Nachmittag dient der heutigen Tagesverpflegung. Auch deshalb, weil die Geschäfte aufgrund des Feiertages heute geschlossen sind.

Wir starten, gut gestärkt, wieder pünktlich um 8.15 Uhr. Bevor wir aber in die Pedale treten, kümmern wir uns um unsere Fahrräder. Der reinigende Wasserschlauch hat gestern dafür gesorgt, dass die Fahrradketten schon wieder nach Öl rufen. Erledigt. Wir machen zunächst noch einen kleinen Schlenker durch Parthenay. Gestern haben wir die kleine Stadt nur gestreift. Die Altstadt mit teilweise uralten Fachwerkhäusern ist reizvoll. Besonders der Blick auf die mittelalterliche Saint-Jaques-Brücke, rechts davon ein weißes Haus mit roten Fensterläden und links die Reste der historischen Stadtmauer mit Türmen.

Zu Beginn ist das Kälteempfinden noch ziemlich hoch. Oder anders ausgedrückt: „Es ist bei wenigen Grad über null schweinekalt." Aber wir strampeln uns relativ schnell warm. Die Sonne kommt schon früh durch und es geht immer hoch und runter. Sind wir unten, geht es auch schon wieder hinauf – über Wiesen und Felder. Kaum erreichen wir ein Dorf, sind wir auch schon wieder heraus. Hier leben, so haben wir den Eindruck, weniger Menschen als Hunde. Zu sehen bekommen wir weder die einen noch die anderen, zu hören nur die anderen.

Wir kommen gut voran. Bis jetzt. Nach zwei Stunden und etwa 35 Kilometern Fahrt hebt Kühle die Hand, was so viel bedeutet wie: anhalten. Also halten wir an. „Mensch", ruft er uns zu. „Unsere Fietsen haben wir heute Morgen liebevoll gepflegt, aber unseren Hintern nicht." Er holt seine Gesäßcreme heraus und gibt den beiden Pobacken reichlich davon. „Seht ihr", den Hintern hervorstreckend, „jetzt ist auch der gut versorgt". Bevor jetzt falsche Gedanken aufkommen: Das Körperteil war natürlich schon wieder bedeckt. Lachen müssen wir aber trotzdem. Viele Leute haben mich übrigens im Vorfeld gefragt, ob einem bei einer so langen Tour nicht ständig der Allerwerteste weh tut oder rot wird. Ja, das kann ein Problem werden, muss es aber nicht und ist es auch meistens nicht. Vorausgesetzt, man beachtet ein paar Dinge. Sitze so ruhig wie möglich auf dem Sattel. Stelle den Sattel unbedingt auf die richtige Höhe ein. Trage eine Hose mit Sitzpolster und darunter – ganz wichtig - keine Unterwäsche. Reinige deine Radlerhose jeden Tag von Schweiß, Staub und Schmutz. Und je nach persönlichem Gusto, benutzt der eine Porte spezielle Radlercreme, der andere Vaseline oder eine Babycreme, wiederum andere nichts weiter. Nach jetzt mittlerweile fast zehn Tagen im Sattel zeigen sich bislang noch bei niemandem ernsthafte Beschwerden.

Seit heute Vormittag sind wir auf dem 600 Kilometer langen Radfernweg „La vélo francette" unterwegs, der vom Ärmelkanal in der Normandie bis nach La Rochelle am Atlantik führt. Bis Niort zeigen uns die Schilder den Weg. Von dort aus verläuft die Route westlich weiter, während wir in südlicher Richtung an den Atlantik fahren. Von den Steigungen abgesehen, lässt sich hier gut radeln. Verkehr haben wir so gut wie keinen. Die Natur verwöhnt uns mit immer neuen schönen Bildern. Dabei tut das ständige Spiel zwischen dem Schatten der ziehenden Wolken und der Sonne ihr Übriges.

Auf den ersten 50 Kilometern haben wir schon 600 Höhenmeter hinter uns. Kurz nach zwölf Uhr Mittag radeln wir nach Niort hinein. Von Anfang an übt die 60.000-Einwohner-Stadt einen besonderen Reiz auf uns aus. Gleich zwei kleine Flüsse mit ihren Windungen und Schleifen sowie einigen kleineren Nebenarmen prägen das Bild. Dazu die gepflegten Grünflächen mit blühenden Blumen, exakt geschnittene Hecken und in frischem Grün stehende Bäume in der Maisonne. Und über allem thront die Stadt mit ihren historischen Gebäuden. Gibt es einen schöneren Platz für eine Pause? Ohne eine Frage zu stellen oder eine Antwort zu geben, ist die Entscheidung klar.

Angehalten, Kocher ausgepackt, Kaffee gekocht und schon lassen wir es uns auf einer Pausenbank nahezu direkt am Wasser schmecken. Und die Kälte von heute Vormittag ist ebenfalls wie weggeblasen. Wohlfühlen pur. Es ist einfach nur schön hier. So sind die Beine gar nicht mehr so schwer.

An diesem Feiertag, bei diesem schönen Wetter spazieren einige Leute durch die Grünanlage. Unter anderem kommt eine junge Familie mit zwei kleinen Mädchen auf uns zu. Ganz unvermittelt spricht uns der junge Mann an und fragt, ob wir auf Pilgerschaft nach Santiago de Compostela seien. Auf unsere Frage, ob man uns das ansähe, zeigte er auf die Muschel an den Lenkradtaschen unserer Fahrräder.

„Und warum ich deutsch spreche? Ich bin Deutscher und in Heidelberg geboren. Der Jakobsweg hat mich hierhergeführt."

„Wie das?" frage ich erstaunt.

„Wie Sie vielleicht wissen, ist der Camino auch ein großer Heiratsmarkt, bei dem schon so mancher Pilger seinen Partner gefunden hat. Bei mir und meiner französischen Frau war das jedenfalls so. Wir sind vor etlichen Jahren auf der Pilgerschaft aufeinandergetroffen, haben uns kennen und lieben gelernt und später geheiratet. Leider haben wir den Jakobsweg unterbrochen. Zunächst haben wir gemeinsam in der Schweiz gelebt und sind nach der Geburt unserer beiden Mädchen hierher nach Niort gezogen. Die Eltern meiner Frau leben hier. Und Sie fahren den Jakobsweg mit dem Fahrrad in einer Männergruppe? Wo sind Sie gestartet?"

„Ja", antwortet Hermann. „Wir kommen aus Ahaus im Münsterland nahe der niederländischen Grenze, etwa 20 Kilometer von Enschede entfernt. Wir sind seit zehn Tagen unterwegs und haben rund 1000 der etwa 2500 Kilometer hinter uns. In zwei Wochen wollen wir am Ziel sein." Wir merken dem jungen Mann die Faszination an. „Das würde mich auch reizen. Vielleicht später einmal. Jetzt setze ich seit zwei Jahren erst einmal meinen Weg zu Fuß fort. Nicht nur mit meiner Frau, sondern auch mit meinen Kindern. Damit das für die nicht zu anstrengend und langweilig ist, beschränken wir uns jedes Jahr auf zehn Tage und mieten uns zur Unterstützung für die Kinder jeweils einen Esel. Wenn alles gut geht, werden wir in ein paar Jahren am Ziel sein."

„Tolles Vorhaben. Viel Erfolg und Durchhaltevermögen für Ihre ganze Familie", wünscht ihm Kühle gutes Gelingen.

„Auch für Sie Buen Camino und alles Gute", sagt er zum Abschluss und eilt seiner schon vorangegangenen Familie hinterher.

Eine schöne Begegnung, von der wir hoffentlich noch viele erleben werden. Vielleicht ebenso ausgelöst vom Erkennungszeichen, der Muschel. Ursprünglich, das geht schon aus einem Pilgerbuch aus dem elften Jahrhundert hervor, war sie ein Zeichen der heimkehrenden Pilger, ähnlich den Palmenzweigen der Jerusalempilger. Die Muschel war nicht nur Erinnerung, sondern zugleich Beweis der vollzogenen Wallfahrt. Heute ist sie mehr eine Kennzeichnung des Pilgerstatus. Warum aber eine Muschel und nicht etwas anderes? In direktem Zusammenhang mit der Jakobslegende soll sich eine wunderbare Errettung eines verirrten Reiters aus dem Meer zugetragen haben. Pferd und Reiter sollen über und über von Muscheln bedeckt den

Wellen entstiegen sein. Das habe dazu geführt, dass die Jakobsmuschel zum Wahrzeichen der Pilger wurde.

Nachdem Jupp noch einen kurzen Moment geruht hat, schwingen wir uns emotional etwas aufgewühlt wieder aufs Fahrrad. Noch kurz am Ufer der Sevre Niortoise entlang, erheben sich auf der linken Seite die beiden miteinander verbundenen großen Wohn- und Wehrtürme der Burg von Niort. Direkt hinter dem Garten biegen wir in Richtung Stadtzentrum ab, den Berg hinauf. Wir passieren das Krankenhaus, das auch hier – wie zu Hause – der größte Arbeitgeber der Stadt ist, kommen durch ein Gewerbegebiet und sind dann schon wieder in der freien, weiterhin hügeligen Landschaft. Sie ist und bleibt blühend. Nur die Farbe hat gewechselt. Heute Morgen gelbe Rapsfelder weit und breit, jetzt dominiert die Farbe Blau-violett. Unzählige Pflanzen mit feingliedrigen stark behaarten Blättern wiegen sich im Wind.

„Büschelschön" (botanisch: Phacelia) dienen zur Begrünung von Stilllegungsflächen der Landwirte. Dazwischen stehen einige weiß blühende wilde Obstbäume, im Hintergrund Wallhecken und Baumreihen. Bilder, die man so schön nicht malen kann.

Zwischendurch unterbrechen kleine Weiler und Dörfer wirkungsvoll die Farbenpracht. Das Einzige, das ein wenig stört, ist die Autobahn A 10, die L´Aquitaine, von Paris nach Bordeaux, die wir zweimal überqueren müssen.

Dazwischen, um 16 Uhr, in einem kleinen Ort, an einem Spielplatz finden wir eine schöne Stelle für die Kaffeepause. Kuchen oder Ähnliches war heute nicht zu bekommen. Also muss die mitgebrachte Prinzenrolle von de Beukelaer dran glauben. Um dem Mangel an Kohlenhydraten vorzubeugen und den Zuckerhaushalt rechtzeitig auszugleichen, versteht sich. Getrunken haben wir heute auch – genug und rechtzeitig. Locke sogar so viel, dass er kein Wasser mehr hat. Josef macht sich auf den Weg in die Nachbarschaft, fragt dort bei einer Frau an und kommt mit der vollen Flasche Wasser zurück. Wahre Freundschaft gibt es eben nur unter Männern. Übrigens, diese Frau und zwei Mütter mit ihren Kindern auf dem Spielplatz sind die einzigen Menschen, die wir heute zu Gesicht bekommen.

„So ein Mist", ärgert sich Hermann. Am meisten über seine eigene Schusseligkeit. „Ich habe schon wieder Schwund bei meinen Klamotten. Ich habe heute Mittag meine Softshelljacke liegen gelassen." Wahrscheinlich denke jetzt nicht nur ich, dass ich davon auch ein Lied singen kann.

Nach einer Dreiviertelstunde gehen wir die letzten 30 Kilometer an. Wir haben eine ausgezeichnete Fernsicht. Kirchtürme, Windräder, Wassertürme ergänzen das weiterhin schöne Bild. Es ist kaum zu erklären. Ich bin oft in der Natur unterwegs. Ich bezeichne mich auch als naturverbunden. Aber selten habe ich das ganz normale, das ganz einfache Naturerlebnis so intensiv und so bewusst wahrgenommen wie heute. Das hatte etwas Spirituelles.

Kurz vor unserem Ziel nach 117 Kilometern haben wir, nicht mit hohen Bergen, aber mit vielen kleinen, manchmal etwas giftigen Anstiegen, die 1000-Höhenmeter-Marke geknackt. Eine zwar anstrengende, aber wunderschöne 1.-Maifahrt ins Grüne, Gelbe und Blaue geht in Saint-Savinien zu Ende. Mit Blick auf die Ruinen des anliegenden im 13. Jahrhundert gegründeten und vor mehr als 200 Jahren geschlossenen Augustinerklosters checken wir in unserem kleinen, aber schnuckeligen Hotel ein.

Was nun? Auch wenn es das Kloster nicht mehr gibt, ein entsprechendes Bier schon. Leffe Blonde, ein authentisches Klosterbier, das sich durch vollen, weichen und fruchtigen Geschmack auszeichnet, dem ein würziger Nachgeschmack folgt. Stimmt. Oder anders gesagt: lecker.

Nachdem wir uns frisch gemacht und erledigt haben, was sonst noch zu erledigen ist, bereitet uns der nette Wirt ein preiswertes, aber dennoch gutes Essen zu. Aber noch wartet ein wenig Arbeit auf uns.

*Bild 10: Gut geplant ist halb angekommen.*

Wie jeden Abend gilt es das Morgen zu planen. Es geht allen zwar körperlich gut. Aber die beiden letzten Tage haben schon für schwere Beine gesorgt. Der Wetterbericht sagt relativ gutes Wetter, wohl aber Wind voraus. Gravierende Steigungen sind nicht zu erwarten. Dafür müssen wir eine Fähre benutzen, die nur in größeren Abständen verkehrt. Unter Abwägung aller Umstände besteht schnell Einigkeit, für den nächsten Tag ein etwas kürzeres Pensum vorzusehen. Zurückwerfen wird uns das nicht, weil wir bislang bereits weiter sind, als die Marschtabelle vorsieht. Wir schauen auf der Karte nach Orten mit Übernachtungsmöglichkeiten und legen Montalivet-les-Bains als Zielort fest;

eine Strecke von rund 85 Kilometern. Eine Übernachtung bekommen wir ebenfalls gebucht, wenn auch etwas abseits des direkten Weges.

Gute Nacht, Freunde, heißt es heute Abend. Denn wir haben Zuwachs bekommen. Josef ist heute bei uns im Dreibettzimmer zu Gast. Er musste sich für diese Nacht von Locke trennen. Es fügt sich alles gut ein. Beim Duschen, beim Klamottenwaschen, beim Aufteilen der Wäscheleine, bei der Auswahl des bevorzugten Bettes, beim Abstellen des Gepäcks. Es ist so, als wenn wir schon immer gemeinsam das Zimmer geteilt hätten. So funktioniert das, wenn man es mit unkomplizierten Typen zu tun hat. Was jedoch ausbleibt, ist die Schlussfrage des Tages von Kühle: „Soll ich euch noch eine Geschichte vorlesen?"

Fazit des Tages:

Ich spüre die Anstrengung und genieße die Natur. Welch ein Feiertag!

## Mittwoch, 02.05.2018 – Saint-Savinien(F) - Vendays-Montalivet(F)

Heute Morgen, beim Aufstehen und der morgendlichen Toilette, sorgen Kühle und ich dafür, dass unser Gast Josef nach uns an der Reihe ist. Das muss sich für ihn egoistisch anfühlen. Was er dazu denkt, wissen wir nicht, ist uns im Moment auch egal. Wir haben eine Mission zu erfüllen. So sind wir deutlich früher am Frühstückstisch als er. Unsere drei Mitstreiter aus dem anderen Zimmer ebenso. Als Josef den Frühstücksraum betritt, geht es los. Eins. Zwei. Drei.

„Zum Geburtstag viel Glück, zum Geburtstag viel Glück, zum Geburtstag, lieber Josef, zum Geburtstag viel Glück." Aus vollem Munde, aber wenig tenorhaft schmettern wir ihm unsere guten Wünsche entgegen. „Viel Glück und viel Segen auf all deinen Wegen. Gesundheit und Frohsinn seien auch mit dabei." Zeitgleich zu unserem Ständchen schreitet unser Wirt feierlich an den Tisch. Einen kleinen, aber feinen Kuchen mit einer Kerze darauf hält er in seinen Händen. „Bon anniversaire." Ziemlich gerührt nimmt Josef auch die einzelnen Glückwünsche entgegen.

Die Überraschung ist gelungen. Ich freue mich, dass unser Hotelier mitgemacht und den Kuchen besorgt hat. Auch ihm scheint es sichtlich Spaß gemacht zu haben. Auch sonst hat er sich sehr zuvorkommend um unser Wohl bemüht. Eher überraschend erwartet uns zudem für sieben Euro ein sehr gutes Frühstück. Guter Kaffee. Salami, Camembert, O-Saft und so weiter und so weiter.

Mit einem herzlichen Dankeschön und nach einer freundlichen Verabschiedung packen wir unsere Sachen. Um 8.15 Uhr starten wir. Zunächst die letzten 50 Kilometer bis zum Atlantik. Es deutete sich gestern Abend schon mit dem wolkenlosen Himmel an. Auch jetzt ist es wieder empfindlich kühl. Dennoch wollen wir auch heute relativ früh dran sein. Wir wissen noch nicht genau, wie wir mit den Abfahrtszeiten der Fähre klarkommen.

Eine kleine Runde durch den Ort, über die innerörtliche Insel gen Südwesten. Auf mitunter schlechten Wirtschaftswegen, teils ziemlich ruckelig, bewegen wir uns vorwärts. Die Strecke ist zunächst wenig spektakulär. Eine Autobahnunterquerung, ein kleines Wäldchen zwischen-durch, nach zwölf Kilometern an einem Steinbruch vorbei, das war`s auch schon fast. Bis nach Corme Royal. Hier schauen wir uns nach einer Einkaufsmöglichkeit um. Außer einer kleinen Bankfiliale und einem Kiosk fällt uns nichts in den Blick. In der nächstgrößeren Stadt Saujon wird es vermutlich bessere Möglichkeiten geben.

Der Santiago-Express rollt also weiter. Sechs Mann hintereinander. Ewas erstaunt sind wir wenig später über ein rechts von uns liegendes Weingut. Das hätten wir (noch) nicht unbedingt erwartet. Andererseits gibt es für den Anbau eines guten Tropfens eigentlich keinen falschen Ort.

Nach 38 Kilometern gemütlicher Fahrt erreichen wir den rund 7000 Einwohner großen Ort. Größere Stadt ist dafür sicher deutlich übertrieben. Trotz des reichlich überdimensionierten Supermarktes. Die Tagesverpflegung für uns ist auf jeden Fall gesichert. Und für Hermann sogar noch eine neue Softshelljacke. Stolz zeigt er auf das Preisschild. Nur 34 Euro. Die Liebe auf den ersten Blick zieht er auch sofort über. Dieses Schnäppchen, denkt sich Locke, lass ich mir nicht entgehen. Auch er schlägt zu. Ist es nur das günstige Angebot? Oder hat er womöglich neben der Regenhose auch eine Jacke nach Hause geschickt? Man könnte ihn fragen, muss es aber nicht.

Da die Kassiererinnen nicht so arbeiten wie bei Lidl, gibt es eine längere Wartezeit an der Kasse, bevor es weitergehen kann. Für das Erreichen der 12.40-Uhr-Fähre sollte es aber keine Probleme geben.

Locke und Hermann, ansonsten eher ungleich, haben von jetzt an das gleiche Outfit. Das auf dem Rücken abgebildete Segelboot hat zwar keine Verbindung mit unserer Pilgerreise, jedoch einen hohen Wiedererkennungseffekt. Was passt, ist die Aufschrift: „17 vent d´ouest." Westwind 17.

Ruckzuck fahren wir in Royan an der Atlantikküste herein. An dem kleinen Flughafen vorbei, durch das Gewerbegebiet in Richtung Bahnhof, dann zum bekannten Strand „La Grande Conche". Badende und Sonnenhungrige sehen wir nicht. Es ist eben kein Badewetter. Dann geht's noch einen Kilometer am ebenfalls entspannten Boulevard entlang und am Jachthafen des Ortes vorbei. Kurz vor dem Fähranleger lösen wir unser Ticket für die Überfahrt. 30 Euro für sechs Personen und sechs Fahrräder finde ich nicht zu teuer. Schließlich braucht es seine Zeit, die an dieser Stelle immerhin 15 Kilometer breite Mündung der Gironde zu überqueren.

Als „unsere" Fähre anlegt, spuckt sie zunächst eine Reihe von LKW, Autos, Fahrradfahrern und Fußgängern aus, bevor wir an Bord gehen können. Auf dem großzügig dimensionierten Parkdeck wirken die heute wenigen Fahrräder ein wenig verloren. Das dürfte in den Sommermonaten anders sein.

An Bord ist Jupp in oder besser gesagt auf seinem Element. Er ist leidenschaftlicher Segler. Das sind natürlich andere Schiffe. Das sind vor allem andere Touren als diese. Er berichtet von einigen seiner Turns in verschiedenen Gewässern. Er ist schon auf einigen Weltmeeren gesegelt. Es sei ein wundervolles Gefühl von Abenteuer, wenn man am Ruder einer Jacht steht, die Gischt einem ins Gesicht fliegt und sich das Boot so richtig auf der Backe liegend durch das Wasser schneidet. Die Freiheit sei besonders dann spürbar, wenn man, mit seiner Crew und Schiff allein, nur von Wasser umgeben sei. Wir hören ihm gespannt zu. „Um solche längeren Turns möglichst gefahrlos zu halten, musst du aber einige Voraussetzungen mitbringen. Eine gute Ausbildung musst du schon vorweisen, um eine Jacht chartern zu können. Und einer an Bord sollte ordentlich Erfahrung haben, um tückische und unvorhergesehene Situationen gut bewältigen zu können. Nur wenn man sich auf jeden einzelnen verlassen kann und als Mannschaft Hand in Hand arbeitet, funktioniert das Ganze. Disziplin und Ausdauer sind enorm wichtig, weil der Wind und das Wetter den Kurs und die Dauer bestimmen. „Ich finde", sagt Josef, „dass unser Turn zwar etwas ganz anderes ist, aber viele Parallelen gezogen werden können."

Ich hätte ihm noch gerne länger zugehört. Doch nach einer kürzeren Überfahrt als gedacht und ohne dass wir tückische oder unvorhergesehene Situationen wie Segler Josef bewältigen mussten, erreichen wir schon Pointe de Grave und sehen dort in unmittelbarer Nähe des Hafens eine schön hergerichtete Bahnhofshütte. Ein idealer Pausenplatz. Da es inzwischen immerhin schon 13.15 Uhr ist, auch eine gute Zeit. Um sich nicht den Hintern oder die Blase zu verkühlen, soll es ein Steh-Kaffee sein.

Das „Bahnhofsgebäude" gehört übrigens zu einer Urlaubs- und Museumseisenbahn, die überwiegend parallel zu unserer weiteren Fahrradroute bis Soulac-sur-Mer verläuft. Zu sehen bekommen wir den Sonderzug nicht, die Schienen schon. Wir werden auf der „La Vélodyssée", nach Berichten in einigen Radzeitschriften dem schönsten Küstenradweg in Europa, unterwegs sein. Ich bin gespannt.

Von hier aus werden wir die gesamte Silberküste auf einer Länge von etwa 230 Kilometern entlangfahren. Silberküste deshalb, weil es in der Biskaya viele Austern und Muscheln gibt, deren Schalen am Strand sich im Laufe der Zeit mit dem Sand vermischen. Diese Mischung soll durch ihre besondere Qualität bei bestimmtem Lichteinfall in den Abendstunden wie Silberstaub glänzen.

Für Pilger nach Santiago de Compostela ist diese Strecke der französische Küstenweg – auch der Weg der Engländer genannt. Im Mittelalter war das ein Seitenweg der „Via Turonensis". Er wurde überwiegend von Pilgern aus England, Holland, der Normandie und der Bretagne stark frequentiert. Für sie war das der kürzeste Weg zu den Pyrenäen. Trotz der Warnung in einem damaligen Pilgerführer: „Wenn dein Weg dich durch die Landes (Name eines Departements) führt.... und du nicht auf deine Füße achtest, dann wirst du schnell bis zum Knie versinken, der Meeressand ist trügerisch." Nun ja, so sehr auf die Füße achten müssen wir wohl nicht. Wir sind ja mit dem Fahrrad unterwegs.

Die ersten Kilometer halten auf jeden Fall, was versprochen wurde. Der oft doppelspurige, super asphaltierte Radweg, völlig abseits von Straßen, ist ein Genuss. Ab und zu kreuzen wir die Bahnlinie. Das dabei entstehende leichte Ruckeln ist zu vernachlässigen. Der Weg verläuft durch ein schönes Waldgebiet, was uns vor unserem Freund, dem Wind schützt. Hat er uns gestern ziemlich in Ruhe gelassen, weht er heute wieder kräftig aus der Gegenrichtung. Eine gute Ausschilderung und die Hinweise auf den Jakobsweg tun ihr Übriges. Und das Sahnehäubchen: Das Grün des Waldes wird immer wieder unterbrochen von vielen in gelber Blüte stehenden Ginsterbüschen. Das ist hier wirklich ein Königreich für Radfahrer.

Nach acht Kilometern öffnen sich auf der rechten Seite die Dünen und wir biegen auf die Strandpromenade von Soulac-sur-Mer ein. Jetzt sehen wir an den Fahnen und spüren es deutlich, wie stark die Brise heute ist. Ein schöner Ort mit seinen Villen aus der „Belle Époque" Anfang des 20. Jahrhunderts. Auch sonst trübt nur eine einzige Bausünde das Auge. Der Blick auf den feinen Sandstrand, die Promenade und den Ozean - mit seiner vergleichsweise geringen Brandung - sind atemberaubend schön. Würde man diesen durchgehenden Strand von der Gironde

Mündung im Norden bis zum Cap Ferret im Süden komplett entlanglaufen, müsste man nahezu zweieinhalb Mal den Marathon gehen. Er ist mit fast 100 Kilometern einer der längsten Strände Europas.

Eigentlich sollte wir die in der Ortsmitte liegende Basilika de Notre Dame besuchen, die im Mittelalter für das erste Gebet der hier an Land gehenden Pilger gebaut worden ist. Das lässt die Zeit leider nicht zu. Die Geschichte dieser Kirche zeigt, wie mächtig und unberechenbar die Dünen hier an der Küste sind. Vor etwa 250 Jahren wurde sie, samt des seinerzeit noch angrenzenden Klosters, von einer Sanddüne komplett begraben.

Am Ende der Promenade noch ein letztes Mal die Weite des Meeres festhalten, dann führt uns der Fahrrad- und Jakobsweg wieder in die Dünen und Wälder. Was nicht weniger schön ist; besonders der Windschatten. Kurz vor Montalivet-les-Bains verlassen wir diesen Weg und auch den Küstenverlauf und biegen links in Richtung L'Hopital ab, um nach Vendays-Montalivet zu gelangen. Wie gesagt, liegt unsere Unterkunft etwas abseits vom eigentlichen Weg. Auf der rechten Seite liegt ein riesiges Feriendorf im Kiefernwald. Hunderte von Bungalows und Mobilheimen sind das Königreich für FKK-Urlauber. „Eurorat" ist seit 1975 das größte Feriengelände für Nudisten in Europa. Zwischen April und Oktober kommen Gäste aus weiten Teilen Europas hierher. Wer es mag... Es hat jedenfalls null Bezug zu einer Pilgerreise.

Zehn Kilometer radeln wir auf einer gutausgebauten, sehr verkehrsarmen Straße, durchqueren ein Feuchtgebiet und sind weiterhin überwiegend im Wald unterwegs. Um 16.30 Uhr sind wir schon recht früh am Ziel. 87 Kilometer ziemlich entspannte Kilometer sind es geworden.

Wir werden von einer netten Dame mittleren Alters empfangen, die uns auch gleich unsere kleinen Ein-Zimmer-Bungalows zeigt. Die überdachte Terrasse ist gleichzeitig

Fahrradparkplatz, direkt vor der Haustür. Zunächst „the same procedure as every day", und dann treffen wir uns rechtzeitig im Restaurant wieder.

Den Senior des Hauses – er dürfte zwischen 75 und 80 Jahre alt sein – nehmen wir am Nachbartisch zunächst als weiteren Gast wahr. Kühle hat inzwischen mit seinem Labrador schon Freundschaft geschlossen, als er uns anspricht. Woher wir kämen und wohin wir unterwegs seien. Also berichten über unsere bisherige Wallfahrt. Er ist begeistert und zeigt unvermittelt auf ein paar Fotos, direkt neben ihm an der Wand. „Das bin ich. Der da mit dem Rucksack. Und jetzt raten Sie mal, wo das ist! Richtig, auf dem Jakobsweg. Ich bin den vor vielen Jahren gelaufen und das in einem Abstand von ein paar Jahren gleich zwei Mal. Mit Ihnen werden in diesem Moment viele schöne Erinnerungen aber auch Mühen wieder lebendig. Ist man einmal mit dem Jakobsweg in Berührung gekommen, lässt er einen nicht wieder los. Jung müsste man noch sein. Ich käme glatt auf die Idee, diese Erfahrung noch einmal zu machen." Respektvoll stoßen wir unter Pilgern mit ihm mit einem Glas Rotwein an.

Schon wegen dieser Begegnung hat es sich gelohnt, hierhergefahren zu sein. Das Unvorhersehbare, das Nichtplanbare, die besonderen Begegnungen mit interessanten Menschen machen eine solche Reise aus. Ganz nebenbei erfüllt das Logis-Hotel auch sonst alle, fast alle, unserer Bedürfnisse.

Wir nehmen das Tagesmenü und gehen früh um 22 Uhr schlafen.


Fazit des Tages:

Der Strand ist silber, der Radweg gold.

## Donnerstag, 03.05.2018 – Vendays-Montalivet(F) – San-guinet(F)

Bereits auf der zweiwöchigen Fahrradtour nach Verona und mehreren kleineren Trips haben Kühle und ich ein Zimmer miteinander geteilt. Inzwischen sind wir fast so eingespielt wie ein lange verheiratetes Ehepaar. Auch heute Morgen läuft alles wie am Schnürchen. Sieben Uhr haben wir als Frühstückszeit vereinbart und wir sind rechtzeitig dort. Das Hotel bewerten wir bezogen auf unsere Bedürfnisse mit eins, weil auch das Frühstück sehr gut ist.

Um acht Uhr sind die Pferde gesattelt. „En los Caballos." Aus dem Spanischen übersetzt: „Auf die Pferde." 40 Minuten fahren wir die D 101, auf der wir auch gestern zu unserem Hotel unterwegs waren, in südlicher Richtung. Jenseits des direkten Küstenstreifens ist die Vegetation etwas anders. Bäume und Sträucher wechseln sich mit Wiesen ab, auf denen unter anderem Pferde grasen. Hier scheint Pferdesport beliebt zu sein. Wir kommen sogar an einem Polo-Club vorbei. Und zwischendurch immer wieder Hinweisschilder auf kleine Campingplätze. Dann geht es weiter, wieder in Richtung Küste. Die Kiefern werden wieder größer und dichter. So, jetzt sind wir wieder auf der Vélodyssée.

Bis zum nächsten Badeort Hourtin Plage ist es nicht mehr weit. Bei heute leichtem Rückenwind sowieso nicht. Wir fahren um 9.15 Uhr an dem etwas vom Weg entfernt liegenden Ort vorbei. 20 Kilometer sind auf dem Tacho. Ab jetzt durchfahren wir von Norden nach Süden einen schmalen, etwa einen Kilometer breiten Streifen zwischen Küste und dem größten natürlichen Süßwassersee Frankreichs, dem Lac d´Hourtin. Auf einer Forststraße, auf der uns kein einziges Auto entgegenkommt, wechseln sich moderate Steigungen und schöne Abfahrten ab. Interessant sind die an Wegekreuzungen stehenden Wegweiser. Komplett aus Holz in dunkelgrüner Farbe, werden auf den mit Holzzapfen befestigten Brettern in weißer Schrift die Orte und Entfernungen angezeigt.

*Bild 11: Welche Richtung hätten Sie denn gern?*

Zwischendurch können wir auf der linken Seite durch die Kiefern hindurch einen Leuchtturm sehen, der mitten im Pinienwald steht. Wahrscheinlich ist er hoch genug, damit das Signal vom Meer aus zu sehen ist.

Heute ist der Tag des Ginsters. In den Brandschutz-schneisen, in denen wir heute überwiegend unterwegs sind, wächst er an den nicht bewaldeten Stellen und verwandelt die Umgebung in ein tiefgelbes Blütenmeer. Wir können uns daran nicht sattsehen. Das geht über 18 Kilometer so. Mancher wird sagen: Das muss doch langweilig sein. Immer dieselbe Umgebung, immer geradeaus. Für mich aber hat das etwas Beruhigendes. Ein stilles Vergnügen. Fast schon etwas Meditatives.

Jetzt fahren wir noch ein wenig in Richtung des südlichen Seeufers, ohne es allerdings zu erreichen, bis der Weg uns in Richtung Lacanau-Ocean führt. Hier merken wir ganz konkret, dass die Dünen teilweise bis zu 60 Meter hoch sind. Es geht deutlich steiler hoch und runter und höher über den Meeresspiegel hinaus. Der Blick auf die schwarze Teerdecke zeigt ein wenig den Charakter einer Achterbahn. Kurz bevor wir den Ort erreichen, sehen wir erstaunt mitten im Wald ein Wohngebiet. Alles Holzhäuser, die sich – wie wir finden - hervorragend in die Umgebung einfügen. So kann man auch zusätzlichen Wohnraum schaffen und trotzdem im Einklang mit der Natur bleiben.

Auch heute haben die Radreiseführer nicht zu viel versprochen. Schade nur, dass das Wetter nicht gut ist. Klar. Anfang Mai kann man kein Badewetter erwarten. Aber zehn Grad ist dann doch ziemlich kühl. Einen kurzen Moment denken wir mit Blick auf den wunderschönen Badeort darüber nach, auf einen Kaffee einzukehren, entscheiden uns dann aber aufgrund des noch vor uns liegenden Pensums dagegen. Ein gewisses Risiko gehen wir damit ein. Wir wissen noch nicht, ob und wann wir eine passende Möglichkeit bekommen. Die Entfernung zwischen den Orten ist groß.

Wir kommen auch weiterhin gut voran, durch die endlosen Dünenwälder. Die gefahrenen Kilometer summieren sich. Manchmal habe ich das Gefühl, vor lauter Bäumen den Wald nicht mehr zu sehen. Zum ersten Mal seit unserem Start spüre ich, dass die Stimmung gereizt ist. Während die einen immer wieder Ausschau nach einer Einkehrmöglichkeit halten, wollen die anderen trotz der Kühle eine Pause im Freien machen. Zwischendurch kommen wir an einem unendlich langen Parkplatz vorbei. Drei Kilometer zieht er sich etwas abseits entlang des Radweges. Mittendrin ein Supermarkt, in Porge-Ocean; schade, ohne Café oder etwas Vergleichbares. Dafür allein kann ein Parkplatz dieser Größe auf keinen Fall gebaut worden sein. Ist er auch nicht. Er dient den Tagesausflüglern aus Bordeaux, für die das der nächste freie Atlantikzugang ist.

Wieder nichts für eine Indoor-Pause. Auch nach 80 Kilometern noch nicht. Also weiter. Die Kreuzung nehmen wir kaum wahr, als wir der auf unserem Navi angezeigten Strecke folgend links abbiegen.

Wir hätten an dieser Stelle auch eine andere Variante wählen können. Zunächst weiter nach Süden zu der Spitze dieser Halbinsel Cap Ferret. Von dort aus dann mit einer Fähre über die Mündung der Bucht des „Bassin d`Arcadon" zu dem gleichnamigen Ort und von dort aus weiter in südliche Richtung. Das wäre die kürzere Strecke gewesen. Da die Fähre allerdings nur in Abständen von drei Stunden fährt und die Abfahrtszeiten zu unserem Tagesablauf nicht passen, nehmen wir den reinen Fahrradweg um die Bucht herum.

Bis zum nächsten Ort Arès sind es noch zehn Kilometer. Hoffentlich haben wir dort eine Pausenmöglichkeit. Für das seelische Gleichgewicht der Mannschaft wäre das gut. Es gelingt uns aber auch hier nicht auf Anhieb, ein geöffnetes Café oder Bistro zu finden. 14 Uhr ist dafür ja auch nicht die ideale Zeit. Damit ist uns die Entscheidung drinnen oder draußen auch abgenommen.

Ich traue mich nicht zu fragen, ob wir noch weiter zum Hafen fahren sollen, um dort weiterzusuchen. Ich hatte im Vorfeld gelesen, dass es hier wie in anderen Orten an der Bucht noch etwa 350 Austernfischer gibt. So könne man in kleinen bunten Hütten am Hafen Krabben, Garnelen, Muscheln, Austern, Krebse und Hummer bekommen. Ich weiß allerdings nicht, zu welchem Preis. Ich weiß aber, dass zumindest Kühle bei der Frage das Gesicht verziehen würde, verbunden mit der unweigerlichen Antwort: „Auf keinen Fall!" Das gemeinsame Erlebnis vor einigen Jahren in Cambados an der Atlantikküste, etwa 60 Kilometer südwestlich von Santiago de Compostela, ist mir in bleibender Erinnerung geblieben. Ein früherer Gastwirt aus Ahaus war in seine Heimat zurückgekehrt. Weil es ihm ein großes Anliegen war, zwischen seinem Heimatort und Ahaus Kontakte aufzubauen, hatte er uns zu einem Besuch eingeladen. Auf eigene Kosten versteht sich. Bei einem gemeinsamen Mittagessen mit dem stellvertretenden Bürgermeister des Ortes wurden uns die verschiedenen Sorten von Muscheln und andere Meeresfrüchte aufgetischt. Die Gegend ist bekannt für ihre Muschelzucht. Für die meisten am Tisch, auch für mich, war das ein echtes Festessen. Auch Kühle, der bekanntlich eher vom klassischen Schweineschnitzel kommt, wurde nach seiner Meinung gefragt. Seine Miene war Antwort genug, und der stellvertretende Bürgermeister lenkte ab: „Aber unser Brot ist sehr lecker, nicht wahr? "Also kaufen wir ein und trinken unseren Kaffee in einer Unterstellhütte in der Nähe der Kirche. Wenigstens windgeschützt ist es hier.

Um 14.45 Uhr sind wir wieder unterwegs. Die Route verläuft jetzt auf einer ehemaligen Bahntrasse. Bis Biganos durchfahren wir einige Orte abseits des Verkehrs. Das Einzige, was nervt, sind die ehemaligen Bahnübergänge. Gefühlt alle 200 Meter müssen wir anhalten, um an den Querstraßen Autos vorbeizulassen. Eingebaute Vorfahrt haben wir leider nicht. An den Kilometerschildern können wir die gefahrene Entfernung ablesen. Wir fahren zwar immer ziemlich dicht am Bassin d`Arcadon entlang, aber doch so weit entfernt, dass der Blick aufs Wasser versperrt ist.

Die noch etwa sechs Kilometer bis Le Teich radeln wir auf einem abgesetzten Radweg entlang der D650. Natur pur erleben wir im breiten Mündungsdelta des Flusses L´Euyre, den wir auch überqueren. Das Sumpfgebiet bietet einen idealen Ruheplatz für Zugvögel und beherbergt einen vogelkundlichen Park. In dem ebenfalls für seine Austernfischer bekannten Ort kaufen wir für das Abendessen noch einmal ein. Wir sind heute in mobilen Wohnheimen – natürlich mit Selbstverpflegung – untergebracht. Hauptsächlicher Nahrungsbestandteil ist wiederum nicht Eiweiß, sondern Kohlenhydrate. Dazu Rotwein. Ein Bordeaux, wo wir schon einmal in der Nähe sind. Diese wertvolle Fracht wird natürlich besonders gesichert. In der Flaschenhalterung meiner Fietse mit einem stabilen Gummiband. Da brennt nichts an.

Auch für die kommende Nacht liegt unsere Unterkunft wieder abseits des Küstenradweges, aber unmittelbar am Ufer des nächsten größeren Sees, der unter anderem den Namen des Ortes trägt. Sanguinet. Wir glauben, das letzte Teilstück in einer Stunde locker und leicht abstrampeln zu können. Dazu soll auch eine einige Kilometer sparende Abkürzung dienen. Dass auf einmal die ohnehin schon relativ schlechte Straße endet und die Route uns über zwei Kilometer richtig schlechte Wegstrecke führt, ist geschenkt. Viel schlimmer waren die letzten sieben Kilometer entlang der D216. Schnurgerade. Kein Radweg. Relativ schmal und stark befahren. Achtung! Achtung! Achtung! Vorsicht, Lebensgefahr! Das ist nicht übertrieben. Mir irrem Tempo jagen die Autos an uns vorbei. Selbst bei Gegenverkehr. Der Abstand zwischen meinem Fahrradlenker und dem Autospiegel betrug teilweise nur wenige Zentimeter. Am liebsten willst du dann mit deinem Fahrrad in den Graben, weil auch neben der Straße kein Platz zum Ausweichen ist. Wie Kühle später sagt: „Ich habe Blut und Wasser geschwitzt. Das war die Hölle!" Haben wir einen Fehler gemacht? Wir wissen es tatsächlich nicht. Weil wir nicht wissen, wie es uns auf der Alternative D652 ergangen wäre. Auf mehr als der doppelten Länge ebenfalls schnurgerade Strecke. Eins ist allerdings sicher: Würde ich die Strecke noch einmal fahren, würde ich dieses Stück Himmelfahrtskommando auf jeden Fall versuchen zu umfahren.

Nachdem der Horror vorbei ist, halten wir erst einmal an und atmen ganz tief durch. Kühle ist fix und fertig: „Wir sind hier heil durchgekommen. Und wenn wir in Santiago ankommen, zünde ich dafür sechs Kerzen extra an; für jeden von uns eine." Um 18.15 Uhr sind wir am Ziel. So froh war ich darüber selten.

Doch dann folgt der nächste Schock. An der Rezeption des Campingplatzes ist niemand. Auch im Platzrestaurant ist keine Auskunft zu bekommen. Sprechenden Menschen kann geholfen werden, denke ich, und rufe die Telefonnummer an, über die ich gebucht habe. Fünf Minuten versuche ich mit der Dame am anderen Ende der Leitung das Problem zu lösen. Zunächst mit meinem spärlichen Französisch, dann auf Englisch. Kein Erfolg. Schon ziemlich mutlos noch ein Versuch auf Deutsch. Wieder nichts. „Ich bin mit meinem Latein am Ende", seufze ich und gebe Kühle mein Smartphone. Anderer Teilnehmer, dasselbe Anliegen. Ich male innerlich schon den Teufel an die Wand. Auf der Grünfläche unter freiem Himmel ohne Zelt und nur in einem Hüttenschlafsack übernachten ist – vorsichtig ausgedrückt - nun wirklich keine Wunschvorstellung. In der Zwischenzeit versucht es Josef über die Sprechanlage an der Zufahrtsschranke zum Gelände. Und er hat tatsächlich Erfolg. Die Schlüssel lägen für uns im Briefkasten bereit. Kurze Zeit später hören wir genüsslich das Drehen des Schließzylinders.

Die Häuser sind top. Wir duschen. Locke und Josef kochen. Anschließend verputzen wir eine große Menge Nudeln mit Sauce Bolognaise. Dazu den leckeren Bordeaux. Ein tolles Gefühl von Zufriedenheit und Erleichterung stellt sich ein. Es war eine besondere Etappe. Mit 138 Kilometern bislang die längste, mit einer Durchschnittsgeschwindigkeit von rund 19 Kilometern pro Stunde nach dem ersten Tag die schnellste, insgesamt wahrscheinlich die schönste, aber auch zum Schluss die gefährlichste.


Fazit des Tages:

Der Ritt auf der Rasierklinge nimmt ein glückliches Ende.

Nach einer wiederum gut geschlafenen Nacht gehen am Morgen die Augen mit dem Blick auf ein etwas merkwürdiges Bild auf. Auf dem Esstisch steht der Wäscheständer mit den gestern zum Trocknen aufgehängten Klamotten. Für draußen war es zu kühl und an anderer Stelle kein Platz. Es sei denn, wir hätten riskieren wollen, uns bei einem eventuellen nächtlichen Toilettengang die Haxen zu brechen. Und außerdem brauchen wir uns beim Abnehmen der Wäsche nicht zu bücken.

Nachdem wir alles erledigt, uns gestärkt und die Schlüssel für unsere schnuckeligen Unterkünfte in den Briefkasten geworfen haben, sind wir wieder on the road. Südwärts. Nach dem wir gestern den Atlantik verlassen haben, werden wir heute wieder daran zurückkehren. Zunächst leicht ansteigend und nachher abfallend, führt die Strecke an einer kaum befahrenen Straße entlang schnell nach Parentos-en-Born. Nach einem kleinen Orientierungshalt führt uns der straßenbegleitende Radweg in Richtung Gastes. Wir sind jetzt wieder auf dem Euro-Velo 1. Hier wäre die Schnittstelle gewesen, falls wir die „Fährenalternative" genommen hätten. Kurz vor dem Ortseingang biegen wir rechts ab zum Seeufer des Étang de Biscarosse. Ein schöner kleiner Bootshafen, ein Café und der Sonnenschein laden zu einem kurzen Verweilen und Fotostopp ein.

Und dabei können wir das Angenehme direkt mit den Nützlichen verbinden. Es besteht die Möglichkeit, per Luftdruck die Reifen nachzupumpen. Ach du Schreck! Bei der gleichzeitig kleinen technischen Durchsicht stellen wir bei Jupps Rad fest, dass die hintere Felge völlig hinüber ist. An mindestens fünf Stellen sind um die jeweilige Speiche herum ganze Stücke herausgebrochen. Die Speichen baumeln hier frei in der Luft herum. Jetzt ist guter Rat gefragt. Würden wir versuchen, so weiterzufahren, kämen wir heute nicht an. Eine Recherche mit dem Smartphone im Internet zeigt uns an, dass es vor uns liegend in Mimizan einen Radladen gibt. Entfernung rund 20 Kilometer. Das ist verdammt weit und mit dem Gepäck wohl kaum zu schaffen. Die andere Möglichkeit hätten wir neun Kilometer zurückliegend in Parentos-en-Born. Ich meine diesen Shop bei der Durchfahrt gesehen zu haben. 18 Kilometer hin und zurück, das ist natürlich ein ganzes Stück, das wir zusätzlich fahren müssen. Wir könnten aber das Gepäck hierlassen. Was sein muss, muss sein. Wir gehen arbeitsteilig und möglichst effizient vor. Josef, Jupp und ich fahren zurück. Zu dritt und ohne Gepäck. Für den Fall, dass Jupp nicht überkommt, können die anderen Beiden mit dem Fahrrad auf dem Nacken weiterfahren. Hermann meint: „Felix. Wenn du kannst, solltest du auf jeden Fall mitfahren, wegen der Französischkenntnisse." Ob die ausreichen, weiß ich nicht. Aber von der Hand zu weisen ist das Argument nicht. Hermann und Kühle kaufen inzwischen ein und Locke gibt Obacht auf unser aller Gepäck.

Mit Panzerband versuchen wir die Speichen noch so gut es geht zu befestigen. Viel wird's nicht helfen. Schaden kann es aber auch nicht.

*Bild 12: Ist das das Ende einer wundersamen Reise?*

Zügig, aber dennoch vorsichtig machen wir uns auf den Weg. Zwischendurch immer der Gedanke: Hoffentlich hält die Felge. Nach 20 Minuten sind wir da.

Sie hat gehalten. Wir treten ein. Ein jüngerer Mann – der Inhaber – schraubt gerade an einem anderen Fahrrad. Das ist gut. Der wird wissen, was er tut. Wir beschreiben und zeigen das Problem. Ganz ohne Hände und Füße geht es nicht. Dabei sieht der Chefmechaniker offensichtlich an der Muschel, dass wir pilgern. Jedenfalls lässt er alles andere stehen und liegen und sucht nach einem Ersatzteil. „Lass uns beten", sage ich zu Jupp, „dass er eine passende Felge hat. Sonst haben wir ein ernsthaftes Problem." Die Sorgenfalten werden zunächst größer, je länger es dauert. Sie verwandeln sich aber in ein Lächeln, als wir nach einer gefühlten halben Stunde eine Felge entgegengehalten bekommen. Dazu die mitleidsvolle Anmerkung: „Leider ist das nicht die passende Farbe." Als wenn das in dieser Situation ein Problem wäre. Gekauft. „Chef" macht sich direkt an den Austausch. Die nächste Schrecksekunde. Bei allem Bemühen, mit gutem Werkzeug und Kraftanstrengung, bekommt er das Ritzelpaket (die Zahnräder am Hinterrad) von dem kaputten Rad nicht herunter. Wir schauen den Mann besorgt an, als er schon in einer großen Kiste nach einem Ersatz kramt. Ich denke noch, dass das die berühme Suche der Nadel im Heuhaufen ist, weil die ganzen Komponenten an Jupps Fahrrad schon länger nicht mehr zu den neuesten Modellen gehören. Da scheint er auch schon etwas Passendes gefunden zu haben. Puh. Zum zweiten Mal Glück gehabt. Dass das Teil gebraucht ist, spielt keine Rolle, zumal es auf jeden Fall weniger Kilometer auf dem Buckel hat als das bisherige. Nach weiteren 15 Minuten ist alles komplett fertig, inklusive Einstellen von Schaltung und Bremsen. Ich könnte dem Superfahrradmechaniker um den Hals fallen.

Zum Bezahlen haben wir Jupp alleine gelassen. Das wird nicht billig. Wir gehen von insgesamt etwa 200 Euro aus. Wenige Minuten später strahlt Jupp ein weiteres Mal über das ganze Gesicht. „Stellt euch vor. Mit 57 Euro bin ich davongekommen. Wahnsinn! Das war natürlich ein gutes Trinkgeld wert."

Erleichtert über so viel Glück, sind wir nach eineinhalb Stunden zurück. Auch allen anderen fällt ein Stein vom Herzen. Jetzt müssen wir uns aber sputen. Einschließlich Pause liegen wir fast zwei Stunden in Rückstand. Also schnell die Pferde wieder gesattelt und los. Der Express kommt echt ins Rollen. Der Asphaltweg schlängelt sich durch die Wälder in Seenähe, durch das eine oder andere Campinggelände. Später vom Seeufer weg, werden wir begleitet von einer Straße, rauschen quasi durch den nächsten Ort. Dank Rückenwind sind wir in nicht einmal einer Stunde am Ortseingang von Mimizan. Die Entscheidung, den Glockenturm, Teil des Welterbes und Station der Jakobspilger, zu besichtigen, nimmt uns die fortgeschrittene Zeit ab. Heute nicht. Also weiter, auf dem kürzesten Weg nach Mimizan-Plage. Hier finden wir direkt nach dem

Abzweig in südliche Richtung einen schönen Platz im Wald. Auch die Uhrzeit ist richtig für eine Mittagspause.

Der Mittagsschlaf muss heute auf jeden Fall ausfallen. Es ist schon 14 Uhr und wir haben noch 70 Kilometer vor der Brust. Bei inzwischen 19 Grad angenehmer Wärme ist der weitere Weg durch den Wald sehr angenehm. Die Sonne sorgt für ein interessantes Schattenspiel. Es gibt keine Barrieren, die Oberfläche ist einwandfrei. Das leichte Auf und Ab sind wir inzwischen gewohnt und strengt nicht mehr besonders an. Und wir haben es zu einer eigenen Taktik werden lassen, den Schwung der kurzen Abfahrten für die anschließende Auffahrt zu nutzen. Die auch jetzt immer wieder auftauchenden gelben Blütenbeete machen auch aus diesem Tag wieder einen Ginster-Tag.

„Wunderbar. Einmalig. Welche Ruhe. Natur pur." Obwohl wir vom Atlantik nichts zu sehen bekommen. Ab und zu nehmen wir bei genauem Hinhören das Rauschen jenseits der Dünen wahr. „Dieser Radweg ist hundertmal schöner als zum Beispiel der Nordseeküstenradweg. Keinen Meter Schotter. Meistens sogar exzellenter Asphalt." Das sind das vorzeitige Fazit und die Bewertung von Kühle zum Eurovelo 1, der Vélodyssée oder dem Atlantikküstenradweg in Frankreich. Wer Kühle kennt, weiß, dass er diese Note nicht schnell vergibt. Wenn es auch hin und wieder noch eine Bank oder einen Picknickplatz gäbe, wäre sogar eine Eins Plus dabei herausgekommen.

Wir kommen schnell voran und durch Contis-Plage durch. Kurz vorher, in einem lichten Teilstück, erhebt sich vor uns der Leuchtturm. Sein Outfit: Er ist wie eine ganz dicke Girlande schwarz-weiß gestreift. Am Ortsausgang darauf achtend, rechts und nicht geradeaus zu fahren, haben uns die Kiefernwälder wieder.

Zwischendurch sehen wir am Wegesrand ein wenig erstaunt Korkeichen. Eigentlich sind die in noch südlicheren Gefilden zu Hause. Da die immergrünen Laubbäume nicht winterhart sind, deuten sie auf ein mildes Klima hier hin. Mit ihrem geschälten, leicht rötlichen Stamm sorgen sie bei mir für eine leichte Gänsehaut. Regelmäßig die Haut abgezogen zu bekommen ist keine schöne Vorstellung.

Nach etwa zwei Stunden geht der eigentliche Radweg links ab, um den See von Léon herum. Er und auch der Ort sind nicht zu verwechseln mit der Stadt auf dem Jakobsweg in Spanien. Diesen Umweg sparen wir uns und fahren geradeaus auf Moliets-et-Maa zu. Wir können uns nur vorstellen, dass der Umweg zur Abwechselung dienen soll, denn auch unsere Strecke bleibt auf einer ruhigen Straße gut.

Wir überqueren den Courant d´Huchet, übersetzt den Huchet-Strom. Wenn man Rhein und Donau vor Augen hat, ist der Begriff für diesen kleinen Fluss reichlich überdimensioniert. Er kommt aber wohl daher, dass sich um ihn herum ein Naturschutzgebiet befindet. Es ist für seine atemberaubende Landschaft mit einzigartiger Fauna und Flora bekannt. Deshalb wird es auch das „Amazonien des Departements Le Landes" genannt.

Die Zeit und die Kilometer fliegen an uns vorbei. Nur kurz vor unserer Kaffeepause werden die Muskeln einmal stramm und die Drehzahl kleiner. Steil, aber kurz geht es vermutlich eine Düne hinauf. Schnell geschafft. In Moliets-et-Maa holen wir den Gaskocher wieder hervor. Mitten zwischen den in lockeren Abständen unter Bäumen stehenden weiß verputzten Häusern mit roten Dachziegeln. Das nenne ich idyllische Wohnlage. Als wir auf die Uhr schauen, stellen wir fest, dass wir sage und schreibe zweieinhalb Stunden zügig durchgefahren sind. Gut so. Dann werden wir heute Abend nicht ganz so spät sein wie befürchtet.

Nach einer halben Stunde gemütlichen Plauderns treten wir wieder in die Pedale. Zur Abwechselung einmal wieder auf einer ehemaligen Bahntrasse. Auch an Vieux-Boucau vorbeifahrend, stellen wir fest, dass das alles sehr gepflegt und höherwertig, wenn auch nicht pompös aussieht. Wer hier wohnt, wird so schnell nicht wieder arm werden.

Kurz danach geht es durch den Wald auf der D79 weiterhin ziemlich entspannt zu. Wieder schauen uns zwischendurch die nackten Eichen, deren zentimeterdicke Rinde geschält, abgeerntet wurde, mitleidsvoll an. Später teilen sich durch die besiedelten Bereiche Fußgänger und Radfahrer den abseits der Straße verlaufenden Weg. Auch hier ist von Massentourismus und Hotelburgen nichts zu sehen. Dann nutzen wir in Höhe der Spitze des Sees von und in Hossegor die Gelegenheit zu einem Foto mit den Dünen im Hintergrund. Wir sind fast am Ziel für heute.

Etwas geradeaus, über eine Brücke am Ende des Sees bis zum Hafen. Wir sind in Capbreton. Als einziger Hafen in dem Departement ist er nicht nur Heimat von schicken Jachten, sondern auch von Fischerbooten. Eine „echte" Hafenrundfahrt und wir erreichen unser Hotel, das quasi direkt am Strand liegt. Wir werden freundlich empfangen. So zügig wie ich jetzt geschrieben habe, haben wir auch die Tagesetappe hinter uns gebracht.

Nach dem Duschen und Wäschewaschen nutzen wir die Gelegenheit zu einem Abendspaziergang an der Küste. Ich genieße es, mir den Wind um die Nase wehen zu lassen, dem Rauschen des Wassers zu horchen, die salzige Luft zu spüren und den Blick aufs Meer zu haben. Der Sonnenuntergang, mein erster am Atlantik, ist postkartentauglich. Eine ganz Zeit lang schauen wir zu, neben relativ wenig anderen, wie die Sonne hinter den jetzt dunkleren Wolken das Wasser und den Himmel in verschiedenen Rottönen leuchten lässt.

*Bild 13: Eine Aussicht, von der man sich kaum abwenden kann.*

Schließlich zieht uns der Hunger an den Hafen in ein kleines einfaches Fischrestaurant. Der frische Fisch und das Glas Rotwein lassen uns „essen wie Gott in Frankreich". Ein schöner Tag geht zu Ende; trotz der Panne und der Tatsache, dass aus 120 schließlich über 140 Kilometer geworden sind. Schließlich sind wir noch einen Kilometer in der Stunde schneller unterwegs gewesen als gestern. Das wird im weiteren Verlauf der Reise nicht noch einmal zu schaffen sein.

Fazit des Tages:

Glücklich über so viel Glück

## Samstag, 05.05.2018 – Capbreton(F) - Saint-Jean-Pied-de-Port(F)

Heute Morgen müssen wir, ob wir wollen oder nicht, später starten. Wir sind in einem Urlaubshotel untergebracht und bekommen erst um 8 Uhr Frühstück. Gerne wären wir an diesem wahrscheinlich schwereren Tag früher los. Aber das Frühstück ausfallen lassen wollten wir auch nicht. Für ein Doppelzimmer mit gutem Frühstück war es mit 100 Euro zwar bislang das teuerste Hotel, in einem Badeort in Frankreich, fast direkt am Meer jedoch eine vergleichsweise preiswerte Übernachtung. Wir haben sie alles in allem mit der Note zwei bewertet.

Jupp stimmt uns zu Beginn der Etappe um 9 Uhr passend ein. „Heute ist das mit dem Training vorbei, Jungs. Heute geht es richtig los." Ich kann es nicht so richtig erklären. Aber es hat schon etwas Erhabenes, unser Ziel: Saint-Jean-Pied-de-Port. Zunächst fahren wir noch einmal ans Wasser, um entlang der Strandpromenade den Anblick des Atlantiks noch einmal in uns aufzusaugen. So schnell werden wir den so nicht wiedersehen. Dann erneut auf den Eurovélo 1 und schon sind wir wieder im Kiefernwald. Unzählige Plätze in der Umgebung bieten den Campern während ihres Urlaubs einen Standplatz. In Labenne-Ocean findet man die Infrastruktur dafür. Läden, Bistros, Fahrradverleih und so weiter. Wir fahren daran vorbei und über Ondres, an Tarnos vorbei nach Boucau. Eine Fahrt durch städtisches Land, so würde ich es bezeichnen. Nicht dicht besiedelte Gebiete, alles ein-, maximal zweigeschossige Gebäude. Und wir haben mehr Kontakt mit dem Autoverkehr. Es ist ein bisschen wuseliger, von einem echten Citygewirr jedoch weit entfernt. An einem „Leader Price"-Supermarkt halten wir an, um einzukaufen.

Kühle und ich sind heute nicht dran. Also warten wir draußen auf unsere Kollegen. Es dauert nicht lange, da spricht uns ein Mann an, der vielleicht ein paar Jahre älter ist als wir. „Ihr seid doch sicher auf dem Weg nach Santiago, oder?" „Ja, sind wir", antwortet Kühle zunächst etwas kühl. Etwas von sich eingenommen, kommt der jetzt hier lebende Deutsche in einen regelrechten Redeschwall. Er berichtet en Detail darüber, dass er den Jakobsweg dreimal gelaufen und mit dem Trekkingbike 7.500 Kilometer durch Kanada geradelt sei. Dann ist er aber doch an uns und unserer weiteren Route interessiert. „Auf welchem Weg fahrt ihr denn von hier aus nach Saint-Jean? Ich kenne mich in der Gegend ganz gut aus. Vielleicht kann ich euch noch einen Tipp geben." Als wir ihm diese auf dem Smartphone-Bildschirm in etwa zeigen, meint der Mann: „Oh, da habt ihr euch ja etwas vorgenommen. Leicht ist das nicht." Für die Alternative, die er versucht uns aufzuzeigen, können wir uns nicht erwärmen. „Ich hasse den Straßenverkehr", macht Kühle aus seinem Herzen keine Mördergrube. „Verstehe. Na, dann gute Reise und Buen Camino."

An mangelndem Selbstbewusstsein litt der nicht.

Von jetzt an fahren wir den Fluss L´Adour entlang, auf einem straßenbegleitenden Radweg flussaufwärts nach Bayonne. In und an den verschiedenen Gewerbebetrieben herrscht nur geringere Geschäftigkeit. Heute ist Samstag. In der Nähe des Zentrums von Bayonne nehmen wir die erste Brücke über das an dieser Stelle doch relativ breite Gewässer. In etwa 500 Metern Entfernung ist links die für Pilger im Mittelalter sehr wichtige Brücke St. Esprit zu sehen. Um zirka 1150 brachte die Vorgängerin der jetzigen Steinbogenbrücke für sie eine große Erleichterung und Sicherheit. Flussüberquerungen stellten damals nämlich die größten Gefahren dar. Am anderen Ufer wurden die Pilger häufig von Räubern erwartet, Fährleute betrogen sie um ihre Habe. Gefährlich ist heute allenfalls der

Straßenverkehr. Und selbst der ist es dann nicht, wenn - wie hier - der Fahrradweg separat geführt wird.

Stichwort Habe. Josef hat keine Habe mehr in der Tasche. Er braucht Nachschub an Bares. Also machen wir an der anderen Flussseite an einem kleinen Bistro einen kurzen Halt. Auf der gegenüberliegenden Straßenseite ist eine Bank. Ein weiteres Mal werden wir angesprochen. Ein Mann mit einer typischen Baskenmütze auf dem Kopf erzählt, wie stolz er darauf ist, Baske zu sein. Wenn wir nach Santiago unterwegs wären, würden wir ja seine Heimat kennenlernen. „Ein wunderbares Land wartet auf euch. Gute Reise. Onenak – alles Gute!" Sagte es und war auch schon wieder weg. Wir haben nicht einmal mehr in Erfahrung bringen können, warum er so gut Deutsch spricht.

Mit einem Mal ist uns bewusst, dass ein Teil des Baskenlandes auf französischem Gebiet liegt. Von hier ab die Pyrenäen entlang. Der Ursprung der Basken ist ungeklärt. Was erwiesen zu sein scheint: Die mit anderen Sprachen nicht verwandte indogermanische Sprache ist die älteste, die in Westeuropa heute noch gesprochen wird. Die Basken pflegen sie und fordern seit eh und je, dass „ihre" Sprache in Frankreich und Spanien als gleichberechtigte Amtssprache anerkannt wird. Hier bislang ohne Erfolg.

Wenige Meter entfernt mündet die Nive in den L´Adour. Sie wird uns flussaufwärts heute den ganzen weiteren Tag mehr oder weniger begleiten. Vorher werfen wir noch einen Blick entlang beider Flüsse und in die schmalen Seitengassen. Hier dürfte das historische Herz der Stadt schlagen. Und sicher auch das alltägliche und nächtliche. Jedenfalls sitzen hier schon jetzt um 11 Uhr vormittags Menschen, junge und alte, vor den Bistros. Sie trinken ihren Kaffee und halten ein Pläuschchen. Eine schöne Stadt, in der man eigentlich einen Tag bleiben und sicher auch gut übernachten könnte. Unser Roadbook hat mit uns etwas anderes vor.

„Viele Wege führen nach Rom." Dieses bekannte Sprichwort gilt natürlich umgemünzt auch für Santiago. Auf dem Pilgerausweis findet sich unter den Caminos de Europa eine Vielzahl von Wegen dorthin. Und das sind bei Weitem noch nicht alle. Welchen Weg du nimmst, bestimmst du selbst. Man hat immer eine Entscheidung, wo man abbiegt. Unsere Entscheidung für den bisherigen Weg bis hierher habe ich am Anfang beschrieben. Genau hier und jetzt könnten wir uns neu entscheiden, welchen Jakobsweg oder besser gesagt, welchen Weg der Jakobspilger wir in Spanien wählen. Nicht alle der fünf beliebtesten kommen infrage. Der wohl längste – Via de la Plata - über 1.000 Kilometer beginnt in Sevilla in Südspanien. Da wäre der Weg zum Start länger als der zum Ziel. Das gilt auch für die kürzeste, 240 Kilometer lange Strecke, dem Camino Portogues ab Porto. Welche Richtung wir jetzt einschlagen, bestimmt die verbleibenden Varianten. Fahren wir den Eurovélo bis zur spanischen Grenze nach Hendaye (Frankreich) beziehungsweise Irun (Spanien) weiter, sind wir in knapp 40 Kilometern auf dem Camino Norte, dem Küstenweg, und wären nach weiteren 850 Kilometern am Ziel. Der mit 300 Kilometern zwar kurze, aber wohl anspruchsvollste Weg beginnt in Oviedo. Der Camino Primitivo. Um dorthin zu kommen, müsste man zunächst ebenfalls den Camino Norte oder eine andere Route bis dorthin fahren. Unsere Entscheidung ist gut überlegt. Gefallen ist sie aber schon zu Hause. Wir nehmen den 800 Kilometer langen Camino Francés – den Frankenweg. Nicht nur deshalb, weil wir bislang schon einen großen Teil durch Frankreich hinter uns gebracht haben. Auch nicht vorwiegend deshalb, weil er der bekannteste ist und von deutlich mehr als der Hälfte aller Pilger genutzt wird. Gerade deswegen hat er aber die beste Infrastruktur. Für eine Sechs-Personen-Gruppe ist das für die Übernachtungsmöglichkeiten ein sehr wichtiges Kriterium. Es ist zudem der einzige Weg, der zumindest teilweise eine gesonderte Radfahrerroute hat. Deshalb fahren wir hier rechts ab anstatt in Richtung Biarritz.

Die ersten 15 Kilometer an der Nive sind noch flach. Das saftige Grün entlang des Ufers und der gute Asphalt lassen uns gut vorankommen und geben uns schöne Ausblicke. „Da sind sie" – zeigt Hermann nach Süden – „die Pyrenäen." Sind das wirklich die Berge? Oder sind es die tiefhängenden Wolken?

Es scheint wohl wenigstens eine Referenz Frankreichs an die baskische Sprache zu geben. Die Straßenschilder, wie das Ortseingangsschild nach Ustaritz sind zweisprachig. Die eng am Straßenrand stehenden Häuser, weiß verputzt, rote Dachpfannen und dunkelrote Fensterläden, sind typisch für die Gegend. Um die Kirche herum befindet sich eine große Grünanlage. Darin liegt unter anderem eine kleine Sportanlage, die wir nicht kennen, die man im Baskenland aber in jedem Dorf vorfindet. Vor einer großen Prellwand – dem sogenannten „Frontón" – sind die Spielfelder unterschiedlich lang und breit, bis zu 60 mal 15 Meter. Darauf spielen die Basken ihr „Pelota". Zwei Spielerbeziehungsweise zwei Zweierteams schlagen einen Gummi- oder Lederball abwechselnd gegen die Wand, bis ein Punkt erzielt ist. Das Spielgerät ist meist die mit einem speziellen Pflaster umwickelte bloße Hand, kann aber regional bedingt auch ein Schlagbrett oder Spitzkorb mit Fang- und Schleuderfunktion sein. Das Spiel hat Volksfestcharakter und einen zentralen Stellenwert im Leben der Basken. Ähnlich wie bei uns der Fußball. Ob der Erfinder des Squash sich wohl an dieser Sportart orientiert hat?

Am Ende des schönen Ortes überqueren wird den Fluss. Auf der anderen Seite, wieder in der freien Landschaft, geht es los. Der erste, nicht lange, aber knackige Anstieg bis zu einer Kapelle hoch. Und dann ebenso steil wieder herunter. Auf Schotter? Das wird so nicht gehen. Bei der kleinsten stärkeren Bremsung, würde das Fahrrad ausbrechen. Ein

Sturz wäre vorprogrammiert. Und unten, hinter einer Kurve, können wir nicht sehen, wie es weiter geht. Was also tun? Ich versuche mich als Kundschafter. Ganz links am Wegesrand, das Fahrrad zu meiner Rechten, setze ich einen Fuß vor den anderen. Mit kleinen Schritten und Stotterbremse komme ich Meter für Meter vorwärts und nach unten. „Es klappt. Hier unten kann man weiterfahren", rufe ich den anderen entgegen. Und so kommt einer nach dem anderen auf die dieselbe Art unten bei mir an. Auch Kühle, der mit seinen Platten für die Klickpedalen unter den Schuhen besonders aufpassen muss. Geschafft. Stirn abwischen. Weiter geht´s.

Noch ein kurzes Stück Schotter, dann haben wir wieder glatten Untergrund. Wir überqueren noch einmal die Nive. Waren wir bislang immer in der Nähe des Flusses unterwegs, entfernen wir uns nun eine Zeitlang von ihm. Jetzt wird erneut klar, was Jupp heute Morgen meinte. Zweimal über müssen wir etwa zwei Kilometer steil bergan. Die Waden spannen sich immer mehr. Der Puls geht in die Höhe. Was herunter geht, ist die Tachonadel. Elf Kilometer pro Stunde, sieben Kilometer pro Stunde, 5,5 Kilometer pro Stunde. Der Oberkörper bewegt sich schon kräftig mit. Trotz des mittlerweile kleinsten Gangs ist der Druck auf der Kette groß. Mann, ist das anstrengend. Die anschließende Abfahrt ist rasant. Für Glücksgefühle sorgt sie nicht. Es wird schließlich direkt wieder hoch gehen. Der nächste Buckel wartet. Das Gleiche noch einmal. Und dabei habe ich die kleinen Dellen zwischendurch sogar noch unterschlagen. Danach machen wir im Bergdorf Itxassou erst einmal Dejeuner-Pause. Tatsächlich befinden wir uns nicht viel höher als 80 Meter über dem Meeresspiegel. Für anständige Bergwertungen braucht man keine Mehrtausender. Schön gepflegt ist es auch hier. In der Mitte der heckenumsäumten Privathäuser baskischer Bauart stehen zwei kleinen Lädchen, die Post und die Mairie. Auf der angrenzenden kleinen

Grünfläche haben wir mit einer massiven aus Kieselsteinen gebauten Hütte einen guten Platz. Sie schützt uns ein wenig vor den kühlen Temperaturen heute.

Wie immer schreibe ich meine Gedanken über das seit dem letzten Tagesbericht Erlebte nieder, beziehungsweise ich diktiere es in mein Smartphone. Dabei wird mir bewusst, dass wir Frankreich sehr bald verlassen werden. Elf Tage haben wir uns in der Grande Nation aufgehalten. Einige Stichpunkte schwirren mir dabei völlig ungeordnet durch den Kopf: viele bei uns längst verschwundene Wassertürme; jedes noch so kleine Dorf hat seine Église und seine Mairie; Nationalstolz, wie wir in ihn nicht haben dürften; auf dem Land sehr dünn besiedelt; flach ist es nur am Wasser und selbst da nicht immer; nette Menschen; zuvorkommend – es sei denn, es geht um die Sprache; manchmal rücksichtslose Autofahrer; tolle Fernradwege an Loire und Atlantik; stolze Basken. Ich weiß, dass man ein Land so nicht charakterisieren kann. Es sind meine ganz spontanen Eindrücke.

Baskenland ist Bergland. Um das zu „erfahren", erleben wir am Nachmittag noch einmal eine echte Steigerung. Locke hat sich vorsichtshalber schon drei, vier Bananen griffbereit auf seinen Gepäckträger gebunden. Herunter, zurück an den Fluss, wissen wir, was die starke Fließgeschwindigkeit bedeutet. Weitere untrügliche Hinweise bekommen wir durch eine Ansammlung von Schildern am Straßenrand – sechs an der Zahl: Die D 349 hat nur 2,20 Meter Breite. Hier endet der Siedlungsbereich. Vorsicht Steinschlag. Gesperrt für Fahrzeuge mit mehr als 5 Meter Länge – außer Landwirtschaft. Maximal 12 Tonnen. Wenigstens haben wir Vorfahrt vor dem Gegenverkehr.

Ob der deutsche Franzose uns heute Morgen davor warnen wollte? Ganz egal. Ich kann kaum beschreiben, welche Bilder uns dann entgangen wären. Die Straße wird zum Wasser hin nur von einer vielleicht einen Meter hohen

Mauer abgegrenzt. Das Wasser ist türkisgrün. Darin spiegeln sich die saftig grünen Bäume und Sträucher am anderen Ufer.

Die vielen Steinbrocken im Flussbecken machen den felsigen Untergrund deutlich und beschleunigen den Lauf des Wassers. Die Straße schlängelt sich am Ufer entlang zwischen den links und rechts aufsteigenden, bis zu 300 Meter hohen Felswänden.

*Bild 14: Kein schöner Land in dieser Zeit.*

Zwischendurch bietet eine mittelalterlich wirkende Steinbogenbrücke einen Weg auf die andere Uferseite. Ein ums andere Mal halten wir an. Atemberaubend. Wir können uns nicht satt daran sehen, sind mit uns und der Natur allein und völlig im Reinen.

Nicht ganz. Denn zwischendurch geht es auch tierisch zu. Zunächst stehen die Schafe noch auf den vereinzelt auftauchenden Wiesen. Dann kommt uns aber eine ganze Herde auf der Straße entgegen. Sie nutzt die ganze Breite aus. Es ist kein Platz, um vorbeizukommen. Also heißt es absteigen. Was machen die Schafe? Sie halten auch an. Jupp versucht es mit gutem Zureden. „Lauft doch an uns vorbei. Wir bleiben stehen und tun euch nichts." „Keiner bewegt sich", scheinen sie sich untereinander zu sagen. Als eine ganze Weile nichts passiert, versuchen wir zwischen ihnen hindurch zu fahren oder zu gehen. Vermutlich haben wir damit Panik ausgelöst. Jedenfalls setzt sich der Pulk in Bewegung. In die Richtung, aus der sie gekommen sind. Schafe können schnell sein. Der Abstand zwischen denen und uns verringert sich jedenfalls nicht. Zwei Kilometer treiben wir sie praktisch vor uns her. Dann laufen sie auf eine Wiese und machen halt. Anscheinend haben wir sie wieder nach Hause gebracht. Wenn dem so wäre, dürfte sich der Eigentümer freuen.

Später trotten uns zwei Esel und in 100 Metern Abstand auch eine Kuh auf der richtigen Straßenseite entgegen. Herrenlos dürften auch die nicht sein. Das absolute Highlight ist aber über uns in der Luft. Mit ihren ästhetischen breiten Schwingen segeln sie über uns her. Adler. Zum ersten Mal im Leben bekomme ich welche live zu Gesicht.

Das alles hat aber seinen Preis. Bezahlt wird der in körperlicher Anstrengung und Schweiß. In Abständen von zehn bis 20 Minuten müssen wir rund fünf Rampen überwinden. Was richtig Kraft kostet, sind die zwar kurzen, aber heftigen 16-, 18-, teilweise 20-Prozent-Steigungen. Nicht immer können wir auf dem Rad bleiben. Zu langsam werden wir. Es besteht die Gefahr, dass sich das Vorderrad anhebt. Nur Josef fährt alles und schafft das auch ziemlich gut. Im Gegensatz zu seinem Kumpel Locke. Der hat richtig zu kämpfen. Man sieht ihm an, dass er am Limit ist.

Kurz hinter einem Abzweig nach Bidarray wird es richtig hart für ihn und für uns. Für die nächsten vier Kilometer brauchen wir fast eine ganze Stunde. Dreihundert Meter Höhenunterschied sind kein Pappenstiel. Mit schon schweren Beinen müssen wir in kürzeren Abständen durchpusten. Das ist auch immer Gelegenheit, sich zu sammeln. Bergauf muss jeder seinen eigenen Rhythmus fahren. Wir kommen alle am Gipfel an, aber nicht unbedingt gleichzeitig. Mit 15 Minuten gönnen wir uns eine größere Pause.

Heute Nachmittag ernährt sich das Eichhörnchen ziemlich mühsam. 17 Kilometer in zwei Stunden sind nicht eben viel.

Aber jetzt genießen wir erst einmal erneut das Adlerschauspiel in vollen Zügen. „Wenn du wissen willst, wie man fliegt, frag den Adler und nicht den Pinguin." Oder schau ihm einfach zu. In der Spitze zählen wir 18 Exemplare am Horizont. Einige von ihnen sind uns sogar zum Greifen nahe. Einfach irre.

Als abschließende Krönung haben wir eine rauschende Abfahrt vor uns. Mit bis zu 40 Sachen schießen wir auf der guten, vielleicht ein bisschen schmalen Straße ins Tal. Das Körpergewicht mal nach links, mal nach rechts verlagernd, wenn es durch die Kurve geht. Unten angekommen, ein kurzer Stopp. Warten, bis alle wieder zusammen sind. Zwei, drei vier, fünf. Einer fehlt.

Als Locke nach weiteren elend langen Minuten immer noch nicht bei uns ist, machen wir uns echte Sorgen. Hoffentlich ist er nicht gestürzt. Josef und Kühle machen sich gemeinsam auf den Weg zurück, um ihn zu suchen. Herr je. Wieder nach oben. Hermann, Jupp und ich bleiben mit Sorgenfalten stehen und warten. Wider Erwarten haben sie uns relativ schnell wieder. Locke hatte kurz vor dem Ziel einen Platten – keine Luft mehr auf dem Reifen. Er hat es rechtzeitig gemerkt und konnte gut bremsen und sicher anhalten.

Noch haben wir den Tag nicht hinter uns. Zwölf Kilometer bleiben noch und mindestens eine richtig fette Rampe. Damit wir das gestärkt angehen können und Locke ein wenig Zeit hat, sich zu erholen und den Schreck zu verdauen, nehmen wir in Saint Etienne de Baigorry ein Stück Kuchen auf der Hand. Dennoch haben wir danach - bei diesem Anstieg - Locke ein zweites Mal nicht mehr im Blick. Um ihn nicht an einer der Straßeneinmündungen ganz zu verlieren, setzt sich Kühle zum Zweiten auf seine Fährte. Als beide zurück sind, nehmen wir wortlos die letzte größere Klippe gemeinsam. Später habe ich die Gelegenheit, mich kurz mit Kühle auszutauschen. „Er hatte Probleme mit seiner Schaltung. Ich glaube aber, dass ihm die Unterbrechung ganz gelegen kam. Bei ihm ging anscheinend nichts mehr. Er musste runter vom Rad. Aber jetzt haben wir es Gott sei Dank geschafft."

Um kurz vor 19 Uhr fahren wir hinein in diesen Pilgerort. Saint-Jean-Pied-de-Port. Noch einmal Postkartenidylle bei der Durchfahrt und wir sind an unserer Pension „Villa Esponada".

Direkt nebenan ist eine Bar. Dort genießen wir zuallererst ein kühles bière. Und Kühle raucht zur Feier des Tages eine Zigarre. Er lehnt sich genüsslich zurück: „Und jetzt ganz langsam. Mehr geht nicht. Wir haben es alle geschafft. Wir sind in Saint-Jean-Pied-de-Port. Und Schalke ist Vizemeister."

Wir sind ziemlich platt. Und morgen steht der Ibaneta-Pass an. Wir machen eine Lagebesprechung. Locke und auch Jupp sind sich nicht sicher, ob sie das nach den Anstrengungen heute schaffen. Ich bin froh, dass die beiden das so offen ansprechen. Sie schlagen vor, dass sie mit dem Zug oder dem Bus nach Pamplona fahren und uns dort abends wieder in Empfang nehmen. Mit einem Tag Pause wären sie in guter Gesellschaft. Viele Pilger machen in St. Jean nochmals eine ausgiebige Pause für den noch langen Weg. Wie das allerdings klappen soll, auch die Fahrräder mitzubekommen, wissen wir noch nicht. Heute ist heute. Und um noch etwas regeln zu können, ist es ohnehin zu spät. Verschieben wir es auf morgen.


Fazit des Tages:

Frei wie ein Adler mutig ins Abenteuer.
Das Ende ist der Anfang.

## Sonntag, 06.05.2018 – Saint-Jean-Pied-de-Port(F) – Pamplona(E)

Wir werden heute Morgen nicht viel Zeit haben, Saint-Jean ausgiebig kennenzulernen. Ich mache vor dem Frühstück einen kleinen Gang durch den Ort. Einige Meter die Straße hinauf, dabei rechts halten. Über eine Treppe komme ich dann an das Tor Saint Jacques heran. Wie für uns das Ende gestern heute der Anfang ist, so ist es seit Jahrhunderten für viele, insbesondere französische Pilger aus dem Norden und Osten. Hier am Ende des bekannten Pilgerweges „Via Podiensis" ist der Start des Camino Francés. Saint Jean ist von seiner Gründung im zwölften Jahrhundert an Pilgerort. Durch das Tor („Porte") Saint Jacques passieren die Pilger, damals wie heute, den Ort, um ihn am anderen Ende über das Porte Notre Dame und die Brücke über die Nive wieder zu verlassen. Nicht jedoch ohne vorher einen Gottesdienst in der Kirche zu besuchen, die an das Porte angebaut ist. Das schaffe ich nicht. Ein kurzes Gebet muss reichen. Dann geht es auch schon zurück zu unserer Pension.

Dabei denke ich, wie passend doch der Name des Ortes ist. „Heiliger Johann am Fuße des Passes" einerseits und „Ort, den man passiert" andererseits. Das eine ist die französische Übersetzung ins Deutsche, das andere die baskische Bedeutung des lateinischen Begriffs „Port". Am Fuße des Passes beginnen wir gleich unseren „echten" Camino, und den wichtigen Zwischenort haben wir dann passiert.

*Bild 15: Saint-Jean-Pied-de-Port; für uns eine wichtige Zwischenstation, für andere der Anfang.*

Bei meiner Rückkehr fällt mir die Stattlichkeit unserer Villa so richtig ins Auge. Ein Haus, das seines Namens würdig ist. Das weiße, zweigeschossige Gebäude mit einem roten Ziegelwalmdach hat bodentiefe Fenster. Diese sind eingerahmt von entsprechenden hölzernen Fensterläden. Die zweiflügelige Eingangstür ist vermutlich aus Zedernholz. Sie wird überdacht von einem Balkon mit gusseisernen, schön verzierten Gittern. Steht man auf der obersten der sechs Natursteinstufen, ergibt sich ein schöner Blick auf die Stadtmauer. Zum Teil schmiegen sich die ebenfalls hellen Häuser der gegenüberliegenden Straßenseite direkt daran. Als wollten sie sich vor Ungemach schützen.

Auch innen sind die weißen Stuckdecken, die über einen Meter in dunklem, schön verziertem Holz verkleideten Wände und die dazu passenden Holztüren stilvoll. Der wie verschiedene Teppiche gefliese Boden ist vermutlich ebenso alt wie das Haus selbst. Aus dem Jahr 1896.

Vorne im Eingang stehen etwa 20 Koffer und Rucksäcke. Ein deutliches Indiz dafür, dass von hier an deutlich mehr Menschen auf dem „Weg" sein werden. Aber mit Koffer?

Frühstück gibt es hier nicht. Also gehen wir direkt nach nebenan. Dort, wo wir gestern unser Bier getrunken und später auch zu Abend gegessen haben. Wir können sogar eine halbe Stunde früher kommen, als die Bar öffnet. Dementsprechend sind wir allein.

Es ist still beim Frühstück. Kein großer Redebedarf. Es ist die Atmosphäre von etwas Besonderem. Und es herrscht eine seltsame Anspannung. Wir haben zwar schon mehr als 1.600 Kilometer hinter uns, die kommenden zirka 800 Kilometer werden damit aber nicht vergleichbar sein. Und heute steht der Ibaneta-Pass über die Pyrenäen an. Fast 900 Meter Höhenunterschied an einem Stück. Das haben wir nicht einmal bei der Alpenüberquerung gehabt. Der Respekt ist riesengroß. Schaffen wir Pamplona? Kommen wir mit den beiden Kollegen dort wieder zusammen?

Das ist das Stichwort. Wir müssen noch schauen, wie das mit deren Transport geht. Denn es bleibt dabei, dass sie nach dem strapaziösen Tag gestern einen Tag Pause brauchen. Die einen pumpen noch einmal die Reifen auf. Pscht...... Was ist das? Mein Hinterrad ist platt. Erleichtert stelle ich nach ein paar Tests fest, dass sich nur das Oberteil des Ventils gelockert hat. Ich kann es problemlos wieder zudrehen und anschließend den passenden Reifendruck herstellen. Kein großes Ding. Aber die Nervosität hat es nicht verringert.

Die anderen sind bei der Suche nach einem Transfer erst einmal erfolglos. Im wenige Meter entfernten Touristenbüro gab es keine Möglichkeit. Geschlossen. Mehrere telefonische Anfragen bei Taxifirmen, die wir im Internet gefunden haben: ebenfalls Fehlanzeige. Deren Fahrzeuge sind zu klein. „Fahrt schon mal los", sagt Jupp, als wir etwas ratlos vor unseren Fahrrädern stehen. „Auf keinen Fall!", erwidere ich. „Wir fahren nicht, bis wir wissen, dass ihr mit euren Fahrrädern nach Pamplona kommt."

„Scheiße!", fliegt es lauthals aus Kühle raus. „Zigtausende von Pilgern jedes Jahr, und keine Möglichkeit, das Fahrrad mitzunehmen? Das gibt's doch nicht. Sicher, die meisten sind zu Fuß – trotzdem!"

„Sorry!" Jemand aus einer am Straßenrand vorbeigehenden Gruppe Neuseeländer tippt ihm auf die Schulter. „Do you need a taxi for bike transport?" – „Of course. Yes!" In einem kurzen Gespräch stellt sich heraus, dass die Herren auch mit dem Fahrrad unterwegs sind und gestern einen Transport vom Flughafen hierher brauchten. Auch für sie war das schwierig, hat am Ende aber geklappt. Mit einem Unternehmen, das obendrein noch aus der Nähe ist. Die Jungs haben sogar eine Telefonnummer für uns. „Thank you sooo much."

Jetzt müssen wir dort „nur" noch jemanden erreichen. Und sie müssen auch heute fahren. Es ist Sonntag. Mit ein wenig Charme höflich gefragt, sagt man am anderen Ende der Leitung zu. Um 12.30 Uhr werden Locke und Jupp abgeholt. Gott ist mit uns auf dem Weg, denke ich im Stillen.

Viele Pilger besorgen sich am Ort noch ihren Pilgerausweis. Das brauchen wir nicht. Auch für weitere Utensilien, die man in zahlreichen Andenkenläden und Geschäften kaufen kann, haben wir keinen Bedarf. Das ist gut. Denn früh dran sind wir nicht mehr.

9.30 Uhr. Zwei winken. Vier fahren. 200 Meter die Straße herunter, auf der Brücke einen kurzen Blick noch auf ein Postkartenmotiv, dann rechts ab und direkt schräg links.

„Sind wir hier richtig?" – „Ja das ist die D933, die alte Passstraße nach Roncevalles hoch." Die Steigung beginnt direkt. Ungläubig denke ich, das kann doch noch nicht der eigentliche Pass sein. Es geht zwar stetig hoch, aber eher flach. Nach etwas mehr als zwei Kilometern zieht das Gelände aber schon an. Ich bin froh, dass es sich langsam steigert. So kann man sich darauf einstellen und mit dem Berg warm werden. Mit einem guten Tritt geht es noch relativ zügig bergauf und die kurzen, ab und zu dazwischen liegenden kurzen Abfahrten schnell herunter. Ihrem Anschein nach ist die Straße mindestens mit einer Landstraße bei uns zu vergleichen. Sie ist jedoch schwach befahren. Worüber wir absolut nicht böse sind. Ein kleiner Fluss fließt uns rechts, mal dichter dran, mal weiter entfernt, entgegen. Eine Bekannte: die Nive. Auf spanischem Gebiet ist das später der Rio Luzaine. Denkt man sich die Straße weg, ist es richtig idyllisch. Idyllisch findet es zwischendurch auch ein japanisches Pilgerpaar im Grünen. Er ist völlig in sich gekehrt, bemerkt uns überhaupt nicht. Sie liest ein Buch. Um sie nicht zu stören verzichten wir auf den Gruß. Wiesen, Sträucher und Bäume in der Nähe und bewaldete Hänge in der Ferne sind die Aussichten. Wobei diese (noch) nicht so mächtig wirken. Bei Kilometerstand sieben kommen wir an die Landesgrenze, die eine ganze Zeitlang im Fluss parallel zu uns verläuft. Wir in Frankreich, die Häuser auf der anderen Uferseite in Spanien. Heute spielen sie wirtschaftlich kaum noch eine Rolle. Dennoch wird es in den Geschäften Produkte geben, die in Spanien günstiger sind als in Frankreich und auch im vereinten Europa noch ihren Absatz finden. Sonst würden die Grenzläden und Tankstellen längst nicht mehr existieren. Später müssen wir in Arneguy die Flussseite wechseln und befinden uns jetzt im Land Nummer fünf unserer Reise. Spanien. Aus der D933 wird die N135, ohne dass sich der Charakter ändert. Nach 45 Minuten und 10 Kilometern zeigt der Höhenmesser 300 Meter über NN an. Bislang sind wir zusammengeblieben, was sehr gut gelungen ist. Ob das weiter klappt, werden wir sehen. Jetzt wird es merklich steiler. Die Felswände am Rand der Straße sind jetzt höher, die Straße wird enger. Und wir müssen uns immer mehr anstrengen. In kleinem Gang fahren wir mit etwa fünf Kilometern pro Stunde in einer 180-Grad-Schleife und dann geradeaus nach Luzaide/Valcarlos hoch.

Der spanische Teil des Baskenlandes unterscheidet sich nicht wesentlich vom französischen. Es gibt nur noch mehr Bergland. Selbst hier können wir bei der Durchfahrt der Dörfer wie hier in Valcarlos gut nachvollziehen, dass das Baskenland zu den wohlhabendsten Gebieten Spaniens zählt. Wir machen den Einkauf für unser Mittagessen. Diskussionen um Sonntagsöffnungszeiten sind hier kein Thema. Auf dem kleinen Parkplatz neben dem Geschäft, quasi ein Balkon, haben wir eine sehr schöne Aussicht. Der Dunst von heute Morgen hat sich aufgelöst. Die Sonne strahlt vom Himmel. Keine Wolke behindert sie. Weil es zudem auch warm ist, stehen viele Getränke auf der Liste. Bei den Lebensmitteln das Notwendige. Es muss ja alles mit, den Berg hinauf.

Die Nervosität hat sich gelegt. Der Respekt bleibt. Noch 14 Kilometer 700 Meter „arriba", also nach oben. Wir gehen es an. Zur Sicherung der kurvigen Straße dienen auf der rechten Seite ansteigende Felswände und links durchgezogene Leitplanken. Die Fußpilger nehmen nach Roncevalles einen anderen Weg. Und doch fällt mir zwischendurch an einem Wegeabzweig ein blauer Wegweiser für Fußgänger auf. Ob der „Verirrte" auf den richtigen Weg leiten soll? Übrigens in etwa auf derselben Höhe verlässt uns die Nive/Luzaide endgültig und mit ihr die Grenze zu Frankreich, die noch immer im Fluss verläuft. Meter um Meter, Kilometer um Kilometer schrauben wir uns wie in einem feinen Gewinde den Berg hinauf. Nur unterbrochen von zwei Abfahrten, die erfreulicherweise schnell ihr Ende finden. Diese Meter kommen nämlich wieder oben drauf.

Mittlerweile muten die dichter werdenden Wälder nordisch mystisch an und verstärken die Ruhe. Außer uns ist kaum jemand unterwegs. Einige wenige Pilger. Ganz wenige. Plötzlich. Wrumm. Wrumm. Wrumm. Zehn, fünfzehn

Mal. Motorradfahrer rasen wie die Verrückten an uns vorbei. In einer scharfen Kurve haben ihre Fahrer das rechte Knie fast auf der Fahrbahn. Lebensgefährlich. Das sind mit Sicherheit keine Pilger. Aufgrund ihrer Fahrweise können sie einen Schutzengel jedoch gut gebrauchen.

Ungefähr die Hälfte bis zur Spitze ist geschafft. Bewaldete Berghänge, Wasserfälle. Das Rauschen ist zu hören. Auf dem Navi erscheinen jetzt zwei Schleifen. Eine gute Gelegenheit, nach etwa 200 Höhenmetern wieder anzuhalten. Aber nur kurz, um zu trinken und den Puls wieder auf ein normales Maß zu bringen. In diesem, offenbar für alle vier guten Rhythmus bleiben wir nach wie vor zusammen unterwegs. Auf der linken Straßenseite rauschen uns ab und zu Rennradfahrer entgegen, die das Wochenende nutzen, um sportlich zu sein. Den schwierigen Teil der Trainingsstrecke haben sie schon hinter sich.

Von jetzt an wird der Schatten spärlicher. Ein einstiger Kollege sagte früher, während meiner Ausbildung bei der AOK, immer zu mir. „Vor den Erfolg haben die Götter den Schweiß gesetzt." Ich weiß nicht, warum mir das nach Jahrzehnten gerade jetzt einfällt. Jedenfalls fließt der Schweiß schon ganz gut. Klar, es ist anstrengend, aber es ist nicht so anstrengend wie gestern. Es ist nicht so „giftig".

Nach etwa drei Stunden reiner Fahrzeit sehen wir auf der linken Seite eine Ermita und die Bergkuppe. Die moderne Kapelle erinnert daran, dass hier im elften Jahrhundert zusätzlich ein Krankenhaus und ein Kloster gestanden haben. Da steht es: Ibaneta 1057 Meter. Geschafft! Es hat uns Mühe gemacht, aber mit stoischer Ruhe und Ausdauer haben wir den „Cole" besiegt.

Uns ist klar, dass es weitere Siege braucht, um anzukommen. Selbst für heute sind wir noch längst nicht über den Berg. Das hält uns nicht davon ab, uns jetzt so zu fühlen, als hätten wir die Königsetappe der Tour de France gewonnen. Ach nein, wir sind ja in Spanien. Und da heißt die Rundfahrt ja „Vuelta".

Zwei nette Spanier, die es leichter hatten und mit dem Auto hier oben sind, verewigen uns vor dem Schild. „Wir würden uns das niemals antun" so ihr Kommentar.

Wir gehen dann zu dem nahegelegenen Aussichtspunkt. Herrliches Panorama. Genauso für zwei englische Pilger, mit denen wir ein paar Worte wechseln. Sie sind auf ihrer ersten Etappe.

Nur wenige Meter entfernt steht ein ziemlich schmuckloser Erinnerungsstein für Roldán, wie er in Spanien genannt wird. Das Rolandsdenkmal. 778 hat Karl der Große auf Hilfegesuch der Statthalter von Barcelona und Girona einen Feldzug gegen den muslimischen Emir Ab-dar-Rahman geführt. Die versprochene kampflose Übergabe von Saragossa scheiterte indes. Auf eine Belagerung war der König des fränkischen Reichs nicht eingestellt. Er musste den Spanienfeldzug abbrechen und den Rückzug antreten. Der Legende nach soll er dabei Pamplona geplündert und die Stadtmauern zerstört haben. Damit machte er sich die Basken zum Feind. Am 15. August 778 geriet die Nachhut des Heeres unter der Führung von Graf Roland beim Überqueren der Pyrenäen an dieser Stelle in einen Hinterhalt. Sie wurden bis auf den letzten Mann niedergemacht. In den folgenden Jahrhunderten wurde Roland zu einem der populärsten Helden Frankreichs und ist auch bei uns als Symbolfigur vor einigen Rathäusern zu sehen.

Nach einer kurzen erfrischenden Abfahrt baut sich vor uns die riesige Klosteranlage von Roncevalles auf. Das Gesamtensemble beeindruckt in dieser schönen Berglandschaft. Zum ersten Mal erleben wir ein Gewimmel von Menschen. Die Plätze in und an den beiden Cafés sind voll belegt. Der Pilgergruß „Buen Camino" ertönt im Sekundentakt. Ein ruhiges Plätzchen abseits des Trubels ist jetzt das Richtige.

Wir merken, dass wir Kalorien verbraucht haben. Hunger haben. Richtig Hunger haben. Die Bananen, die zwischendurch verzehrt wurden, waren gut, reichten aber nicht, um satt zu werden. Die Sonne verwöhnt uns. Um uns herum nichts, als der von – vermutlich – kleinen Kopfweiden gesäumte Weg und die grünen Wiesen. Wir werden uns nach dem Essen auf jeden Fall die Anlage noch einmal anschauen und uns einen Stempel holen.

Wir belassen es überwiegend bei einer Besichtigung von außen. Das gilt sowohl für die Stiftskirche Real Colegiata de Santa Maria als auch für die lange als Pfarrkirche genutzte Santiago-Kirche. Sie scheint im Übrigen auch geschlossen zu sein. Das älteste Gebäude auf dem Campus (Silo des Carlomagno) wirkt in seiner quadratischen Bauform mit einem „Doppeldach" auf mich ein wenig wie ein Fremdkörper. Hier wurden die Messen für die auf dem Weg verstorbenen Pilger gelesen. Dass es auch Begräbnisstätte selbst war, ist nicht erwiesen. Viele Menschen sind auch hier, mit vielen Rucksäcken. Überall ruhen sie sich aus. Da das Touristenbüro in der Mittagszeit ebenfalls nicht aufhat, versuchen wir unser Glück in der Pilgerherberge. Durch einen schmalen Durchgang in einen Innenhof und weiter durch eine geöffnete Tür.

In dem großen Raum wollen sicher noch 20 weitere Leute vor uns einen Stempel oder eines der etwa 200 Betten für die nächste Nacht haben. Niederländer, Spanier, Franzosen, Deutsche. Der Hinweis auf einer Tafel auf eine Frühstücksmöglichkeit einige Kilometer weiter bergab lässt uns ahnen, weshalb schon um 14 Uhr mittags so zahlreich nach einer Übernachtung gefragt wird. Viele gehen sehr früh, oft schon kurz nach Sonnenaufgang, los, um nach dem Tagespensum rechtzeitig am Ziel zu sein. Zum einen wollen sie der Tageshitze entgehen. Das dürfte besonders im Sommer der Hauptgrund sein. Zum anderen sind besonders die einfachen Herbergen, die Refugios, sehr gefragt.

Reservieren kann man dort nicht. Deshalb mahlt zuerst, wer zuerst kommt.

Eine Pilgerin vor mir hat, als sie an der Reihe ist, ein Erlebnis der besonderen Art. Der Mitarbeiter ist Niederländer und spricht in Spanien mit der Spanierin Englisch. Das dürfte der jungen Frau ziemlich spanisch vorgekommen sein.

Wir haben uns bisher auch schon jeden Tag in unserer Unterkunft einen Stempel geben lassen, aber jetzt bekommen wir unseren ersten echten „Camino-sello". „S´CODISENTUS HOSPITALIS ROSCIDEVALLES" steht darauf. Es ist schon ein erhabenes Gefühl, nun einer von den Millionen vor uns zu sein. Bin ich jetzt ein „Peregrino"? Der wörtlichen Übersetzung nach sicher. Ich weile in der Fremde. Die Antwort darauf, ob ich auch ein Pilger bin, verschiebe ich auf später.

Nach einer für unsere Verhältnisse längeren Mittagspause von einer Stunde sind wir wieder auf den Rädern und können es zunächst laufen lassen. Überwiegend. Die folgenden „Tiefenmeter" sind einfach nur geil. Zwischen 35 und 50 Stundenkilometern schnell. Ein paar kleine Spitzen und das Gleiche noch einmal. Etwas flacher allerdings.

Nach 20 Kilometern müssen wir auf dem Weg nach Zubiri ab dem Dorf Erro wieder in die Pedale, erneut einen Pass mit dem gleichen Namen in Angriff nehmen. Wie gesagt, wir sind für heute noch nicht über den Berg. Noch eineinhalb Mal den Schöppinger Berg, den wir zu Hause zum Üben oft gefahren sind.

Eine besondere Maßnahme der spanischen Behörden muss in diesem Buch unbedingt Erwähnung finden. Ich meine ein immer wieder an der Straße stehendes riesengroßes Schild. Eigentlich wird dadurch die Landschaft verunstaltet. Hier überwiegt aber der Nutzen und drückt vor allem Rücksicht aus. Bildlich und schriftlich finden sich darauf die Gebote. Nicht schneller fahren als 70 Kilometer pro Stunde. Achtet auf Radfahrer! Mindestens 1,50 Meter Abstand zu ihnen halten, die zu zweit nebeneinander fahren dürfen. Noch bemerkenswerter ist, dass sich die Autofahrer daranhalten. Danke.

Nach einer halben Stunde haben wir auch das geschafft. Da hat es ein Pärchen deutlich schwerer. Insbesondere er schleppt sich mit einer Karre für das Gepäck hinter seinem Fahrrad den Berg hoch. Für die beiden muss es sich nicht gut anfühlen, dass wir sie zwischenzeitlich vermeintlich leicht und locker überholen.

Oben angekommen, halten wir an. Ein kleiner Platz ist dafür vorgesehen. Dort kommen wir mit einem Rumänen und einem Franzosen ins Gespräch. Die beiden pflegen eine Freundschaft über große Entfernungen. Jetzt sind sie gemeinsam unterwegs, hätten dafür leider nicht viel Zeit. Nur eine Woche. Deshalb würden sie auch nur einen Teil des Camino fahren. Irgendwann später solle der Rest folgen.

Engländer erkundigen sich nach unseren Fahrrädern und fragen, wo wir herkommen. „Was, von zu Hause aus seid ihr gestartet?"

Jetzt ist auch der etwa 50-jährige Schweizer mit seiner zirka 30 Jahre alten Freundin oben. Das Pärchen, das wir überholt haben. Das Tuch auf seinem schon kahlen Kopf ist triefend nass. Nur langsam wird sein Atem flacher. Sie hat nur ihr Fahrrad und ist relativ fit; er das komplette Gepäck. Und einen Rucksack für das, was man griffbereit hat, zusätzlich auf dem Rücken. Als sie ihn auch noch nach dem Reiseführer fragt und er diesen aus dem Rucksack hervorkramt, ist für Jupp klar: „Das muss echte Liebe sein." „Oder sie hat die Hosen an", ergänzt Kühle. Mit einem nachsichtigen Lächeln wünschen wir besonders ihm „Guten Weg".

Die bisherigen Abfahrten waren schon toll. Wie war noch einmal die Steigerung von geil? Antwort: Das hier. Nur Fliegen ist schöner. In sieben Minuten sind wir mehr als fünf

Kilometer weiter und in Zubiri. Zeit für einen Kaffee und ein Stück Kuchen.

Die letzten 23 Kilometer sind gut zu schaffen. Von ein paar kleinen Buckeln abgesehen immer leicht, aber stetig herunter. Weil wir nicht allzu viel Verkehr haben, bleiben wir auf der Straße. Als wir den besiedelten Bereich von Pamplona erreichen, werden wir mit einem kleinen Wasserfall des Arga-Flusses begrüßt. An Wiesen und Schrebergärten vorbei, kommen wir meistens abseits vom Verkehr, teilweise sogar über reine Fahrradstraßen in die Innenstadt. An einer Ampel haben wir noch einmal eine Begegnung mit den beiden rumänisch-französischen Freunden. Sie wissen nicht, wie sie in die Stadt einfahren sollen. Sie schließen sich uns ein kleines Stück an. Als wir auf die Straße zu unserer Pension abbiegen, erklären wir ihnen noch kurz den Weg ins Zentrum und verabschieden uns mit den besten Wünschen.

Eine in den Semesterferien nicht bewohnte Studentenbude mit mehreren Zimmern und einem gemeinsamen Bad reichen uns völlig für die heutige Übernachtung, zumal es mit 40 Euro pro Zimmer preiswert ist. Die beiden Kollegen erwarten uns schon. Gut, dass sie da sind. Den Hintereingang hätten wir sonst schwerlich gefunden.

Um die Ecke bestellen wir in einer Bar Cerveza. Fünf oder sechs? Der Kellner kommt etwas ins Schleudern. Egal, es schmeckt und wir können nachbestellen. Locke und Jupp berichten über ihren Tag heute. Sie hatten im Gegensatz zu uns die Gelegenheit, St. Jean näher kennenzulernen. Abfahrt nach Pamplona war pünktlich um 12.30 Uhr. Ankunft um 14 Uhr. Kurz vor der Passhöhe hätten sie uns beim Vorbeifahren gesehen. Da die Zimmer noch nicht bezogen werden konnten, haben sie bei einigen Café con leche auf uns gewartet. Die Bar hier sei gut.

Wir essen hier auch zu Abend; wegen des guten Wetters heute zum ersten Mal draußen. In der Nähe der Universität sind viele junge Leute unterwegs. Gefühlt deutlich mehr Frauen als Männer. Vermutlich, weil sie uns mehr ins Auge fallen.

Den Defekt an seiner Schaltung hat Locke nicht selbst beheben können. Und in Spanien ist außerhalb der Gastronomie der Sonntag heilig. „Zum Glück habe ich in der Innenstadt einen Laden gefunden. Morgen früh um acht Uhr kann ich da auflaufen." Das ist auch geregelt.

Unsere Fahrräder, die uns heute über 77 Kilometer, zwei Pässe und 1.350 Höhenmeter getragen haben, bekommen einen sicheren Abstellplatz im Hausflur.

Buenas noches.


Fazit des Tages:


Dem Himmel so nah und doch noch nicht über den Berg.

## Montag, 07.05.2018 – Pamplona(E) - Los Arcos(E)

Um sieben Uhr sind wir wie verabredet am Eingang „unserer" Bar, um dort zu frühstücken. Anscheinend hat es gestern aber wohl Verständigungsschwierigkeiten gegeben. Die Bar hat zwar auf, und Kaffee ist auch zu bekommen; ansonsten gibt es aber nur nicht identifizierbaren Kuchen. Vielen Dank. Wir fahren über die Avenida Pio XII eine der Hauptverkehrsstraßen Pamplonas wieder ins Zentrum. Die zwischendurch geöffneten Bars können ebenfalls nur mit dem schon dankend abgelehnten Angebot aufwarten.

In der Calle Nueva finden wir „Lockes" Fahrradgeschäft. Doch der Eingang ist mit einem Eisentor verriegelt und verrammelt und zudem mit Graffiti bemalt. Selbst wenn sich dahinter ein Laden befindet; ob der je wieder aufmacht? Die Hoffnung bleibt, weil wir noch zu früh sind.

Inzwischen können wir weiter nach einem Café suchen und werden ein Stückchen weiter auf der Plaza San Francisco De Asis fündig. Das sonst pulsierende Leben der Stadt lässt es früh am Morgen deutlich gemächlicher angehen.

Vor dem historischen Gebäude der öffentlichen Schule von Pamplona ist der Namensgeber auch in Bronze auf einem Steinsockel verewigt. Dass der heilige Franz von Assisi in Begleitung eines Wolfes ist, erklärt sich mir nicht. Andererseits ist der Forschungsdrang nicht so groß, dass ich es herausfinden möchte.

Wir bekommen tatsächlich etwas zu essen, wenn auch spartanisch. Der von der ziemlich lustlosen Kellnerin dazu servierte Kaffee ist so stark, dass er Tote auferwecken kann. Locke konnte zwischenzeitig tatsächlich sein Fahrrad reparieren lassen. Mit wenigen Handgriffen und entsprechendem Werkzeug war das locker gewordene Ritzelpaket wieder fest.

Verärgert betritt ein Müllwerker das Café. Von dem, was er sagte verstehe, ich nur „...de la bicicleta...". Fahrrad? Damit können nur wir gemeint sein. Denn sonst sind hier nur ältere Einheimische. Den Mann hat erzürnt, dass ich mein Fahrrad vor einem Mülleimer abgestellt habe, den er in seinem Arbeitseifer leeren wollte. Als ich es weggesetzt und mich mehrfach entschuldigt habe, ist die Welt für ihn auch wieder in Ordnung.

Inzwischen ist es 8.30 Uhr geworden. Zeit, sich auf den Weg zu machen. Vorher machen wir aber noch eine kurze Stadtrundfahrt. Schöne Plätze, historische Gebäude, enge Gassen und spanisches Flair im Vorbeifahren. Wie schon gestern festgestellt, hat die Stadt eine uralte Geschichte. Sie soll schon vor Christus vom römischen General Pompeius gegründet worden sein. Im Mittelalter war sie eine bedeutende Anlaufstelle für Pilger, wie heute für uns.

Bekannt geworden ist die Stadt in der jüngeren Zeit besonders durch zwei Feste jedes Jahr. Ein religiöses: In der Karwoche werden die Osterfeierlichkeiten von vielen beeindruckenden Prozessionen durch die Stadt begleitet. Der Höhepunkt der Sanfermines, des zweiten Festes, hat nichts Christliches, obwohl es zu Ehren eines Heiligen stattfindet. Seit 1591 steht der Encierro in dessen Mittelpunkt. Das ist das Eintreiben von sechs Kampfstieren, begleitet von einigen Ochsen, in die Stierkampfarena. Auf einer Strecke von 850 Metern lassen sich junge Teilnehmer in ihrer weiß-roten Tracht von den Stieren durch die Altstadt treiben. An dem höchst gefährlichen Unterfangen, das schon häufiger tödlich endete, beteiligen sich manchmal auch Besucher. Weltbekannt wurde die Touristenattraktion Spaniens durch den Schriftsteller Ernest Hemingway. Er war oft Gast in Pamplona, nahm selbst an den Stierläufen teil und hat in seinem Roman „Fiesta" intensiv darüber geschrieben.

Nur eine kurze Stadtrundfahrt. Deshalb bekommen wir auch die Kathedrale nur von außen und damit nicht die berühmten Alabaster-Skulpturen von König Karl III. und seiner Ehefrau Eleonore von Kastilien zu sehen. Am barocken Rathaus machen wir aber halt, nur für ein Foto. Eine Macke von mir. Immer wenn ich auf Reisen bin und in einer Stadt das Rathaus sehe, wird es geknipst.

Entlang der Zitadelle und der Universität mit einer großen Grünanlage auf der anderen Seite verlassen wir die Stadt. Und schon sind wir in Cizur Menor. Wie fast jeder Ort, den man auf dem Jakobsweg erreicht, hat auch dieser ein pilgerhistorisches Bauwerk (gehabt). Hier war es ein Johanniterkloster, von dem nur noch die Kirche existiert.

Die Berge, die wir bei der Ausfahrt schon sehen können, sind die der Sierra del Perdon. Wir werden sie später fühlen.

Zunächst führt uns der Weg ziemlich unromantisch an die Autovia Camino de Santiago. Berge sind das bis dorthin noch nicht. Steilere Hügel aber schon. Eine Autobahn als Pilgerweg? Nein, aber die Straße führt eine Zeitlang direkt daran entlang. Ohren abschalten und den Blick nach links auf die grüne Landschaft richten. Getreidefelder, soweit ich schauen kann. Und feststellen, dass auch Autobahnen nicht eben verlaufen müssen.

Nachdem wir uns davon wieder etwas entfernt haben, ist der Blick frei auf den 735 Meter hohen Alto de Perdon. Hinter dem Ort Astrain geht es astrein in die Steigbügel. Nicht wesentlich schneller als mit Marschgeschwindigkeit bei der Bundeswehr geht es die Sierra hinauf. Dabei kommen wir dem „neuen" Wahrzeichen von Pamplona näher. In gleichmäßigem Abstand steht auf dem mehrere hundert Meter breiten Bergkamm eine Armee von geschätzt 40 bis 50 schlanken hochaufragenden Windrädern. Die sich stoisch und gleichmäßig drehenden Flügel dieser umweltfreundlichen Mühlen produzieren allein etwa Dreiviertel des Energiebedarfs der Region.

Ein anderes Wahrzeichen, auf der Passhöhe, weiter östlich von uns, bleibt den Fußpilgern auf ihrem Weg vorbehalten. Das bekannte noch relativ neue metallene Pilgerdenkmal zollt den Pilgern Respekt, die die Bergkette der Läuterung überqueren. In Lebensgröße trotzt eine 14-köpfige Pilgergruppe aus Stahl dem hier oben blasenden Wind.

Eine halbe Stunde quer durch Wiesen und weite Ackerflächen. ...Navarra, ist laut Beschreibung im Pilgerführer aus dem zwölften Jahrhundert, reich an Brot, Wein, Milch und Vieh. Auf knapp 700 Metern Höhe auf dem - zu deutsch - Berg der Läuterung angekommen, dürfen auch wir uns als geläutert betrachten. Geistlich wird jeder die Befreiung von Fehlern auf seine Weise betrachten. Körperlich sind wir von dem Aufwand befreit, den wir dafür betrieben haben.

Zusätzlich ist noch Jupps Fahrrad zu „läutern", oder besser: von einem Nagel zu befreien. Nach sage und schreibe bis jetzt genau je 1.711 mit sechs Mann gefahrenen Kilometern, also in Summe 10.266, haben wir den ersten richtigen „Plattfuß". Keine schlechte Quote, würde ich mit der Bescheidenheit eines Münsterländers sagen. Bei einem Rheinländer hieße das wahrscheinlich: super gelaufen bisher.

Der Bergkamm trennt den grünen Norden der Region Navarra mit den schneebedeckten Pyrenäen hinter uns von der in trockenes Ockerbraun getauchten Landschaft, der Zona Media, vor uns.

Auf dem Weg nach Santiago werden wir vier spanische Regionen kennenlernen: Navarra, La Rioja, Kastilien und Leon (Meseta) und schließlich Galicien. Navarra ist die nordöstlichste davon. Ein Teil des Weges von der Abgrenzung über die Pyrenäen im Norden liegt schon hinter uns. Im Süden markiert der Fluss Ebro die Grenze zur Nachbarregion La Rioja.

Nach der soeben erhaltenen Vergebung wird der Mut größer. Jetzt jagen wir praktisch nach unten. An den beiden Kreisverkehren vor und hinter der Autobahn bremsen, zügig aber sicher durchfahren, dann erneut laufen lassen, bis nach Uterga. Tachohöchststand zwischendurch ist 60 Stundenkilometer. Meine Frau dürfte es nicht wissen.

Auf dem Camino steht alles im Zeichen der Muschel. Sie ist allgegenwärtig. Auf der Hauptstraße „Calle Mayor" fällt uns ein rötlich gestrichenes Gebäude ins Auge. Zwei große gelbe Jakobsmuscheln auf blauem Grund an der Hausecke und neben dem geöffneten Rundbogeneingang sagen uns: Hier ist ein Stempel zu bekommen. Mit Begeisterung drückt man den in unseren Ausweis. Zwei Stempel sollte man sich am Tag geben lassen. Der erste für heute ist drin.

Den Fußpilgern begegnen wir erst jetzt wieder. Mit einer österreichischen Mittfünfzigerin kommen wir kurz ins Gespräch. Sie ist allein und für heute schon fast am Ziel. Es sei sehr anstrengend gewesen. Mit einigen anderen füllt sie ihre leere Wasserflasche an einer im Ort aufgestellten „Zapfstelle" wieder auf.

Um den Jakobsweg rankt sich eine Vielzahl von Legenden. Zum Beispiel die eines Pilgers, der allein auf dem Jakobsweg von Pamplona nach Puente la Reina die Sierra del Perdón überquerte. Die Kräfte waren geschwunden und die Wasservorräte aufgebraucht. Er war kurz davor, ohnmächtig zusammenzubrechen als eine zweifelhafte Gestalt sich bereitwillig anbot, ihm den Weg zu einer nahe gelegenen Quelle zu zeigen. Einzige Voraussetzung: Er schwört seinem Glauben ab. Vehement lehnte er ab. Lieber wolle er sterben, als seine Seele dem Teufel zu überlassen. Dem Tode nahe, wurde der Wallfahrer von einem Unbekannten aufgehoben und zu besagter Quelle getragen. Der Heilige Jakobus soll ihm zu Hilfe gekommen sein.

Lediglich eine Legende. Dennoch nötigt uns das, was die Österreicherin und viele andere seit Pamplona geschafft haben, großen Respekt ab. 23 Kilometer ständiges auf und ab. Und dann über die Gebirgskette wieder bis nach Uterga herunter. Das ist wesentlich anstrengender als unser Pensum. Es ist heute warm. Was bei uns gerade Glück hervorgerufen hat, bedeutet zu Fuß eine größere Anstrengung als den Berg hinaufzukraxeln. Der zehn bis zwölf Kilogramm schwere, nach unten drückende Rucksack setzt da noch einen oben drauf. Gedanklich verneige ich mich vor jedem Fußpilger, an dem wir mit dem freundlichen Gruß „Buen Camino" vorbeifahren.

Laut Wegweiser sind es noch 697 Kilometer bis nach Santiago. Darunter zeigt ein gelber Pfeil die Richtung an. Diese halten die Pilger auf der ganzen Strecke auf dem richtigen Weg. Man findet sie überall; an Hausmauern, auf der Straße, an hölzernen Wegweisern, Steinen, Bäumen und so weiter. Für uns gelten sie nur für die gemeinsam mit den wandernden Rucksäcken zurückzulegenden Teilstücke.

Treten müssen wir weiterhin nicht oder kaum. Herrlich. Auch die weite grüne Landschaft. Durch den nächsten Ort hindurch, dann kurz vor dem folgenden – huh, fast verpasst –, 90 Grad rechts nach Obanos. Die kleinen Siedlungen sind einerseits optisch menschenleer, andererseits voll auf Pilger ausgerichtet. Hinter den Mauern der weißen Häuser bellen oft Hunde. Manche behaupten, sie seien eine Plage auf dem Jakobsweg. Möglicherweise ist das nur eine Frage der Wahrnehmung.

Bis zur Ortsmitte einen Buckel genommen, erreichen wir später Puente de la Reina spielend leicht. Wir sind im Pilgerzentrum Navarras. Dort wo sich die verschiedenen Jakobsrouten des aragonischen Weges oben vom Somport-Pass und „unser" navarristischer Weg von Roncevalles verbinden. Das ist vom Ortseingang an zu merken. Wir kommen an einer Pilgerstatue, vielen palastartigen Häusern und zwei größeren Kirchen vorbei. Zwischendurch wird kurz eingekauft. Der Ort ist sichtbar früher wohlhabend gewesen. Durch einen schmalen Durchgang hindurch, könnten wir über eine mittelalterliche Brücke den „Argo" überqueren.

*Bild 16: Der Weg führte Millionen Pilger über die romantische Brücke*

Wir nehmen unweit entfernt eine schmucklose Betonbrücke. Mitten über dem Fluss haben wir so einen wunderschönen Blick auf den Ort und diese „Puente de la Reina". Die auch „Puente Romantico" genannte Brücke aus der ersten Hälfte deselften Jahrhunderts macht ihrem Namen alle Ehre. Es ist ein Bild wie für Gott gemalt. Die vier Halbbögen sind außen kleiner als innen. Sie wirken bei dem strahlend blauen Himmel und im Wasser gespiegelt wie exakt rund eingemauerte Löcher. Das azurblaue Wasser im Vordergrund und die etwas dunklere Hügelformation im Hintergrund sind die Kulisse für ein traumhaftes Foto. Übrigens war diese Brücke früher die einzige Stelle, an der der gemeinsame Weg den Fluss überquerte und hatte damit eine immense strategische Bedeutung.

Im Laufe der Jahrhunderte sind Abermillionen Pilger hier gewesen, auf dem Weg nach Santiago de Compostela. Warum? Worin liegt der Grund, dass die Stadt nach Rom und

Jerusalem zur drittgrößten Pilgerstätte des Christentums wurde? Der Ursprung ist in der Jakobslegende zu suchen:

Die Apostel Jesu sind nach dessen Himmelfahrt verschiedenen Missionsgebieten zugeordnet worden. Jakobus der Ältere, der Sohn des Zebedäus, war neben Andreas und Simon Petrus einer der erstberufenen Jünger und hatte offensichtlich eine besondere Stellung. Er sollte die Hispania (Spanien) missionieren und soll dort gepredigt haben. Weil er keinen Erfolg hatte, soll er ins Heilige Land nach Jerusalem zurückgekehrt sein. Wie die Apostelgeschichte berichtet, wurde er 44 nach Christus als erster Märtyrer der Apostel von Herodes Agrippa I. enthauptet: „Jakobus, den Bruder des Johannes, ließ er mit dem Schwert hinrichten."

Die aus dem 13. Jahrhundert überlieferte Legende schildert, dass zwei Freunde des Jakobus den Leichnam nach der Hinrichtung aus der Stadt herausgeschmuggelt, nach Jaffa geschafft und dort auf ein Schiff verladen haben. Sie waren mit ihm sieben Tage – geleitet von Engeln – unterwegs und strandeten auf wundersame Weise bei Iria Flavia an der Küste Galiciens. In einem Steinsarg soll Jakobus per Ochsenkarren - etwa 40 Kilometer von der Küste entfernt – auf einem Hügel beerdigt worden sein.

Das Grab geriet viele Jahrhunderte in Vergessenheit. Erst 813 soll der Einsiedler Pelayo dort ein himmlisches Licht oder einen Stern wahrgenommen haben. Der zuständige Bischof Teodomino nahm seine Erzählung ernst und ordnete Nachforschungen an. Diese förderten das Grabmal mit Überresten zutage. Sie wurden als die des heiligen Jakobus identifiziert. Dem Sternenbild entsprechend wurde der Ort Campus Stellae – übersetzt das Sternenbild – genannt.

Außerhalb des neuen Testaments gibt es nach dem Forschungsstand dafür keine Belege. Über die Echtheit der Legende wurde, auch nachdem sie 1631 zum offiziellen Standpunkt der katholischen Kirche wurde, immer wieder kontrovers diskutiert.

Das änderte nichts daran, dass ab dem neunten Jahrhundert eine Wallfahrtswelle begann. In der Blütezeit im 15. Jahrhundert zogen jährlich zwischen 200.000 und 500.000 Menschen dorthin.

Noch ein kurzer Blick und wir verlassen auf der Na-1110, der heute von uns meistbefahrenen Straße, die Stadt. Den nächsten anstehenden Anstieg wollen wir vor der Mittagspause noch hinter uns bringen. Diese Straße ist super zu fahren. Obwohl sie breit und gut ausgebaut ist, begegnen wir nur wenig Autos. Vermutlich findet der Verkehr vollständig auf der A12 statt. Uns soll es recht sein. Jetzt ist die Veränderung des Landschaftsbildes deutlich zu merken. Weg von den rechteckigen, in verschiedenen Grüntönen strahlenden Flächen, hin zu roter Erde, teils kargigem Boden und zwischendurch eingestreuten Ginsterbäumen. Ich bezeichne sie wegen ihrer Größe so. In Maneru, dem nächsten Ort, machen wir es uns gemütlich. Unter einem großen, schattenspendenden, feinblätterigen Baum. Die weißen, schick darum herum angeordneten Häuser sind die ganze Zeit über ein Stillleben. Kein menschliches oder tierisches Wesen ist zu sehen. Es ist Siesta.

Die nächsten knapp zwölf Kilometer sind unspektakulär. Viel geradeaus und auf und ab, fast immer neben der Autobahn. Der Lärm ist nur wenig zu hören. Mittlerweile sehen wir die ersten Olivenbäume. Von den kleinen Orten zwischendurch ist Cirauqui schon von Weitem zu erkennen. Auf einem Hügel schmiegen sich die Häuser, so scheint es, spiralförmig aneinander. Hin zum höchsten Gebäude, der Kirche.

Schatten gibt es kaum. Und den hätten wir heute ganz gut gebrauchen können. Es ist der bislang wärmste Tag. Bis zu 32 Grad im Schatten und einige mehr in der Sonne sind deutlich zu spüren. Da kommt uns ein Brunnen in Lorca wie gerufen. Das aus mehreren Hähnen sprudelnde Wasser hat im Gesicht und über dem Kopf eine kühlende und sehr erfrischende Wirkung. An den schattigen Hauswänden ruhen sich einige Leute aus. Einer von ihnen hat sich seiner Schuhe entledigt. Hoffentlich will er nur seinen Füßen frische Luft geben und hat sich keine Blasen gelaufen.

Wenig später entfernen wir uns von der Autobahn, nachdem wir sie vor Villatuerta unterquert haben. Wir nehmen Kurs auf Estella und fahren durch die engen Gassen in die 14.000 Einwohnerstadt hinein. Vorher habe ich nur ganz kurz die mittelalterliche Brücke über den Rio Ega erhaschen können. Rechts in einer Häuserlücke der engen Gasse erhebt sich die Kirche San Miguel vor uns, bevor wir ans Ufer des Flusses fahren. An der Calle Sancho Ramirez steigen wir von den Rädern ab.

„...das Wasser des Flusses ist für Mensch und Tier mild und rein und ausgezeichnet." Der schon zitierte mittelalterliche Pilgerführer ist der V. Teil des Jakobsbuches, das unter dem Namen „Liber Sancti Jacobi" oder „Codex Calixtinus" (nach Papst Calixt II.) bekannt ist. Das handschriftliche Werk wird heute im Kathedralarchiv von Santiago de Compostela aufbewahrt. Was das Wasser angeht, sieht es immer noch so aus, wie es dort beschrieben wird. Ob es nach Jahrhunderten Verschmutzung durch den Menschen noch so ist, könnte zweifelhaft sein. Ausprobieren werden es die wenigsten Reisenden.

Wir schauen uns das „rote" Rathaus in der Nähe an. Nicht zu vergleichen mit dem in Berlin. Hier ist die Fassade in der Farbe des Baskenlandes dunkelrot gestrichen. Unterbrochen werden die Flächen von den Sandsteinfassungen an Fenster und Türen, den Sandsteinbögen und den Ornamenten an der Traufe des Daches. Auf der anderen Seite des davor befindlichen Platzes haben die Häuser individuell gestaltete, verschieden farbige Balkone, reichlich verziert. Einfach toll.

Das Highlight ist allerdings der Blick von der Brücke Richtung flussaufwärts. Das türkisfarbene Wasser schlängelt sich an einer kleinen Kiesinsel ebenso vorbei wie an zwei Bäumen und verschiedenen Hausmauern. Inmitten einer steinernen Ansammlung von Häusern erhoben ist die frühgotische Kirche der Stadt und auf der rechten Seite ein Felsen. Estella la bella – Estella, die Schöne. Wenn die Stadt dieses Attribut noch nicht hätte, würde ich es ihr geben.

Das Bild quasi rund macht auf der anderen Uferseite des Ega der direkt an der linken Seite der Calle Frey Diego de Estella stehende dreistöckige Palast der Könige von Navarra mit seinen quadratischen Ecktürmen. Es ist das einzige noch erhaltene Wohngebäude in dem ehemaligen Königreich. Heute ist der gegen Ende des zwölften Jahrhunderts gebaute „Palacio De Los Reyes" ein Museum.

Locke holt noch schnell Nachschub an Getränken. Ich nutze die Wartezeit, um Jupp zu fragen, wie es ihm mit der Auszeit, dem „freien" Tag gestern ergangen ist. Fast hätte ich mich für seine Solidarität bedankt. „Sicher", sagt er, „wäre Locke gestern nicht gerne allein gewesen. Und sicher wäre auch der Gruppendruck, doch noch mitzufahren, enorm gestiegen, wenn er allein geblieben wäre. Aber nein, meine Entscheidung war eine für mich selbst. Ich hätte die Pässe schaffen können, vielleicht. Aber es wäre ja heute und die folgenden Tage weitergegangen. Schau doch nur vor uns. Der nächste Berg wartet doch schon. Klar wäre ich die Tour gerne komplett gefahren. Es ist aber alles gut so, wie es ist. Ich habe mich erholt und ein gutes Gefühl, anzukommen." – „Respekt." Mehr muss man dazu nicht sagen.

Auch bei der Ausfahrt ist alles sehr gepflegt, sehr adrett. Das neue Estella hat baulich ebenfalls nicht gesündigt.

Vorher haben wir sie ab und zu schon gesehen. Jetzt säumen sie lang und breit die Straße. Weinreben in Reihe und Glied. An anderen Stellen lugt der rote Boden zwischen Sträuchern und Bäumen hervor. Dabei geht es über Ayegui und Irache noch einmal richtig hoch. Die fünf Kilometer lassen den Schweiß kräftig fließen, bis wir die 200 Meter Höhe geschafft haben. Vor Irache, das hatte ich gelesen, gibt es unterhalb des Klosters Santa Maria de Real Irache eine Bodega, in der es an der Wand zwei Hähne hat. Einen, aus dem Wasser kommt. Der andere ist die Fuente del vino, aus dem Rotwein fließt. Gratis.

Jetzt Alkohol? Das würde mich glatt vom „Gaul" werfen.

Zurück an der Autobahn haben wir einen wunderschönen Ausblick. Die im Vordergrund auf rötlicher Erde stehenden Weinrebenreihen gehören zu dem dahinter liegenden Weingut mit einem stattlichen Wohnhaus. Im Hintergrund liegt am Fuße des Berges Monjardin der Ort gleichen Namens. Auf seiner Spitze thront das Castillo.

Die letzten 14 Kilometer in ein Tal hinein werden gut zu schaffen sein. Wir bleiben der Na-1110 treu. Von der A12, an der wir mehr oder weniger weit entfernt entlangfahren, verabschieden wir uns nicht zum letzten Mal auf dieser Reise. Gerade auf dem Gemeindegebiet von Los Arcos angekommen, radeln wir auf einer ebenfalls asphaltierten Seitenstraße an riesigen Kornspeichern vorbei in den Zielort Los Arcos. Noch vor der Dorfmitte nehmen wir in der kleinen Bar „Club Jubilados" eine Cola. Der Kohlenhydrate, nicht des Geschmacks wegen; wie man Kühles Gesicht deutlich ansieht. 16.10 Uhr zeigt die Uhr an. So früh waren wir bislang noch nie am Ziel. Wir haben mit 70 Kilometern aber auch noch nie weniger gefahren. Mit der Wärme von bis zu 32 Grad und den mehr als 1.000 Höhenmetern war es dennoch kein Familienausflug. Kurze Zeit später kommen zwei richtig bunte Figuren die Straße heruntergeradelt. Die jungen Brasilianerinnen wollen in ihren pink, orange, grün und schwarz geringelten bis an die Oberschenkel reichenden Strümpfen anscheinend mit Macht auffallen. Woher ich weiß, dass es Brasilianerinnen sind? An den Nationalfähnchen, die an den Fahrrädern wehen. Die jungen Damen erkundigen sich nach einer Bleibe, werden aber weder bei uns noch bei dem jungen Inhaber der Bar fündig.

Sie steigen, ein Lied trällernd, wieder auf ihre dem Mountainbike ähnlichen Gefährte. Weg sind sie wieder.

An unserer Wohnung in einem zentrumsnahen alten Haus angekommen, sind wir baff überrascht. Richtig schicke, neu und modern eingerichtete Zimmer, über zwei Etagen, Küche, Bad, Wohnraum. Wir haben es richtig gut getroffen. Jeder hat sogar ein Einzelzimmer. Was aber das Beste ist: eine Waschmaschine. Schnell packen wir unsere Radlerklamotten und was sonst noch nach Frische ruft, zusammen. Josef macht den Waschmaschinenchef. Jetzt müssen wir später nur noch unsere eigenen Einzelstücke wiederfinden.

Auf der Plaza de Santa Maria essen wir zu Abend. Der Platz ist belebt, aber nicht überfüllt. Schnell schiebt der Wirt zwei Tische für uns zusammen. Stühle dran. Fertig. Um uns herum sitzen erstaunlich wenig Pilger und mehr Einheimische. Wir bestellen das Menue-Peregrino, auf das eine Schiefertafel vor dem Eingang der Bar schon hinweist. „Drei Gänge". Mir fällt nicht zum ersten Mal auf, wie wichtig den Spaniern die Familie ist. Der junge Mann und seine Frau kümmern sich um die Gäste. Mama steht wahrscheinlich in der Küche. Und Opa kümmert sich um seine kleine Enkeltochter. Die beiden haben richtig Spaß. Oma sieht den beiden zu, als der ältere Herr die Kleine in einem kleineren Einkaufswagen über die Plaza schiebt.

Die Atmosphäre ist einmalig. Um uns herum die Backsteinhäuser aus dunkelgelbem Stein. Geschmückt sind sie mit ehrwürdigen Familienwappen aus Sandstein. Eine Seite des Platzes macht die Kirche aus. Ihre vorgelagerten Torbögen des Kreuzganges finden sich ähnlich auch an den Häusern wieder.

Wir haben gut gegessen. Was will der Pilger mehr, der nicht sklavisch enthaltsam sein will. Die anschließende Rechnung haut uns vom Hocker. 77 Euro für das Menü inklusive Wasser, (Navarra-)Wein, Brot, Kaffee. Nicht für zwei

Personen, sondern für die gesamte Mannschaft. Unglaublich.

*Bild 17: Ein
prunkvolles Got-
teshaus in einem
1.300-Seelendorf*

Anschließend
statten wir Santa Maria los Arcos einen Besuch ab. Wir haben Glück. Sie ist auch nach 20 Uhr noch geöffnet. Der Ursprung der Basilika stammt aus dem zwölften bis 18. Jahrhundert. Es ist kaum zu glauben, dass man in einem rund
1.300-Seelen-Dorf so ein beeindruckendes Gotteshaus findet. Schon die reichlich verzierte Tür ist imposant. Eine sitzende Jungfrau mit dem Kind, gekrönt von Engeln, und die
Skulpturen von St. Peter und St. Paul schmücken den von
Säulen eingefassten Eingang. Wir bekommen eine Führung,
die ein amerikanisches Ehepaar gebucht und zu der es uns
spontan eingeladen hat. Eine ältere Dame erklärt uns die
Sehenswürdigkeiten.

Der Amerikaner spricht etwas Spanisch und übersetzt:
„Hier im Inneren befindet sich dieses grandiose große

Altarbild aus dem 17. Jahrhundert, dem ein gotisches Bild von Santa María vorsteht. Dort sehen Sie andere Altarbilder im Rokoko- und Barockstil, dort Altäre mit Reliquien. Das hier ist eine der spektakulärsten Orgeln in Navarra und dies ein wunderschöner Kreuzgang aus dem 16. Jahrhundert." Das jeweils erklärte Detail wird gezielt angeleuchtet.

Beeindruckt bleibe ich noch ein wenig und setze mich in eine Kirchenbank. Heute ist der 16. Tag unserer Reise oder Pilgerschaft. Was ist es für mich? Was macht das mit meinem Glauben? Ich würde es trennen. Die ersten zwei Wochen waren stark geprägt von einem strukturierten Ablauf, dem Miteinander in der Gruppe und dem sportlichen Anreiz. Das Ankommen war die Devise. Sicher hatte ich auch da schon immer wieder das Gefühl des Loslassens. Die vorher so wichtigen Dinge waren nicht mehr so im Kopf. Als Pilgern habe ich das nicht empfunden. Jedenfalls nicht bewusst. In den letzten Tagen habe ich stärker das Gefühl, von Gott begleitet zu werden. Ich bin dankbar, dass wir bis hierhergekommen sind. Dass wir das in guter Gemeinschaft geschafft haben. Dass es in der ganzen Zeit bislang keinen ernsthaften Streit untereinander gab. Ich habe den Glauben daran, dass wir ankommen werden.


Fazit des Tages:

Ich bin mit Gott und der Welt im Reinen.

## Dienstag, 08.05.2018 – Los Arcos(E) - Santo Domingo de la Calzada(E)

Heute Morgen müssen wir uns wieder selbst verwöhnen. Um sieben Uhr macht der Bäcker auf. So stand es an der Tür, als wir gestern Abend auf dem Heimweg daran vorbeigekommen sind. Locke und ich machen uns rechtzeitig auf den Weg und stehen um kurz vor sieben vor der Tür. Es brennt auch schon Licht. Der Schlüssel dreht sich auf die Minute genau um. Wir bekommen alles, was wir zum Frühstück brauchen, außer Brot. Das könne sie, so die unfreundliche Dame, erst um acht Uhr verkaufen. Die Pizzastücke, die in der Auslage angepriesen werden, gäbe es erst nachmittags. Ein Bäcker, bei dem man während der Öffnungszeit kein Brot bekommen kann; das verstehe, wer will. Also decken wir uns mit Kuchen ein. Zusammen mit dem Brot von gestern werden wir ganz gut satt.

Um acht Uhr sind wir startklar. Die Jurra Mendi Appartementos und die nette Vermieterin werden wir auf jeden Fall weiterempfehlen. Die beste Bleibe, die wir bislang hatten und vermutlich haben werden.

Zunächst geht es auf die Straße zurück, auf der wir gestern in den Ort hinein gefahren sind. Diese nutzen wir dann in westlicher Richtung als Zubringer und schon hat uns die Na-1110 wieder. Das gelbblaue Schild mit der Muschel und der Aufschrift Camino de Santiago zeigt uns, dass wir auf dem richtigen Weg sind. Wellenförmig und schnurgeradeaus führt uns die Straße nach Sansol. Weite Felder, wenig Bäume. Wir haben einen unendlichen Weitblick und im Dorf einen Ausblick auf das etwas tiefer liegende Torres del Rio. Daran fahren wir vorbei. Die anfangs leichten Buckel werden dicker. Die schwarze Linie durch das grüne Umfeld wird kurvenreicher. Rechts und links am Wegesrand tauchen immer wieder Wildblumenstreifen auf. Kornblumen und Klatschmohn. Schön. Auch die Anzahl der Weinreben nimmt zu.

Nach einer schönen Abfahrt ist bei Kilometer 15 an einem steileren Stück bei etwa sieben Prozent Steigung auf der Straße zu sehen, dass hier der Tross der Rennradfahrerelite entlang gedüst ist. Froome, Virenque, Cippolini, Boonen. Diese und weitere überwiegend spanische Namen wurden in unterschiedlicher Größe auf den Asphalt gemalt. Wir sprechen darüber, was die Rennsportler – wenn man großzügigerweise die Diskussion um das Doping weglässt – so alles leisten. Tageskilometer, Höhenmeter, Streckenlänge und Geschwindigkeit. Dafür sind fast nicht vorstellbare Kraft und Ausdauer nötig. Wir sind stolz wie Bolle darauf, dass wir diesen Herren in einem voraus sind. Wir fahren jetzt schon mehr Tage ohne Ruhetag hintereinander als die Radgiganten bei der Tour. Und wir sind hundertprozentig frei von Doping. Rotwein steht eindeutig nicht auf der Liste.

Viana, das nächste Zwischenziel ist weithin sichtbar und scheint sehr nahe. Wir erreichen es aber erst nach weiteren fünf Kilometern. Viana vereint auf seinem Gemeindegebiet 400 Meter Höhenunterschied. Das ist ziemlich genau die Marke, die wir heute bislang gefahren sind. Und auch im Ort selbst müssen wir zum Zentrum und zur Kirche Santa Maria de la Asuncuion strampeln. Die Altstadt der 4000-Einwohner-Gemeinde ist noch erhalten. Die schmalen Gassen, die wappengeschmückten Häuser, Teile der Stadtmauer, das Rathaus sind echt sehenswert. In einem der schnuckeligen Geschäfte mit ihren Auslagen von frischem Obst und Gemüse vor der Tür sorgen wir für Nachschub, bevor wir uns wieder auf den Weg machen.

Einige Kilometer müssen wir jetzt die stärker befahrene Straße N-111 benutzen. Alles in allem lässt sich das auf dem markierten Seitenstreifen verkehrlich ganz gut schaffen. Und schnell haben wir es hinter uns, weil wir es überwiegend laufen lassen können. Nachdem man mitten durch den Kreisverkehr gefahren ist, sieht man das grüne Schild: Comunidad de La Rioja. Direkt dahinter – es gilt hier aufzupassen – gelangt man an einer Unterbrechung der Leitplanken rechts auf den „Fuß"-Pilgerweg. Der schmalere, aber auch asphaltierte Streifen unterfährt etwas kurvenreich die Hauptverkehrsstraßen, bis wir wieder in der freien Landschaft sind.

Den Camino Vejo de Viana fahren wir vorsichtig. Und uns eilt immer der Ruf Buen Camino voraus. Die nicht wenigen Rucksackpilger sollen nicht beeinträchtigt werden. Der Wein, der ab hier schon seit den Römerzeiten wächst, ist der weltbekannte Rioja-Wein. Wir befinden uns in der mit etwa 300.000 Einwohner kleinsten autonomen Region Spaniens. Sie verläuft zwischen dem Ebro-Becken und dem iberischen Randgebirge. Der Name ist abgeleitet vom Fluss Rio Oja. Die Hauptstadt ist, vor uns liegend, Logrono.

Auf der nächsten Kuppe hat man schon einen Blick auf die Stadt. Sie liegt ein wenig im Dunst. An den Schornsteinen und zahlreichen vielgeschossigen Häusern, die teilweise die Kirchen überragen, erkennen wir: „Das ist kein Dorf." Die Stadt hat mehr als 150.000 Einwohner.

Im Vordergrund ist die Hacienda Dona Felisa, eine der Institutionen auf dem Jakobsweg. Seit fast 40 Jahren werden die den Hügel herunterkommenden Pilger hier gezählt. Begonnen hat damit auf Bitten eines Priesters aus der Stadt eine Frau namens Felisa Rodrigues Medel. Nach ihrem Tod hat ihre Tochter „ihr Erbe" angetreten. Die beiden Damen kennen so viele Pilger wie sonst keiner und haben es in das Buch von Hape Kerkeling und 2009 in den Spiegel geschafft. Auch wir werden kurz vorher auf einem Schild mit „Sellado de Peregrinos" empfangen. Übersetzt: Abstempelung der Pilger.

An dem linken „älteren" Teil des kreuz und quer zusammengebauten Hauses findet sich eine Erinnerungsplakette von Felisa.

*Bild 18: Die bekannteste Stemplerin und Zählerin auf dem Jakobsweg.*

Wie uns andere Pilger erzählen, ist die Frau, die rechts davon hinter einem von dicken Eichenbohlen getragenen Tisch sitzt, ihre Tochter Maria Mediavilla. Ob das wirklich Maria ist? Könnte sein. Wenn ja, müsste die Dame jetzt 84 Jahre alt sein und sich – wie man bei uns sagt – gut gehalten haben. Als Ergänzung zum Schatten des alten Feigenbaums dient ein mintgrüner Sonnenschirm. Darunter verkauft sie Dinge, die kaum ein Mensch braucht. Das Wichtigste ist jedoch der Stempel, den sie uns auf den Ausweis drückt, und Kladde und Stift, mit dem sie in diesem Moment sechs zusätzliche Striche macht. Jetzt sind auch wir gezählt. Ohne sie zu fragen, ob sie wirklich Maria ist, sagen wir Muchas Gracias und verabschieden uns mit einer kleinen Spende.

Über die bekannte Puente de Piedra kommen wir in die Stadt. Zunächst noch relativ grün, wird sie immer städtischer. Nachdem wir gestern die gut ausgebauten Straßen nahezu für uns alleine hatten, ist der Verkehr hier schrecklich. Es sind zwar nur zehn Minuten durch die Stadt, man ist es aber schon nach wenigen Minuten leid. Außer Autos und Häusern sehen wir nicht viel. Zu sehr müssen wir auf den Verkehr achten. Für die Kathedrale haben wir auch keinen Sinn.

Nach einer Weile erreichen wir den Parque San Miguel. Über diesen verlassen wir Logrono auf dem Original Camino wieder. Bis Navarette werden wir die Fußpilger begleiten. Teilweise auf Asphalt und teilweise auf Schotter haben wir jetzt ein hartes Stück Arbeit vor uns. Wir müssen insgesamt 350 Meter und später noch einmal 300 Meter an Höhe erstrampeln.

Früher musste man hinter Logrono noch auf der Autobahn fahren. Das hat mir Franz-Josef erzählt, der einige Jahre vorher mit einer Gruppe des katholischen Bildungswerks unseres Heimatkreises diese Route gefahren ist. Das ist gottlob jetzt nicht (mehr) nötig. Wir können auch gut darauf verzichten. Stattdessen fahren wir immer wieder grüßend und überholend zu einem kleinen Stausee hoch. Zwischendurch eine kleine Pause, um zu trinken und für eine Banane zwischendurch. Heute ist es den ganzen Tag heiter bis wolkig und nicht mehr ganz so warm. Zum Berghochradeln nicht das Schlechteste.

Was ist der Jakobsweg mit dem Fahrrad? Für mich eine der schönsten Radrouten Europas, zumindest bis jetzt. Es ist noch mehr. Du bist auf einem über tausend Jahre alten Pilgerweg. Du bist umgeben von wandernden Pilgern. Du atmest dieselbe Luft. Manchmal schläfst du in denselben Herbergen. Du hast dasselbe Ziel. Und dennoch hast du das Gefühl, ein wenig darüber hinweg zu huschen.

Wir haben den Pantano de Grajera erreicht. Es ist ein Paradies für Wasservögel. Auf dem Staudamm hat man einen schönen Blick über das Wasser in einer sehr schönen Umgebung. Am Ende unter schattigen Bäumen ist ein feiner Pausenplatz. Noch ist es dafür zu früh. Wir haben uns die Mahlzeit noch nicht ganz erarbeitet.

Es geht also weiter. Auf schwierigem Geläuf. In die Weinberge. Immer weiter bergauf. Einige Pilger bemühen sich sichtlich, einen Schritt nach dem nächsten zu tun. Ein kleines Stück fahren wir direkt neben der Autobahn her; nur etwa zehn Meter höher. Getrennt sind wir von einem Zaun. Dort hängen viele, meist selbst gebaute Holzkreuze. Ich denke, dass das Pilgerkreuze und nicht eine Erinnerung an einen tödlichen Unfall sind.

Daran muss ich denken, ein Kreuz auf einer Kreuzung vor Augen. Vor einigen Jahren kam es zu Hause in Ahaus zu einem tragischen Unfall. Ein Mitarbeiter der Stadt hat beim Rechtsabbiegen mit seinem LKW einen neben ihm fahrenden Fahrradfahrer im toten Winkel seines Außenspiegels nicht gesehen. Der zwölfjährige Junge war auf dem Heimweg von der Schule. Er geriet unter die hinteren Zwillingsreifen und wurde tödlich verletzt. Emotional waren die nächsten Tage in meiner Funktion als Bürgermeister sehr schwer. Beim Besuch der Eltern, die auf tragische Weise ihr Kind verloren haben, zwar zuhören, aber nicht helfen zu können. Beim Besuch des Fahrers, unserem Mitarbeiter, der am Boden zerstört war und das Ereignis wahrscheinlich sein ganzes Leben lang nicht vergessen wird. Beim feierlichen Abschiedsgottesdienst, in dem so viele junge Menschen, fast die ganze Schule Anteil genommen haben. Das sind die Momente, in denen der Glaube wachsen kann, in denen manche aber auch daran (ver-)zweifeln.

Andächtig an dem Zaun vorbei abwärts fahrend, kann ich schon sehen, dass Navarette auf dem Cerro Tedon höher liegt. Das Ziel vor Augen und die Weinberge um uns herum, müssen wir noch einmal über die Autobahn. Am Straßenrand laufen zwei vermutlich frisch gebackene Rentner strammen Schrittes an der Seite eines Esels, der einen kleinen Planwagen mit grüner Plane zieht. Das tiefschwarze Tier macht den Eindruck, dass Arbeiten auch Freude machen kann. Das Maultier weckt in mir Erinnerungen an das Leben als Kind auf dem Land. Weniger Hektik, mehr Kinderstimmen, und alles lief gelassener ab. Auf der Brücke über die Autobahn selbst treffen wir weitere Pilger. Ein älterer Herr hat sich eine Karre gebaut. Er zieht das Gepäck mit einem Gurt um seine Hüfte gebunden hinter sich her. Alle Achtung. Denn die Herrschaften, er und wahrscheinlich seine Frau, dürften die 70 Jahre bereits deutlich überschritten haben.

Wir passieren die Überreste des mittelalterlichen Hospitals de San Juan de Acre. Zu sehen sind nur noch die Fundamente. Wir fahren eine der kreisförmig um den Hügel angelegten, sehr gepflegten Straßen zur Iglesia de la Asuncion de Maria hoch. An den noch nicht belaubten Platanen vor der Kirche stellen wir unsere Räder ab und gehen hinein. Beeindruckend ist der komplett vergoldete Hauptaltarbereich. Ich halte einen Moment inne. Über der „Stempelstelle" hängt eine große Weltkarte. Und überall, auf allen Kontinenten wurden kleine weiße Streifen mit den Namen von Pilgern angeheftet. Eine schöne Idee. Sie alle waren auch hier, um sich einen Stempel abzuholen.

*Bild 19: Die namentliche Begegnung mit Pilgern aus aller Welt.*

Aus dem Ort heraus müssen wir für zwei Kilometer die N-120 nehmen. Die dürfte mit einer Bundesstraße in Deutschland vergleichbar sein. Einziger Unterschied: Kaum ein Auto, das uns entgegenkommt oder überholt. Einziger Nachteil: Sie wissen es schon. Es gibt stramme Waden.

Und dann kommt die Strecke, die Jupp später als Schweineberg bezeichnen sollte. Bei in der Spitze 13 Prozent müssen wir wieder anfangen zu schrauben. Den kleinen Gang einlegen und langsam, aber stetig Meter machen. Spätestens jetzt ist die Mittagspause aber so was von verdient. Ein Bauer, der uns begegnet, schüttelt mit dem Kopf, erklärt uns aber freundlich den Weg zu einem Pausenplatz. Eine Bank, direkt neben der Eingangstür zum Rathaus, der Casa Consistorial in Sotes. Es ist alles frei und auf dem Platz vor dem Gebäude sieht man auch keine Menschenseele.

Wir haben uns heute Morgen beim Einkauf mit der Menge Brot entweder ziemlich verhauen oder gerade jetzt

Schmacht (Hunger) bis unter beide Arme. Jedenfalls ist das vorhandene Brot vertilgt und der Hunger nicht weg. Alles, was danach aussieht, eventuell Brot zu verkaufen, hat geschlossen. Na toll. Josef macht sich auf den Weg und hat nach zwei Minuten zwar kein Brot, aber eine gute Nachricht. „Ein paar Häuser weiter ist eine Frau so freundlich und wärmt uns zwei Baguettes auf, die sie noch in der Kühltruhe hat. In zehn Minuten kann ich sie abholen." – „Super", freue ich mich innerlich. „Was für eine Frau." Nachher kam es mir fast so vor wie bei der wundersamen Brotvermehrung Jesu. Es war lecker, alle waren satt und es war noch genügend übrig.

Gut gestärkt fahren wir talwärts nach Ventosa. Ein paar Felder sehen wir. Ansonsten Weinreben, Weinreben, Weinreben. Sowohl in Navarra als auch jetzt in Rioja reicht das Auge weiter als in deutschen Anbaugebieten. Die Reben sind nämlich nicht an Stangen und Drähten hoch angebunden. Sie sind etwas laubiger und vor allem flacher. An dem Ort mit der auf ihm thronenden Kirche fahren wir vorbei und später vor der Autobahn wieder auf die N 120. In westlicher Richtung. Am Ende eines langgezogenen Gewerbegebietes halten wir uns links und kommen nach Najera hinein. Die Najerilla teilt den Ort. Den kleinen, leicht wilden Fluss überqueren wir auf der Brücke San Juan de Ortega.

Berühmt ist die Stadt durch eine Legende. König Garcia III. von Navarra soll 1044 auf der Jagd in einer Höhle ein Bild der Jungfrau Maria entdeckt haben. Er beschloss, an dieser Stelle ein Kloster zu errichten. Die Höhle, in der das Bild gefunden worden sein soll, ist in die Anlage einbezogen. Das Kloster brachte es zu Reichtum und hat seinerzeit zur Blüte der damals bedeutenden und einflussreichen Stadt im Königreich Navarra beigetragen. Der Blick auf den heutigen Franziskaner-Convent ist durch die davor gebauten Häuser verdeckt. Einen Abstecher dorthin machen wir nicht.

An der Ortsausfahrt ist aus heiterem Himmel heraus die Straße mit Bauzäunen abgesperrt. Von den hohen am Rand stehenden, roten, zerklüfteten Felswänden sind Steine auf die Straße gedonnert. Es ist gut, dass sie nicht gerade jetzt ins Rollen gekommen sind. Ein kurzer Schlenker und wir sind wieder in der Spur, wieder auf der N 120. Da wir erneut die Autobahn unterqueren, nutze ich die Gelegenheit, auf die An- und Abfahrmöglichkeiten hinzuweisen. An beiden Seiten befinden sich Kreisverkehre. Durch eine Unterführung sind sie miteinander verbunden. Über dieses System werden Auf- und Abfahrten zur Autobahn, die Verteilung des Verkehrs auf den untergeordneten Straßen und die Unterquerung der Autobahn geregelt. Ich finde das eine gute Idee. Die platzsparenden Auf- und Abfahrten sind in ganz Spanien umgesetzt.

Wir kommen nach Azofra. Direkt sehen wir einen kleinen Park. Das ist eine gute Gelegenheit, sich für den einen noch richtigen Anstieg mit Kaffee und Kuchen zu stärken. Und auch unsere Fietsen bekommen eine Zwischenmahlzeit in Form von ein paar Tropfen Öl.

Seit Logrono haben sich die Orte verändert. An der Grenze zur Region Rioja endete auch das Baskenland. Jetzt sind die Häuser farbiger, teils sind die Wände aus Klinkersteinen und manchmal sind es auch nur unverputzte Fassaden.

Es ist faszinierend. Dieser Ort in Nordspanien hat mit einem Ortsteil in unserer Heimatstadt etwas gemeinsam. Hier wie da befanden sich im Mittelalter an diesen Dörfern Gerichtsstätten. Bei uns „Ton steenern Crüce", hier die „Rollo de Azofra". Es wurde dort nicht nur Recht gesprochen, sondern oft an Ort und Stelle auch vollstreckt. An einer Gerichtssäule wurden die Verurteilten dann „an den Pranger gestellt".

Aber jetzt konzentrieren wir uns erst einmal auf die Straße. In Alesandro haben wir ein Drittel, in Canas

Ciruena die Hälfte der Steigung geschafft. Weil der Asphalt sich schnurgerade durch die Landschaft zieht, kommt uns alles länger vor. Zur Abwechslung: In Canas soll der in Spanien populäre Heilige Santo Domingo de Silos geboren sein. Er ist der Schutzpatron der Hirten und Gefangenen.

Nach gut acht Kilometern sind wir auf 800 Metern Höhe. Was selten ist, ist kostbar. Von dem Kostbarsten, das man von (ehemaligen) Beamten bekommen kann, haben wir reichlich gegeben. Schweiß.

Wir wissen, dass Franz-Josef seinerzeit mit seiner Gruppe von Azofra direkt auf der L 120 bis nach Santo Domingo gefahren ist. Der Weg ist sicher kürzer. Er wäre auch weniger anstrengend gewesen. Wir waren uns aber einig: „Wenn du den Camino fährst, dann sollst du auch den Camino fahren."

Von nun an können wir ohnehin sehen, wie schnell der Tacho ohne Anstrengung laufen kann. Wir sind auf dem direkten Weg zu unserem von oben schon früh sichtbarem heutigem Ziel. Um 17.30 Uhr sind wir da. In der Einfahrt steht in einem Bogen „Hotel El Corregidor". An der Hauswand befindet sich die Rostfigur eines Pilgers. Unser Hotel in Santo Domingo de la Calzada ist gut ausgestattet und wenig besucht. Entgegen der Angaben in der Hotelbeschreibung können wir hier leider nicht zu Abend essen.

„Was machen wir?", frage ich. „Lass uns die Fahrräder in den Keller stellen, die Taschen aufs Zimmer bringen. Und dann ab zur nächsten Bar. Ein, zwei Anlegerbier nehmen", antwortet Kühle.

„Gute Idee, dann können wir auch gleich Ausschau nach einem Restaurant halten und für später einen Tisch bestellen."

„Zur Ortsmitte ist es nicht weit."

Gesagt, getan. In der Piedra Bar ist es gemütlich. Und sie ist sehr gut besucht. Also bestellt Locke direkt einen Tisch für später. Nach einem Bier kommt Hermann von der direkt anliegenden Kathedrale zurück.

„Die Kirche schließt bald. Wenn wir sie besichtigen wollen, dann jetzt."

Locke wendet ein. „Was ist wichtiger? Beten oder essen?"

„Warum?"

„Das Restaurant schließt leider schon um 21 Uhr. Beides geht nicht, wenn wir zwischendurch noch duschen wollen."

„Ich kann euch sagen, was am wenigsten wichtig ist", schlage ich eine Lösung vor. „Duschen. Lass uns das Bier austrinken, die Kirche besuchen und dann essen. Wer unbedingt meint, heute duschen zu müssen, kann das ja auch nach 21 Uhr noch tun. Der liebe Gott und auch der Wirt werden jedenfalls nichts dagegen haben, wenn wir in Radlerklamotten zu Gast sind."

„So machen wir es", ist Jupp sofort auf meiner Seite.

Hört man den Hahn beim Betreten der Kirche, soll man auf dem weiteren Pilgerweg Glück haben. Wir hören nichts, als wir durch den Haupteingang die prächtige Kirche betreten. Im Inneren der Kathedrale ist das Alabastergrabmal des Namensgebers der Stadt, des Heiligen Domingo de Garcia, zu bewundern. Die Kirche ist reich an Details und filigranen Steinmetzarbeiten. Ins Auge fällt der große Hochaltar mit dem neunmal dreizehn Meter großen überreich dekorierten prachtvollen Altarbild.

Im südlichen Querschiff steht der aus farbigem Stein gefertigte Hühnerkäfig dann doch. In einer Kirche. Irre. Hinter dem eisernen Gitter kann man auch den weißen Hahn und „seine" weiße Henne sehen. Gehört haben wir sie immer noch nicht. Schon 1350 ist durch Papst Clemens VI. bestätigt, dass es hier einen Hühnerkäfig gab. Seitdem sollte jeder, der sich den Hahn und die Henne anschaute, die Sünden erlassen bekommen. Grundlage dieses ungewöhnlichen Brauchs ist die Legende des

Hühnerwunders. Sie zählt zu den bekanntesten Geschichten auf dem Jakobsweg.

Man kann davon ausgehen, dass sich das berühmte Mirakel nicht hier, sondern im elften Jahrhundert in Toulouse zugetragen hat. So steht es zumindest im Jakobsbuch. Später wurde die Geschichte ausgeschmückt und nach Santo Domingo verlagert. Hier eine der späteren dramatisierten Versionen:

Eine Pilgerfamilie aus Xanten machte in Santo Domingo de la Calzada halt. Sie übernachtete in einem Wirtshaus.

Die Wirtstochter fand den Sohn der Familie sehr attraktiv, der – fromm und keusch – ihr Angebot aber zurückwies. Die Zuneigung der Wirtstochter wandelte sich in bösen Zorn, sie sann auf Rache und versteckte einen Silberbecher in seinem Gepäck.

Der Wirt bemerkte am Folgetag den Verlust und schickte die Stadtbüttel aus, die auch schnell fanden, was sie suchten. Der junge Mann wurde nach kurzem Prozess aufgehängt und die Eltern zogen traurigen Herzens weiter nach Santiago.

Auf dem Rückweg kamen sie wieder an der Richtstatt vorbei, wo sie ihr Sohn ansprach, dass er gar nicht tot sei, weil ihn (Version 1) Santiago beziehungsweise (Version 2) Santo Domingo gehalten habe. Die Eltern liefen daraufhin zum Richter, der vor einem Teller gebratener Hühner saß, und berichteten das Vorgefallene. Der Richter antwortete, dass ihr Sohn so tot sei wie die beiden Hühner vor ihm, worauf diese sich erhoben und davonflatterten. Nun wurden der Sohn ab- und die Wirtstochter aufgehängt, die Familie zog weiter nach Hause.

Wenn es denn eine Sünde gewesen wäre, in diesem Outfit in die Kirche zu gehen, hätten wir dafür jetzt Ablass bekommen. Uns wird kalt. Raus hier. „Schaut euch das an!", sagt Jupp in dem Souvenirladen, in den man uns beim Verlassen gelotst hat. „Man kann die Legende ja schon kitschig finden. Aber das hier ist Kitsch hoch vier. Unfassbar." Er hält dabei ein Huhn aus Kunststoff im Trikot eines deutschen Fußballnationalspielers hoch.

Beim Verlassen der Kirche fällt mir auf, dass der beeindruckende barocke Kirchturm nicht an die Kathedrale angebaut ist, sondern für sich auf der anderen Seite der Straße steht. Nicht nur deswegen lohnt es sich nach dem Besuch der Kathedrale durch die kleinen Gassen des Ortes zu schlendern, was wir tun. Die alten Häuser und Plätze, Klöster und Herrenhäuser erzählen einiges von der langen Geschichte dieses Ortes am Jakobsweg. Die Plaza de Espana mit dem Rathaus beeindruckt besonders durch die rautenförmigen gepflegten Bodenplatten. Offensichtlich sind diese aus einzelnen Kieselsteinen zusammengesetzt. In diese Stadt kann man sich verlieben.

„Leute, lasst uns essen gehen", hat Josef anscheinend Hunger. Wenig später sitzen wir an dem für uns vorbereiteten Tisch. Der Laden ist bis auf den letzten Platz gefüllt. Das liegt sicher an dem einfachen guten Essen. Andererseits ist der Ortskern nicht gerade übersät von gastronomischem Angebot.

Wir unterhalten uns mit drei Frauen am Nachbartisch. Nette Mädels, etwas jünger als wir, aus der Gegend um Stuttgart. „Ich bin den Camino schon einmal gegangen. Jetzt habe ich meine Freundinnen begeistern können, es noch einmal zu dritt zu probieren. Na ja, wir wollen uns nicht überfordern und gehen erst einmal nur einen Teil. In ein paar Tagen sind wir wieder daheim", erzählt uns eine von ihnen. „Welche Erfahrungen habt ihr in der Gruppe gemacht?", möchte ich gerne wissen. „Eigentlich ganz gute. Klar hat man schon mal etwas Abstand zueinander, weil nicht alle das gleiche Tempo gehen. Klar waren wir manchmal auch unterschiedlicher Meinung. Aber wir haben uns oft gegenseitig motivieren können. Dadurch wird der Ehrgeiz geweckt. Das Wichtigste ist aber, dass wir Spaß miteinander haben." Spaß haben wir an diesem Abend gemeinsam. Ein gutes Glas Rotwein und der Austausch von Anekdoten lassen uns miteinander anstoßen und viel lachen. Es ist ein schöner Abend, bis zur Sperrstunde um 21 Uhr.

Auf dem Rückweg zeigt sich an der Zisterzienserinnenabtei, in der die Schwestern seit 1610 bis heute leben, dass es auch moderne Kunstwerke in historischer Umgebung geben kann. Alles was man mit der Pilgerschaft in Verbindung bringt, ist in einer zusammenschweißten Skulptur aus Metall dargestellt. Besonders das Fahrrad hat es uns so angetan, dass alle nacheinander eine kleine Probefahrt machen.

Ab ins Bett. Geduscht habe ich nicht mehr. Und auch kein anderer.


Fazit des Tages:

In vino veritas. Im Wein liegt die Wahrheit, kein Doping.

## Mittwoch, 09.05.2018 – Santo Domingo de la Calzada(E) – Burgos(E)

„Guten Morgen, ihr „Nichtduscher!" Was gestern ausgefallen ist, wird heute Morgen selbstverständlich nachgeholt. Jetzt sind wir frisch gestylt auf dem Weg ins Erdgeschoss. In der Eingangshalle treffen wir zwei Rennradfahrer, die hier anscheinend Urlaub machen. Woher ich das weiß? Das ist nicht schwer zu erraten, wenn die mir ihrem Fortbewegungsmittel auf dem Nacken die Treppe herunterkommen. Der US-amerikanische Schriftsteller Henry Miller hat nur mit dem Gedanken gespielt: „Ich nannte das Fahrrad meinen einzigen Freund. Wenn es möglich gewesen wäre, hätte ich vermutlich mit ihm geschlafen." Die beiden haben es tatsächlich getan. Ob aus Freundschaft oder zum Schutz gegen Diebstahl, ist leider nicht überliefert.

Das gestern spät abends noch im Hotel bestellte Frühstück ist gut und inklusive frisch gepresstem Orangensaft für drei Euro mehr als ein Freundschaftspreis. Einziger Nachteil: keine Chance vor acht Uhr.

Erst um 8.45 Uhr heißt es zum 18. Mal zu Beginn des Tages: Fahrradfahren kommt von Fahren. Noch einmal durch die Calle Mayor fahrend, nehmen wir gebührend Abschied von den Sehenswürdigkeiten. Ganz zum Schluss über die stattliche Brücke des Rio Oja. Was wir links und rechts sehen, ist alles andere als ein reißender Strom. Rinnsal trifft es für den Namensgeber der Region besser.

Ich muss noch einmal auf den Heiligen Santo Domingo zu sprechen kommen. Er hat sich Zeit seines Lebens, um 1050 herum, in besonderer Weise der Wallfahrt nach Santiago gewidmet. Er versorgte Pilger und ihre Leiden. Den Beinamen de la Calzada – von der Straße – hat er nicht von ungefähr. Er befestigte Straßen und Wege, baute Brücken.

Unter anderem diese, mit der er den Weg der Pilger um drei Tage verkürzte.

Wir biegen ab auf die Lr-201 und fahren sie bis Herramélluri, kurz davor links auf die Lr-200 nach Leiva. Das ist genau das Richtige zum Einstieg heute Morgen. Die schöne glatte Straße macht nur leichte Wellenbewegungen. Wir haben von gestern immerhin fast 1.200 Höhenmeter in den Beinen. Die Ackerflächen sind zu einem größeren Teil mit Raps als Zwischenfrucht bestellt. Der gelb-grüne Teppich wird nur von den Häusern der Dörfer unterbrochen und hinter Leiva von einem „Hügelzug" auf der rechten Seite. Dahinter muss der Stausee dieses und des nächsten Ortes Tormantos liegen, der für die Bewässerung der Felder sorgt.

Das waren jetzt die letzten 16 Kilometer in La Rioja. Wir haben die nicht sichtbare Grenze nach Kastilien und Leon überfahren. Unsere dritte Region nimmt einen Großteil der Nordhälfte Spaniens ein; auf einer Höhe von 500 bis 1000 Meter. Die mehr als eine Million Einwohner rühmen sich, das reinste Spanisch zu sprechen. Ich werde es nicht beurteilen können. Der für uns erste Ort wird Belorado sein. Prompt wird die Straße holpriger. Es scheint hier weniger Geld für Infrastruktur „übrig" zu sein. Nein, ist es offensichtlich doch. Sie haben wohl bei der Erneuerung nur ein Stück zwischendurch vergessen. Wir haben ständig einen Blick bis zum Horizont. Dass die Straße geneigt ist, kann man nicht sehen, nur merken.

Ich blicke noch einmal auf gestern Abend zurück. Erstmalig sind wir auf eine andere – wenn auch kleinere – Gruppe getroffen. Bei den drei Damen „vom Grill" war die Rollenverteilung relativ klar. Klar abgesprochen war das meinem Gefühl nach nicht. Es dürfte sich so ergeben haben. Eine Sprecherin, zwei Mitreisende.

Wie ist das bei uns? Wir haben im Vorfeld vieles geplant und auch abgesprochen. Bis hin zu der Entscheidung, was zu tun ist, wenn jemand von uns nicht ans Ziel kommt. Eine konkrete Rollenverteilung war dabei jedoch nie Thema. Es hat sich ebenso irgendwie entwickelt. Zunächst, denke ich, sind innerhalb der Sechser-Gruppe drei kleine Zweierteams entstanden. Jeweils die, die überwiegend in einem gemeinsamen Zimmer übernachtet haben. Locke und Josef. Hermann und Jupp. Kühle und ich. Ansonsten hat jeder seine persönlichen Neigungen und Fähigkeiten eingebracht.

Kühle und ich haben uns sehr stark und gut miteinander abgestimmt um die Vorbereitungen gekümmert. In dem Punkt würde ich uns als Freaks bezeichnen. Generalstabsmäßig würden andere vielleicht sagen. Intensiv passt etwas besser. Für alles, was unterwegs irgendwie damit zu tun hat, fühlen wir uns hauptsächlich in der Verantwortung. Dafür bekommen wir von den Mitstreitern volles Vertrauen und tolle Unterstützung.

Hermann ist der Vorsichtige, der Achtgebende unter uns. Wenn zu großes Risiko das Vorhaben gefährden sollte, würde er uns das sicher zur Überlegung geben. Jeden Tag möchte er so intensiv wie möglich erleben, alles in sich aufsaugen. Nicht selten hat er uns auf Dinge hingewiesen, die ich auf jeden Fall übersehen hätte. Mit Augenzwinkern könnte man sagen: Wäre er ein bisschen weniger darauf konzentriert, hätte er jetzt vielleicht eine Jacke und ein T-Shirt mehr.

Jupp ist der Senior in der Gruppe und einer, den man dabeihaben sollte. Essen und Trinken hält Leib und Seele zusammen. Das kann einfach und muss nicht üppig sein. Gut und gemütlich ist für ihn wichtig. Ihn kann so schnell nichts aus der Ruhe bringen. Außerdem hat er ein gutes Gespür dafür, wann es hilft, mit einem Scherz oder einer Aufmunterung für gute Stimmung zu sorgen. Ein Beispiel während einer enormen Anstrengung: „Wi hebbt den Ketel ganz fein an`t Dampen." Frei übersetzt aus dem Plattdeutschen: Wir haben den Kessel ganz schön am Dampfen.

Josef ist der einzige, den die anderen vorher nicht kannten. Er kam als Freund von Locke dazu. Jetzt gehört er dazu. Nicht weil er sich aufgedrängt hätte. Auch nicht, weil er unbedingt zeigen wollte, dass er seinen Beitrag leisten will und kann. Nein. Er macht einfach mit und tut uns in seiner zurückhaltenden, mannschaftsdienlichen Art sehr gut. Kühle hat es an einem Abend treffend beschrieben: „Vielleicht war meine lockere und spitzbübische Art für Josef am Anfang etwas irritierend. Aber jetzt habe ich ihn gut kennen und schätzen gelernt. Ich glaube, das beruht auf Gegenseitigkeit." Noch eins: Wie ein guter Fußballer den Blick für den richtigen Pass hat, hat Josef das für gute Bilder. Seine Fotos werden eine schöne Erinnerung sein.

Unser Benjamin Locke ist der Unbedarfte, der Unbeschwerte. Er lässt vieles auf sich zukommen. Allein würde er ein ähnliches Vorhaben vermutlich nicht angehen. Sein großes Gottvertrauen den anderen gegenüber lässt ihn vermutlich jeden Tag sagen: „Das schaffen wir schon. Und wenn nicht, wird sich eine Lösung finden." Es gibt Momente, in denen man ihn um diese Haltung beneiden kann.

Die Einzelspieler haben sich zu einer guten Mannschaft geformt. Bei aller Anerkennung der noch kommenden Herausforderungen glaube ich fest daran. Wir werden es schaffen.

Zwischendurch an dem Abzweig nach Cerezo de Rio Teron ist weithin ein großes Werk zu erkennen, von dem wir vermuten, dass dort Kalk oder Zement produziert wird. Weit gefehlt. Hier ist das mit mehreren Hunderten von Millionen Tonnen größte Glauberitvorkommen weltweit. Daraus wird Natriumsulfat hergestellt. Das Unternehmen ist Weltmarktführer für den in vielen Bereichen einzusetzenden Stoff. Unter anderem in der Medizin. Wer schon einmal eine Darmspiegelung hatte, weiß, dass das Zeug immens abführend wirkt.

Von einer kurzen Trink- und Fotopause an dem beschriebenen Abzweig abgesehen, ist das ein Non-Stopp-Abschnitt bis Belorado. Länge 27 Kilometer. Etwas außerhalb auf dem cementero bestatten die Bewohner ihre Verstorbenen. Der Friedhof sieht deutlich anders aus, als wir das kennen. Die Toten werden nicht unter der Erde, sondern oberirdisch in verglasten Sargeinschub-fächern bestattet, die hier vier „Stockwerke" hoch sind.

Im Zentrum des Ortes selbst auf der typisch spanischen Plaza Major halten wir Ausschau nach der „Stempelstelle". In der kreisrunden Dorfmitte wird der Platz eingerahmt und überdacht von vielen Platanen. Deren Zweige reichen sich wie viele Arme die Hand. Im Sommer, wenn die Bäume Blätter haben, wird das ein natürliches schattiges Dach sein. Um den zentralen achteckigen Pavillon herum gruppieren sich die verschieden farbigen Häuser. Dazwischen die Kirche San Pedro.

Unseren Stempel bekommen wir an ganz weltlicher Stelle bei der Gemeindeverwaltung. Die Mitarbeiterin an der Information macht ihre Arbeit offensichtlich gerne. Begeistert sprudelt es sinngemäß aus hier heraus: „Eine gute Reise. Gott zeigt dir den Weg." Das bekommst du, wie sie sagt, schriftlich in Latein und Spanisch auf einem Stempel aus dem 13. Jahrhundert. Was so enthusiastisch versprochen wird, kann man gar nicht infrage stellen.

Gemessen an der Umgebung ist Belorado mit seinen 1.700 Einwohnern eine Großstadt. Viele der noch existierenden Dörfer in der sehr schwach besiedelten Region haben weniger als 100 Einwohner. Von Logrono bis Burgos durchfahren wir den nördlichen Teil des Iberischen Gebirges, das man auch als Spanisch-Lappland bezeichnet. Die im 13. Jahrhundert bestehenden acht Kirchen, von denen es heute noch drei gibt, bedeuten: Die Gemeinde liegt nicht nur am Rio Tiron, sondern auch am Jakobsweg.

Mit den heute nicht so zahlreichen Fußpilgern legen wir bis Tosantos ein Stück des Weges gemeinsam zurück und überqueren diesen Tiron. Die gute Infrastruktur wird dadurch deutlich, dass mit einem Zwischenraum von wenigen Metern eine Brücke für Fahrzeuge existiert und eine gesonderte, die nur zu Fuß benutzt wird.

Die Neigung des jetzt befestigten Weges nimmt zu. Direkt hinter dem besiedelten Bereich von Tosantos, bevor die N 120 zu überqueren ist, geht die Hand von Kühle hoch. Anhalten heißt das. Er zeigt auf die gegenüberliegende Straßenseite. Spektakulär, wie ein Bild an einer Wand, blickt man auf das Portal und den Glockenturm einer Einsiedelei vor den zerklüfteten Felsen eine Berges. Dahinter hat man eine Kapelle in den Felsen gehauen. Die Felsenkapelle – Ermita de la Virgen de la Pena.

*Bild 20: In dieser Kapelle hat die Bergpredigt eine ganz andere Bedeutung.*

Für unsere Verhältnisse sehr häufig sieht man den Storch. In den vergangenen Tagen ist er uns immer wieder begegnet. Meistens kümmert er sich in seinem großen Nest um den Nachwuchs. Denn der hochstelzige stolze Vogel mit dem langen Schnabel gilt ja als Symbol für Fruchtbarkeit. Offensichtlich tut er auch selbst etwas dafür.

Obwohl wir immer weiter bergan fahren, empfinden wir die Umgebung eher als eben. Hier kannst du samstags sehen, wer sonntags zu Besuch kommt. Meistens fahren wir in der Gruppe, mit gleichmäßigem Tempo. Außer Josef, der fährt weit vorne, und Locke, der fährt weit hinten. Nach heute gefahrenen 37 Kilometern sind wir mehr oder weniger merklich von zwischendurch 550 auf 990 Meter in den Montes de Oca aufgestiegen. Kühle nimmt Locke oben mit einer Videoaufnahme in Empfang: „Jetzt musst du aber auch lächeln. 1000 Meter hoch in Nordspanien. Fahr an mir vorbei."

„Ich fahr doch immer an dir vorbei."

„Das ist das erste Mal auf dieser Tour. Ich mache jetzt einen Rundschwenk. Was für eine Landschaft. Das ist der einzige Baum, den ich sehe."

Würden wir hier im Juli oder August stehen, wäre das Bild sicher ein wesentlich anderes. Das meiste Grün wäre dann dem Braun gewichen.

Wir haben uns auf dem „Camino bicicleta" sehr weit vom Camino entfernt und treffen erst wieder am Kloster San Juan de Ortega darauf. Bis dahin ist es aber noch etwas. Runter nach Villalómez, umfahren wir vorher einen Steinbruch. Bei Villalmondar müssen wir aufpassen, den Abzweig nach Cerratón de Juarros nicht zu verpassen. Das ist auch eine Motivationsfrage. Man fährt natürlich lieber weiter hinunter als wieder hinauf. Aber was würde Kühles Enkeltochter Paula sagen: „Es nützt ja nix, Opa." Also links ab.

Oben angekommen steht auf der Kuppe ein Kreuz. Die Größe ist schwer zu schätzen. Ich denke, dass es etwa drei Meter Höhe hat. Wir wissen nicht, ob es sich dabei um ein Gipfelkreuz oder ein Glaubenskreuz handelt. Nebenbei wird durch ein kleines Fähnchen auf der Spitze die Windrichtung angezeigt. Den Gipfel hier darf man sich nicht wie in einem deutschen Mittelgebirge, dem Sauerland, der Eifel oder der Röhn vorstellen. Erstens erreicht einzig die Wasserkuppe diese Höhe. Zweitens muten die Erhebungen hier weniger gebirgig an. Das dürften die Vorboten der Hochebene sein.

Ebene heißt aber natürlich nicht eben. Etwas unterhalb schon zu sehen, liegt Cerratón de Juarros. Begrüßt werden wir dort mit einem besonderen Kunstwerk. Hier ist jemand hingegangen, hat ein Gestell zusammengeschweißt und darin bunt gestrichene ausgediente Gegenstände ausgestellt beziehungsweise angeschweißt. Motorsägen, ein Ackergerät zum Grasschneiden, einen Motorroller, bis hin zu einem alten PKW. Ein Windspiel oben drauf. Fertig. Auch eine Möglichkeit, die Kosten für den Schrotthändler zu sparen. Ich weiß, ich bin ein Kulturbanause.

Die Lenkräder sind wenige Meter weiter auf dem Dorfplatz, vor dem blechernen „Kulturzentrum" verewigt. Wenn das nicht dran stehen würde, hätte ich vermutet, dass es die Halle eines Lohnunternehmens ist. Es ist ganz nett hier unter den Bäumen. „Pausa." Bei angenehmen Temperaturen schmecken der Kaffee und das Baguette gut. „Pausa."

Als es weiter geht, geht es nicht steil bergab und schnell voran. Bis wir die letzte längere Steigung für heute in Angriff nehmen. Es ist die letzte geographische Erhebung vor dem zentralspanischen Tafelland Meseta. Auch dieser Berg meint es mit drei bis sechs Prozent Steigung ganz gut mit uns. 500 Meter vor dem Kloster San Juan de Ortega hätte uns der linke Abzweig genau dorthin geführt. Wir haben uns rechts Richtung Burgos orientiert. Einen Moment wurde überlegt, den Abstecher dorthin noch zu machen. Es blieb dabei.

Juan de Ortega war ein Schüler von Santo Domingo und hat wie sein Lehrer Brücken gebaut. Nach dessen Tod soll er aus Dankbarkeit für seine eigene Rettung bei einem Schiffbruch während einer Pilgerreise hier in der Wildnis eine Kirche für die Armen und Verfolgten und ein Refugium (eine Herberge) für seine Schüler und die Pilger gebaut haben. Sie diente in früheren Zeiten auch als Schutz für die Pilger vor Wölfen.

Das seinerzeitige Kloster gibt es seit fast 200 Jahren nicht mehr. Eine Pilgerherberge ist es bis heute. In der stattlichen Klosterkirche aus der ersten Pilgerhochzeit um 1150 ist Juan de Ortega begraben. Beide werden auf unseren Besuch verzichten können. Und wir begnügen uns mit einem herrlichen Blick von hier oben.

Den höchsten Punkt – 1.025 Meter über NN – haben wir nach 60 Tageskilometern um 14.20 Uhr erreicht. Die 25 noch bevorstehenden nach Burgos hinunter werden zügig zu schaffen sein. Theoretisch hätte die Etappe sogar etwas länger ausfallen können. Wir möchten uns aber später die Stadt noch ansehen. Und außerdem liegen wir ganz gut im Plan. Ziel war es, bei durchschnittlich etwa 100 Kilometern am Tag nach insgesamt 24 Tagen am Ziel zu sein. Heute werden wir nach 18 Tagen rund 1.930 Kilometer hinter uns gebracht haben. Obwohl die Tagesetappen der letzten fünf Tage die 100-Kilometer-Marke nicht mehr erreicht haben, haben wir immer noch ein gutes Stück von dem vorher herausgefahrenen „Vorsprung". Und für alle Fälle stehen uns noch die zwei möglichen Reservetage zur Verfügung.

Hier oben spürt man die Ruhe, die wir jetzt schon seit Tagen genießen, besonders. Vogelgezwitscher und das Surren der Fahrradketten, sonst nichts.

Wenige Kilometer weiter kommen wir wieder an die uns schon bekannte N-120. Hier sind sehr viele Kraftfahrzeuge unterwegs. Deshalb sollen wir uns auf einem etwas abgesetzten Trampelpfad fortbewegen. Sehr zum Leidwesen von Locke.

„Ich fahre auf der Straße weiter."

„Auf keinen Fall, bist du lebensmüde?", raunzt Kühle ihn an. „Wir haben uns gegenseitig versprochen, gemeinsam ans Ziel zu kommen."

Der jüngere folgt der klaren Ansage des älteren Schwagers und ist zurück auf dem mühsameren Weg.

Kaum ein Tag ohne ein (kleines) Abenteuer. Auch heute nicht. An drei Stellen müssen wir eine Furt von kleinen Bächen überqueren. Zu Fuß über die in Schrittlänge hinter einander liegenden Steine. Der neben uns her geschobene Drahtesel bekommt allerdings nasse Füße. Einige Male die Straßenseite wechselnd, wären wir eigentlich wieder mit den Fußpilgern gemeinsam unterwegs, aber nicht mehr um diese Uhrzeit. Sie sind uns schon voraus.

Über die Vororte Castanares und Ventilla, an einem Gewerbegebiet vorbei, erreichen wir Burgos und fahren auf unserer geplanten Route ins Zentrum. Aus früheren Berichten hatten wir die Information, dass es schwierig wäre, sich in dem starken Verkehr zu behaupten. Das stellt sich für uns anders, besser dar. Entweder auf Seitenstreifen oder direkt an der Straße gelegenen Radwegen kommen wir sicher in die historische Altstadt. In der Nähe der Iglesia de San Lesmes Abad steht auf einer kleinen Grünfläche eine Gruppe Fußpilger auf. Etwa 15 Personen begrüßen uns mit einem kräftigen Klatschen und Jubeln. „Buen Camino!" Das ist Gänsehaut pur. Ich bekomme feuchte Augen. Natürlich erwidern wir den Gruß mit ebenso großer Herzlichkeit.

Man hört schon mal, dass die Fahrradpilger bei den „echten" nicht besonders hoch angesehen sind; weil sie eben keine echten Pilger seien. Dieser Moment gerade hat das nicht nur nicht bestätigt, sondern eindeutig widerlegt.

Es ist sicher Zufall, dass es gerade an dieser Stelle zum Treffen kommt und wir uns gemeinsam auf den Spuren aus dem Mittelalter bewegen. Bevor die Pilger die Stadttore durchschritten, stießen auch sie auf die gotische Kirche San Lesmes und das Spital. Der heilige Lesmes ist der

Schutzheilige der Stadt. Dass Burgos eine der „Pilgerhaupt-
städte" am Camino war, lässt sich auch daran festmachen,
dass es im 15. Jahrhundert hier mehr als 30 Hospize gegeben haben soll.

In den zahlreichen Geschäften der Stadt finden sich nicht
nur Waren, die für den asketischen Pilger bestimmt sind.
Auch im Stadtbild ist das zu erkennen. Hier sind viele Menschen auf den Straßen, die weder zu den 175.000 Einwohnern gehören noch Pilger sind. Burgos hat auch das Flair
des Extravaganten. Viele sind der Meinung, dass es die
schönste Stadt am Camino ist.

Wie früher kommen wir über die heutige Calle de Fernán
Gonzáles zur Pilgerpforte der Kathedrale von Burgos. Das
Nordportal kann jedoch nicht mehr benutzt werden. Es ist
seit 1830 geschlossen.

Beim Anblick dieses strahlend hellen Sandstein-Gottes-
hauses gehen mir Begriffe wie unvorstellbar und überwältigend durch den Kopf. Ich kann gut verstehen, dass eine der
ersten großen gotischen Kathedralen von vielen als die
schönste Kirche Spaniens bezeichnet wird und zum Weltkulturerbe gehört. Gigantisch ist nicht nur das filigrane
Mauerwerk, sondern auch die Bauzeit. Begonnen wurde
1221. Der erste Gottesdienst wurde schon nach neun Jahren gefeiert und der Hochaltar 1260 zum ersten Mal geweiht. Das ist schnell. Doch dann war Pause. Fast 200
Jahre. Das ist langsam. Abgeschlossen wurde der Bau der
Kathedrale nach 346 Jahren mit der Fertigstellung des vorher schon einmal eingestürzten Vierungsturms 1567.

Besonders dieser Turm mit seinen acht „Spitzen" und die
beiden Haupttürme prägen diese Kirche. Letztere ragen 88
Meter weit in den Himmel. Sie erinnern, abgesehen davon,
dass sie „sauber" und kleiner sind, an den Kölner Dom. Das
könnte daran liegen, dass der deutsche Baumeister Hans
von Köln sein Handwerk an der Kölner Dombauhütte

gelernt hat und den Fassadenplan der geplanten Kölner Domtürme kannte, bevor er hier ans Werk ging.

Wir rütteln am Tor des Haupteingangs, doch auch das Sarmental-Portal ist jetzt leider geschlossen. Gerne hätten wir uns das viel gepriesene Innere auch angesehen. Schade. Also holen wir uns unseren Stempel in der wenige Schritte entfernt liegenden Kirche San Nicolas. Bekannt und beeindruckend ist das Altarbild über dem Hauptaltar. Es ist eines der größten in Spanien und weist eine berühmte Besonderheit auf. Es ist aus Kalkstein „geschnitzt".

Unterhalb der Kathedrale setzen wir uns auf einen Kaffee beziehungsweise ein Bier auf die Terrasse einer Bar. „Schade", sagt Josef, „dass wir nicht hineinkonnten. Drinnen sollen so viele Kunstwerke zu bewundern sein, Portale, Grabmäler, der Kreuzgang, Vierungsturm und so weiter."

„Stimmt," bestätige ich, „laut bikeline-Radtourenbuch sollen darin allein 19 Kapellen und 38 Altäre sein."

Gelohnt hätte sich wohl auch das Grabmal von El Cid. So wie Jeanne d´Arc die Nationalheldin Frankreichs ist, ist es El Cid in Spanien. Der Ritter hat angeblich keine Schlacht verloren. Er wird gefeiert als Kämpfer für die Einheit Spaniens, als siegreicher Streiter für die Christen gegen die Mauren während der Reconquista, für seine ritterliche Tapferkeit. Dass dieser Mythos der Realität nicht standhält, scheint an seinem unsterblichen Ruhm nichts zu ändern. Rodrigo Diaz de Vivar, wie er mit bürgerlichem Namen hieß, hat es 900 Jahre nach seinem Tod sogar nach Hollywood geschafft. In dem Monumentalfilm von 1961 mit Sophia Loren spielt Charlton Heston den Campeador – den Kämpen.

Unsere Unterhaltung entwickelt sich zu einem Glaubensgespräch. Was ist in den 2.000 Jahren nach Christus nicht alles im „Namen des Glaubens" geschehen? Viel Gutes ist in die Welt gebracht worden. Menschen haben sich um Arme und Kranke gekümmert. Es wurden Krankenhäuser gebaut und unterhalten. Bis heute fühlen sich kirchliche

Stiftungen dem verpflichtet. Kirchliche Schulen haben für Bildung gesorgt. Barmherzigkeit wurde weitergegeben. Das ist die eine Seite der Medaille. Andererseits ist in dem gleichen Namen viel Unheil und Unrecht geschehen. Kriege und Kreuzzüge wurden geführt, „Ungläubige" getötet und verfolgt. Prunk war wichtiger als der Einsatz von Geld für die Bedürftigen.

Kontroverse Auseinandersetzungen bestehen bis heute. Zum Beispiel: wichtige karitative Arbeit für die Bedürftigen in der Gesellschaft auf der einen Seite und Missbrauch und teilweise fehlende Bereitschaft zur Aufklärung auf der anderen Seite. Und vieles mehr. Immer mehr Menschen wenden sich ab. Andere versuchen für sich eine Trennung vorzunehmen zwischen dem eigenen Glauben und dem Handeln des „Bodenpersonals". Wieder andere setzen sich ein, um Dinge zu verändern. Jeder wird für sich den richtigen Weg finden müssen, der schon unter uns höchst unterschiedlich ist.

Wer ist also Gott? Diese Frage sucht noch eine ganz andere, weitergehende Antwort. So verschieden die Menschen sind, so verschieden dürften die Ergebnisse sein. Und die Suche selbst kann ganz anders sein. Wenn nicht nach Gott, dann nach dem eigenen Ich und dem Glück. Auf der Suche ist jeder.

Jetzt genießen wir aber zunächst die Atmosphäre. Bei schönem Wetter, umgeben von prächtigen, unterschiedlich farbigen Häuserfassaden, und dabei ein frisches Cerveza. Auch wenn die eine oder andere Wand nach einem Anstrich ruft, bietet sich ein harmonisches Bild. So kann man sich wohlfühlen und zu der Erkenntnis kommen, dass es auch früher schon gute Stadtplaner gab.

Die Eingangshalle unseres Hotels zeugt ebenfalls von dem Reichtum (früherer Zeiten). Hier dürften weit vor uns Mitglieder gehobener gesellschaftlicher Klassen abgestiegen sein. Nicht mehr abgehoben, ist heute und jetzt auch alles gut. Freundlicher Empfang, gemütliche Zimmer mitten in der Stadt. Nur unsere Fahrräder haben es etwas spartanischer. In einem Vorratsraum eng beieinander auf quasi zwei Etagen haben sie Unterkunft gefunden.

Damit unsere frisch gewaschenen Klamotten über Nacht trocknen, haben wir sie direkt in das offenstehende Fenster des Zimmers gehängt. Preisfrage: Schmückt jetzt die Stadt unsere Wäsche oder unsere Wäsche die Stadt?

Bis alle fürs Abendessen „fertig" sind, trinken wir in einer kleinen, sehr gemütlichen Vinothek direkt gegenüber dem Eingang ein Glas Rotwein. Sehr gut und beim Preis von 1,75 Euro unfassbar günstig. Später esse ich in Spanien die beste Pizza, die ich seit Langem hatte. Und satt gemacht hat sie mich auch. In solchen Momenten sind die Anstrengungen vergessen und die Frage weit weg, wie sinnvoll das Ganze eigentlich ist.

Da die Kathedrale uns nach wir vor nicht ganz loslässt, machen wir noch einen kleinen Bummel durch die Altstadt, um sie noch einmal hell illuminiert zu erleben. Mit diesem Bild schlafe ich dem nächsten Tag entgegen.


Fazit des Tages:

Es ist nicht alles eine Frage des Glaubens

## Donnerstag, 10.05.2018 – Burgos(E) - Carrion de los Condes(E)

Um acht Uhr steht dem Start am nächsten Tag nichts mehr im Wege. Nur eins muss auf jeden Fall noch erledigt werden. Auf dem Platz vor unserem Hotel steht ein Bronzekunstwerk. Vereinfacht gesagt, ein größerer Mann in Begleitung eines Jungen. Kühle lehnt sich auf dem Fahrrad sitzend an den Jungen. „Seht her, das ist der Beweis, dass ich größer bin, als man denkt."

Noch einmal an der Kathedrale vorbei radelnd, verlassen wir die Stadt in südwestlicher Richtung. Vorbei an Solar del Cid, der Stelle, an der das Haus von El Cid gestanden haben soll, und durch den Arco de San Martin, ein Tor durch die Altstadtmauern zum Parque de La Isla. Wir durchqueren die romantische Grünanlage mit einer großen botanischen Vielfalt und vielen Denkmälern und gelangen über die Puenta de Malatos auf die andere Seite des Rio Arlanzon. Die mittelalterliche Brücke wurde gebaut, um von Burgos zum Kloster Las Huelgas zu gelangen, und ist heute den Fußgängern und Fahrradfahrern vorbehalten.

Parallel zur N 120, an dem Parque el Parral entlang, folgen wir den Hinweisschildern und sind wieder in der freien Natur. Heute werden wir in der nun beginnenden Meseta nahezu den ganzen Tag eins sein mit den Fußpilgern. Und es sind viele. Sehr viele. Gefühlt wünschen wir ihnen in der Stunde hundertmal Buen Camino.

„Mensch", sagt Kühle, „was für ein Pilgerstrom. Gegenüber meiner ersten Santiago-Tour vor 14 Jahren hat sich die Zahl locker verzehnfacht."

In der Tat hat die Pilgerschaft nach Santiago seit den 1990er-Jahren wieder eine Renaissance erfahren. Beflügelt wurde diese Entwicklung durch eine ganze Reihe von

Umständen. Der Europarat hat den Weg 1987 zur Europäischen Kulturroute erhoben, 1993 wurde er Weltkulturerbe. Mit erheblichen finanziellen Mitteln, auch aus der Europäischen Union, wurde die zusammengebrochene Infrastruktur wieder hergestellt beziehungsweise deutlich verbessert. Und nicht zuletzt haben bekannte Persönlichkeiten wie die Schauspielerin Shirley MacLaine und Hape Kerkeling mit ihren Büchern die Reise auf dem Jakobsweg populär gemacht. Und wie! Von etwa 3.000 Pilgern 1987 bis 74.000 in 2003 ist die Zahl rasant nach oben gegangen. 2017 haben etwa 300.000 Menschen aus der ganzen Welt die Pilgerurkunde erhalten.

Die Motive sind heute so unterschiedlich wie im Mittelalter. Weshalb die, an denen wir vorbeifahren, ihren Rucksack tragen, wissen wir nicht. Jeder Einzelne hat sich aufgemacht und ist losgegangen. Jeder lässt sich auf diesen Weg ein. Jeder, auch jeder von uns sechs, hat sein ganz persönliches Anliegen im Rucksack. Und jeder wird mit ganz unterschiedlichen Erfahrungen und Eindrücken zurückkehren. Das Leben wird bereichert sein und sich vielleicht sogar verändern. Jeder der etwa 300.000 Menschen geht, reitet oder fährt auch in diesem Jahr seinen eigenen Camino.

Für das zwischenzeitliche Abbiegen brauche ich nicht auf Wegweiser oder Navi zu schauen. Die Karawane leitet uns. Kurz vor Tardajos wird es etwas wuseliger. Wir unterqueren die Autobahn, überqueren ein zweites Mal den Rio Arlanzon, sind dann aber wieder unter uns.

Den Kirchturm des nächsten Ortes können wir schon sehen, nachdem wir die letzten Häuser Tardajos passiert haben. Es ist noch kühl. Ansonsten ist es ziemlich gemütlich.

Auf dem Weg nach Hornillos lernen wir das Mesetagefühl schon ein wenig kennen. Das iberische Hochland ist mit 200.000 Quadratkilometern riesig groß. Den nördlichen Teil, die Meseta norte, durchfahren wir von Osten nach

Westen auf einer Länge von etwa 200 Kilometern. Die Weite der Felder ist beeindruckend, nur ab und zu unterbrochen von einem Baum. Hier wird ausschließlich Getreide angebaut.

Die Piste hat inzwischen gewechselt. Nicht mehr Asphalt, sondern noch gut befahrbarer Weg. Von Kilometer zu Kilometer wird das Geläuf allerdings schwieriger. Dass eine Hochebene nicht eben sein muss, zeigen die Aussichten und spüren die Beine. Wir bewegen uns immer auf einer Höhe zwischen 780 und 920 Metern. Mal höher, mal niedriger.

Kühle macht sich Sorgen um Locke. Schon gestern bildete er den Schlussfahrer, manchmal mit gehörigem Abstand. „Scheiß Schotter", flucht er auch jetzt schon wieder. Das Fahren darauf behagt ihm gar nicht. „Ich will auf die Straße." Aber die gibt es hier nicht.

Auf einem Höhenkamm halten wir kurz an. Diese Weite. Egal, wo du hinschaust; rundherum kannst du sehen, dass die Erde rund ist. Dieses Grün. Und vor uns im Tal der herrliche Blick auf Hornillos. Jetzt heißt es vorsichtig sein. Der Untergrund kann schnell dafür sorgen, dass du ins Rutschen kommst. Und dann reißt es dich nieder.

„Hier ist eine Straße", ruft Locke wild gestikulierend, als wir auch schon daran vorbei sind. „Keine Alternative. Die geht nach Norden beziehungsweise Süden. Wir müssen aber nach Westen", erwidere ich. Und dann sind wir auch schon in dem Ein-Straßen-Dorf. Lediglich ein kleiner Abzweig führt zur Kirche, ansonsten wird die Häuserreihe nur von einer Querstraße unterbrochen.

Auf der engen Straße ist auffällig viel Bewegung. Es sind fast ausschließlich Pilger. Einige Taxis warten darauf, dass sich Erschöpfte fahren lassen. Das Angebot findet Nachfrage. Auch bei Locke. Er könnte mitfahren, das Fahrrad aber aus Platzgründen nicht. „Ich lass doch meine geliebte Leeze nicht im Stich. Danke."

Für Locke ist auch die weitere Strecke eine echte Schinderei. Und es kommt noch schlimmer. Jetzt geht es auch noch relativ steil nach oben. Zwischendurch habe ich das Gefühl, dass der Weg durch einen Steinbruch führt. Wer sein Fahrrad liebt, der schiebt. Nicht nur für ihn ist das angesagt. Nur ihm macht es mit seiner Hüfte offensichtlich die größten Schwierigkeiten.

Die Einzigartigkeit der Landschaft bleibt. Sattgrüne Getreidefelder und am Wegesrand mal eine Trockenmauer, mal ein künstlicher Hügel aus von den Feldern gesammelten Steinen. Zwischendurch braucht es kleine Pausen, um wieder zusammenzukommen; auf derselben Höhe zu sein. Mitunter ist sogar das Schieben zu zweit notwendig. Wenn Herausforderungen dazu da sind, gemeistert zu werden, dann machen wir jetzt unseren Fünf-Sterne-Meister. Die Sorgenfalten bei Kühle sind nicht kleiner geworden, ganz im Gegenteil.

Was macht der Weg mit mir? Was macht der Weg mit uns, frage ich mich. Wir haben uns zusammengefunden und suchen das Gemeinsame. Die gegenseitige Unterstützung verbindet und schweißt zusammen. Würden wir es anders machen, wäre das Trennende irgendwann so groß, dass zwar der eine oder andere ankommt, aber eben nicht alle gemeinsam. Dann wäre unser Vorhaben gescheitert. Auch wenn das mitunter harte Arbeit ist, es gibt meines Erachtens keine Alternative.

Hier oben hat der Wind freie Fahrt. Genau das Richtige für die vielen wie Spargel in der Landschaft stehenden weißen Windräder. Sie sorgen für die einzige Bewegung in dem Stillleben.

Bis hinunter nach Hontanas werden wir es erst einmal schaffen. In dem Bauerndorf wiederholen sich dann die Dinge. Locke: „Können Sie mich mitnehmen bis nach Carrion de los Condes?" Taxifahrer: „Si, Pero no la Bici." Nicht einmal, mehrmals gibt es die gleiche Antwort. Nach kurzer

Absprache schlägt Kühle vor: „Wir kommen gleich weg von der Schotterstrecke und haben dann wieder Asphalt unter den Reifen. Die dann folgenden etwa zehn Kilometer geht es bergab, und leichten Rückenwind haben wir auch. Lass uns versuchen, bis Castrojeriz zu kommen und dort zu einer längeren Pause einzukehren. Dann machen wir eine Lagebesprechung und schauen, wie es weitergehen kann." – „Guter Vorschlag." Alle sind einverstanden.

Tatsächlich wird die Strecke im und hinter dem Ort deutlich besser und wenige Minuten später rufen wir unseren Mitstreitern schon wieder deutlich entspannter das Buen Camino entgegen. Was das für einen Unterschied macht. In der gleichen Zeit, in der wir vorher zwei Kilometer hinter uns gebracht haben, sind es jetzt neun. Zudem hat die Straße teilweise einen sehr schönen Alleecharakter.

Vor uns tauchen zwei große Bögen – über die Straße gespannt – auf. Dazwischen ein ehemaliges Kirchenportal mit Spitzbögen. Daneben Mauerreste ohne Dach. Heute wie früher geht der Weg durch das ehemalige Kloster San Anton. Der Antoniter Orden hatte es sich zur Aufgabe gemacht, besonders Kranke zu versorgen, die unter dem Antoniusfeuer litten. Es wird verursacht durch die Aufnahme von Getreide, das von einem giftigen Pilz befallen ist.

Wir fahren andächtig hindurch und haben schon den – so scheint es – kreisrunden Tafelberg mit der Burgruine von Castrojeriz vor Augen. Humor kennt keine Zeit. Schon im 15. Jahrhundert hat der deutsche Hermann Künig von Vach in seinem Reiseführer spöttisch vom „Castelfritz" gesprochen. Spaß hin oder her. Der faszinierenden Aussicht wird das nicht gerecht. Der Ort selbst schmiegt sich an den Hang. Immer geradeaus fahren wir ihm entgegen, währenddessen er immer größer wird. Direkt hinter dem Ortsschild machen wir einen kurzen Stopp an der Iglesia de Santa Maria del Manzano. Die stattliche Kirche aus dem 13. Jahrhundert hat tatsächlich auf, und beim Anblick der wundertätigen Maria und des prächtigen Hauptaltars können wir auch unseren Stempel bekommen.

Bei der Durchfahrt lässt sich unter anderem an dem hochwertigen Bodenbelag erkennen, dass dieser langgezogene malerische Ort früher strategisch und für die Pilger eine große Bedeutung hatte. Das Wahrzeichen und der Höhepunkt ist die Burg. Besser gesagt, sehen wir zwischendurch immer wieder nur die Reste, die ein schweres Erdbeben im 18. Jahrhundert überstanden haben. Bereits zu keltischen und römischen Zeiten soll hier, majestätischer als jetzt, eine Burg auf dem „Hügel" gethront haben.

Auf der Plaza Major finden wir eine kleine Bar. Die Wärme drinnen tut uns gut. Durch den frischen Nordostwind ist es heute Morgen nämlich ziemlich kühl. Der Kaffee ist ebenfalls gut. Und die Bocadillo, zu Deutsch Snack mit Serrano-Schinken, richtig lecker.

Bevor wir uns mit der Frage, wie es weitergeht, beschäftigen, rufe ich noch einen guten Freund in Bonn an. Mit ihm habe ich auch schon einige Radtouren und einen gemeinsamen Skiurlaub verbracht.

„Ganz herzlichen Glückwunsch zum Beginn des 60. Lebensjahres. Alles Gute zu deinem Geburtstag heute."

„Vielen Dank. Ingrid (Anm. des Verfassers: meine Frau) hat mir deine täglichen kurzen Reiseberichte geschickt. Richtig spannend. Am liebsten würde ich jetzt mit dir, wo auch immer du gerade bist, anstoßen."

„Aufgeschoben ist nicht aufgehoben. Bis bald."

Bei der Frage, ob wir einen Mensch- und Fahrradtransport organisiert bekommen, kann uns die nette Dame hinter dem Tresen leider auch nicht helfen. „Locke, wie geht es dir? Was meinst du, sollen wir jetzt machen?", sondiert Kühle die Alternativen. „Dieser elende Schotter macht mich ziemlich unsicher und hundekaputt. Immer wieder rutschst du von einer Furche in die nächste und ständig musst du aus dem Sattel. Du kannst keine Sekunde unkonzentriert sein, und beim Bremsen bergab kriegst du steife Finger. Ich weiß es nicht. Ich weiß es wirklich nicht."

Die nüchternen Fakten: Noch mehr als die Hälfte des Tagespensums liegt vor uns. 43 Kilometer. Direkt nach der Pause wartet eine satte Steigung, auch auf unebenem Terrain. Später noch einige Buckels, aber ab da wahrscheinlich alles machbar.

„Lass uns alles durchspielen", werfe ich in den Raum. „Taxitransport dürfte, nachdem uns auch die Kellnerin keine Hoffnung gemacht hat, ausscheiden. Für heute den Tag beenden, versuchen in Castrojeriz eine Übernachtung zu buchen, und morgen frisch und ausgeruht neu starten? Auch das dürfte wenig Chancen haben. Habt ihr all die Menschen unterwegs gesehen, die alle eine nächtliche Bleibe haben beziehungsweise brauchen?"

„Das schätze ich auch so ein", stimmt Jupp zu.

„Dann bleibt ja fast nur noch weiterfahren", sieht Locke keine Alternative.

„Also gut", erklärt Kühle. „Wenn wir es mit Langsamkeit versuchen. Nach kurzen Abschnitten Pause machen. Und wenn wir im Team helfen, Lockes Rad zwischendurch zu schieben. Dann würde es zwar spät. Wir kämen aber doch über, oder?"

„Versuchen wir es", beißt Locke auf die Zähne. „Die Pause hat schon ganz gut geholfen".

Wir klatschen uns gegenseitig ab und raffen uns auf. Nachdem wir den Fluss Odra überquert haben, geht es los. Auf den Alto de Mostelares. 150 Höhenmeter auf kurzer Strecke und Steigungen von bis zu 18 Prozent. Es ist auch nicht zu übersehen. Der leicht gelbfarbige, mit Kieselsteinen übersäte Schotterweg schlängelt sich durch das noch nicht sehr hohe Grün der Felder steil nach oben.

Beides zusammen holt selbst den besten Reiter vom Pferd. Also runter, die Zügel, sprich den Lenker in die Hand nehmen und schieben. Zwischendurch eine Pause und dann der nächste Abschnitt. Jetzt fängt auch für Kühle die Tortur an. Mit seinen glatten Platten unter den Schuhen, hat er Mühe, sich auf den Beinen zu halten. Bis er eine gewisse Leichtigkeit spürt. Ein Spanier mit oranger Jacke und hellem Hut ist mit seinem roten Rucksack schneller als er und hilft ihm von hinten beim Schieben. Einfach so. Was für eine Geste. „Muchas Moselaners Gracias." Kühle nimmt den Helfer überwältigt in den Arm.

Mit der inzwischen schon etwas eingeübten „Kunst der Langsamkeit" kommen alle ganz gut oben an. Die Belohnung ist eine atemberaubende Aussicht. Im Vordergrund die fast moränenhafte Hochebenenlandschaft und in der Entfernung die Berge des kantabrischen Gebirges. Es stellt die westliche Verlängerung der Pyrenäen dar und verläuft über 480 Kilometer bis nach Galicien. Die höchsten Erhebungen sind mehr 2.500 Meter hoch und noch schneebedeckt. Auf der anderen Seite des Gebirges dürfte der Camino Norte verlaufen, der noch anstrengender ist als dieser Weg. Dazu der von weißen Wolken durchzogene blaue Himmel. Mit Worten lässt sich das fast nicht beschreiben. Ein im wahrsten Sinne des Wortes „aussichtsreicher Pilgerweg".

Heute sind die meisten Pilger unter 30 Jahre alt; daneben pilgern viele ältere Menschen. Zu den vielen Älteren zählen wir. Für die unter 30-Jährigen steht hier oben eine junge Brasilianerin, die mit ihrem Mountainbike auf dem Weg und hier hochgeklettert ist. Per Flieger hat sie ihr Gefährt sogar mit über den großen Teich gebracht. Wir tauschen unsere Erlebnisse aus, lachen gemeinsam und wünschen uns ein weiteres Wiedersehen bis Santiago.

Ist man oben, geht es auch wieder hinunter.

*Bild 21: Schade ist, wenn du bergab bremsen musst.*

Mit 18 Prozent Gefälle, wie auf dem Straßenschild steht. Gott sei Dank haben kluge Planer dieses steile Stück betoniert. So kommen wir stark gebremst den Weg gut hinunter. Danach können wir es ein wenig ruckelnd laufen lassen.

An der Kreuzung zur Bu-403 nehmen wir die etwas kürzere asphaltierte Straße in Richtung Boadilla del Camino. Die andere Original-Camino-Variante hätte ich mit Locke auch lieber nicht diskutieren wollen. Es ist nicht nur für ihn eine Wohltat.

Mitten in der „Pläne" steht auf einmal als ganz vereinzeltes Gebäude ein ehemaliges Hospiz, das jetzt als Pilgerheim fungiert. Wiederaufgebaut wurde die Einsiedelei von der italienischen Jakobsbruderschaft, die die Herberge auch betreibt. Selbst auf die größere Entfernung ist zu erkennen, dass dort eine größere italienische Gruppe untergebracht ist. Sie haben es sich vor dem Haus gemütlich gemacht. Ihre Nationalflagge hängt an der Wand. Wir winken ihnen zu und bekommen den gleichen Gruß zurück.

Die auffällig vielen Bäume kündigen die Querung des Pisuerga über eine immerhin elf Bögen umfassende Brücke an. Der Fluss hat an dieser Stelle eine ziemliche Breite.

Ein Relikt aus mindestens 30 Bögen steht wenig später auf der linken Seite mitten in der Tierra de Campos, dem Land der Felder. Das müssten Reste der alten Römerstraße sein, dem der Camino Francés folgt.

Darüber berichtet habe ich schon in Azofra. In Boadilla del Camino bekommen wir sie zu sehen. Hier steht sie mitten im Dorf auf einem abgestuften runden Sockel. Die 7,60 Meter hohe spätgotische Gerichtssäule (rollo oder picota), ist reichlich mit figürlichem und dekorativem Schmuck versehen. Ob man uns früher auch so unbehelligt daran hätte vorbeifahren lassen?

Auf einem gut befahrbaren wassergebundenen Weg werden wir einige Zeit vom Canal de Castilla begleitet. Ein Bewässerungskanal in der Breite wäre ziemlich ungewöhnlich. Die acht Meter breite Wasserstraße wurde ursprünglich zum Abtransport des Getreides, dem Betreiben von Mühlen und zur Bewässerung gebaut. Er galt zum Baubeginn 1753 als ingenieurtechnische Meisterleistung. Kurz nachdem man ihn nach langer Bauzeit in Betrieb genommen hatte, wurde er durch die Erfindung der Eisenbahn schon wieder überflüssig. In heutiger Zeit würde man das Vorhaben wahrscheinlich im Schwarzbuch des Bundes der Steuerzahler finden.

Es gibt was auf die Ohren. Ganz dezent. Kuckuck, Turteltauben, Spatzen, Singvögel, die ich als vollkommener Ornithologie-Laie nicht identifizieren kann. Selten ist mir so komprimiert klar geworden, wie schön doch Vogelgezwitscher die Welt macht. Es braucht nur die Muße, dafür die Ohren frei zu haben.

Ebenso für das Rauschen des Wassers - am aufwändig gebauten vierstufigen mächtigen Wehr des Kanals bei Fromista. An den Schleusen 17, 18, 19 und 20 bekommt die Baukunst ein eindrucksvolles Gesicht. Ein tolles Fotomotiv vor dem inzwischen strahlend blauen Himmel.

In Fromista kaufen wir in einer von Platanen gesäumten Straße ein, um nach Überquerung der Autobahn A 67 wenig später an der Ermita de San Miguel - Población de Campos unsere Kaffeepause zu machen. Wir bleiben uns treu. Ein schattiges Plätzchen in der Nähe eines geistlichen Gebäudes. Pause macht unweit entfernt auch ein Schäfer mit seinen Schäfchen.

*Bild 22: Die unendliche Weite der Meseta*

Ab jetzt ist die heutige Etappe nach den Anstrengungen heute Vormittag fast die reinste Erholung. Leicht bis mittel an- und absteigend mit Rückenwind, fast 20 Kilometer, ohne den Lenker bewegen zu müssen. Wir sehen aber noch, wie wir vorankommen. Wie muss es wohl den neben uns auf dem schnurgeraden gesonderten Fußweg Pilgernden gehen? Nicht zu erkennen, dass man Entfernung zurücklegt. Stundenlang das gleiche Bild vor Augen zu haben. Wir merken, dass viele in einer Art Trancezustand laufen, weit weg sind von allem. Beim von uns freundlich gemeinten „Buen Camino" erschrecken sie sich fast und zucken zusammen. „El perdon."

Wenn ich das richtig gelesen habe, ist diese Straße für die Infrastruktur des Jakobswegs mit EU-Mitteln ganz neu geschaffen worden. So sieht sie auch aus.

Um 17 Uhr erreichen wir Carrion des los Condes am Ende wesentlich früher, als heute Vormittag zu befürchten war. Ein weiteres Mal machen uns Mitpilger stolz und gerührt. Wir saugen den vielstimmigen Pilgergruß so richtig auf. Heute hat uns Gott im allerbesten Sinne den Weg gezeigt.

Wir checken in unserem einfachen Hotel ein und beziehen unsere zwei Dreibettzimmer. Heute ist Josef wieder einmal bei uns. Richtig süß sind sie – unsere drei schön nebeneinander aufgereihten Gitterbetten mit den rosa Tagesdecken. Schon jetzt ist klar: Bettbeschwerer brauchen wir heute nicht.

Feste soll man feiern, wie sie fallen. Heute ist Vatertag. Auf der Plaza Major können wird den in vollen Zügen glücklich und sehr zufrieden genießen. Wie sich das gehört, mit einem gut gekühlten San Miguel und bei ganz viel Sonne. Herrlich.

Nach einem später wiederum schmackhaften günstigen Pilgermenü in einem benachbarten Hostal mit einer Flasche Rioja liegen wir um 22 Uhr flach. „Was soll ich sagen", sagt Kühle. „Das war bislang mit Abstand einer der emotionalsten Tage auf dieser Tour. Das fing an mit dem netten Spanier, der mir geholfen hat, mein Rad den Berg hinaufzuschieben. Einfach so. Dann kam es nach dem schweren Vormittag für Locke und auch für uns viel besser als gedacht. Heute Vormittag habe ich gedacht, es wird wahrscheinlich 20 Uhr bis wir überhaupt hier sind. Aber es kam anders, diesmal besser, viel besser."

„Und nicht zu vergessen, der emotionale Empfang bei der Ankunft", ergänze ich, „und unsere kleine Vatertagsfeier.

Übrigens, Josef, ich finde es super, dass du schon die ganze Tour und heute besonders immer ein Auge auf Locke hast, ihn wann immer nötig unterstützt. Das war mir ein Anliegen zu sagen. Ich habe aber auch noch eine Frage: Wie kriegst du das hin, dass du auch bei den stärksten Steigungen auf dem Rad bleiben kannst? Große Hochachtung."

„Dass wir uns gegenseitig unterstützen, mache nicht nur ich. Das tut ihr jeden Tag genauso. Wer das nicht kann oder will, der muss zu Hause bleiben. Auf deine Frage muss ich zweigeteilt antworten. Wie ihr sicher wisst, fahre ich zu Hause viel Rennrad. Bei unseren Touren bolzen wir natürlich auch Geschwindigkeit und Höhenmeter. Vielleicht sind dadurch die Waden etwas dicker. Aber dieses Klettern wie die Gämsen ist auch für mich deutlich schwerer, als es aussieht. Ich hatte und ich habe weiterhin viel Respekt vor dieser Tour. So viele Stunden am Tag und so viele Tage hintereinander, auch noch ohne Ruhetag, das ist für mich eine höchst anstrengende neue Erfahrung."

„Gute Nacht, John Boy." – „Gute Nacht, Jim Bob." – „Gute Nacht, Elizabeth." – „Wer ist Elizabeth?"


Fazit des Tages:

Frei nach Udo Lindenberg: Hinterm Horizont geht's weiter, … zusammen sind wir stark.

## Freitag, 11.05.2018 – Carrion de los Condes(E) –Villarente(E)

Als Josef und ich wach werden, sitzt Kühle wie jeden Morgen schon halb aufrecht im Bett und liest auf seinem Smartphone die Nachrichten des (gestrigen) Tages. Darauf habe ich, wie schon an früherer Stelle erwähnt, bewusst verzichtet. Seit jetzt fast drei Wochen keine Zeitung, kein Fernsehen. Am Ende der Tour werde ich vier Wochen weitab vom Weltgeschehen und dem von zu Hause gewesen sein. Ein Umstand, der vor einem Monat ein unvorstellbarer Gedanke gewesen wäre. Nur ein Tag ohne Nachrichten wäre ein absolutes „No-Go" gewesen. Es ist ein merkwürdiges Gefühl. Um mich herum finden überall wichtige Ereignisse statt und ich bin aus der Welt um mich herum irgendwie ausgeschieden. Ein komisches, aber auch ein gutes Gefühl.

Der Wecker ging um sechs Uhr. Um sieben Uhr sitzen wir auf dem Fahrrad. In unserer Herberge wird kein Frühstück angeboten. Das bekommen wir dort, wo wir gestern auch gegessen haben. Direkt an der Iglesia Santa Maria del Camino.

Laut Pilgerführer aus dem zwölften Jahrhundert ist Carrion de los Condes eine „Stadt, die an Brot und Wein, Fleisch und anderen Lebensmitteln reich ist." Laut Felix Büter im 21. Jahrhundert stimmt das heute auch noch.

Alle Augen warten eine ganze Zeit auf Kühle. Er hat für seinen morgendlichen Stuhlgang noch eine längere Sitzung. In der Zwischenzeit sehe ich mir das Eingangsportal zur Kirche an. In dem Bogen sind viele weibliche Gesichter in den Stein geschlagen. Damit soll die als „Stierwunder" bezeichnete Legende dargestellt werden. In der Zeit der Besatzung durch die Mauren mussten die unterworfenen Christen den maurischen Harems Tribut zollen. Jedes Jahr mussten sie 100 junge Mädchen zur Verfügung stellen. Der Legende nach sollen zwei Stiere einmal einen Jahrgang vor der grausigen Auslieferung gerettet haben.

Wir starten. Es ist „rattenkalt". Sechs Grad, die sich wie sechs Grad minus anfühlen. Und wieder macht sich mit uns eine unvorstellbare Karawane Peregrinos auf den Weg, beziehungsweise haben sich schon früh vor uns auf den Weg gemacht.

Direkt am Ortsausgang, nachdem wir den Rio Carrion überquert haben, sehen wir das ehemalige Benedektiner-kloster Real Monasterio San Zoilo. Hier hätten wir auch übernachten können. Es ist heute ein Hotel. Das wäre auf-grund eines beeindruckenden sehr bekannten Kreuzgangs, der Kathedrale und eines schönen Klosterhofes sehr reizvoll gewesen. Uns lag es jedoch zu weit außerhalb des Zent-rums.

Nach einem kurzen Stück Asphalt hat uns die Schotter-piste wieder. Das bekannte Bild. Schnurgeradeaus durch das grüne Tischtuch, kaum ein Strauch oder Baum, keine Abwechslung. Die beste Gelegenheit, sich geistig in etwas zu versenken. Die wichtigsten Stationen meiner bisherigen 59 Jahre laufen wie ein verschwommener Film an mir vor-bei. Dabei tauchen Fragen auf. Hast du alle deine Entschei-dungen im Leben richtig getroffen? Würdest du einiges an-ders machen, wenn du noch einmal vor der Wahl stündest? Ja, in Details würde ich etwas anderes getan haben. Und nein, das Wesentliche würde ich genauso wieder tun. Ich fühle mich gut mit meinem Leben. Und ich habe mich fast immer gut gefühlt damit. Ein wesentlicher Grund dafür ist ehrlicherweise auch, dass ich ganz viel Glück gehabt habe. Das Schicksal hat es gut mit mir und meiner Familie ge-meint. Dafür empfinde ich ausgerechnet jetzt und hier tief empfundene Dankbarkeit.

Auch meine letzte wichtige Entscheidung, nach elf Jah-ren freiwillig Abschied vom Bürgermeisteramt zu nehmen, fühlt sich für mich nach zweieinhalb Jahren immer noch richtig an. Ich habe mehr Freiheiten. Ich lebe selbstbestimmter, habe neue Ziele und die selbstverständlich vorhandene Wehmut überwunden. Hätte ich mich entschieden, meinen „Traumjob" weiterzumachen, säße ich jetzt vielleicht auch auf dem Rad. Ich wäre aber mit Sicherheit nicht auf dem Weg nach Santiago de Compostela.

Zurück in der Gegenwart, entdecke ich irgendwann den Kirchturm von Calzadilla de la Cueza. In dieser Einöde wirkt selbst diese kleine Ansammlung von Häusern so, als hätte man ihr das Leben ausgehaucht.

Hinter dem Ort zieht sich der Weg neben der N-120 entlang. Da auf der Straße auch jetzt wieder kaum Autos fahren, gönnen wir uns den glatten Untergrund. Alles andere bleibt, wie es ist, wenn man einmal davon absieht, dass die Zahl der Bäume etwas zugenommen hat.

Wann werden aus erwachsenen lebenserfahrenen Männern wieder große Jungs? Jetzt. Als es ein wenig bergab geht, wollen wir einen wissenschaftlichen Test machen. Was ist entscheidender für die Rollgeschwindigkeit? Das Gewicht des Fahrers oder die Windschnittigkeit eines etwas schlankeren Körpers? Ein kleines Rennen zwischen Jupp und mir bringt die Erkenntnis. Höheres Gewicht hat – knapp – verloren. Um etwa eine Radlänge. Wenn ihr nicht werdet wie Kinder, könnt ihr nicht ins Himmelreich eingehen.

Ansonsten hält sich das heute mit dem Auf und Ab sehr in Grenzen. Wir werden heute weniger als 400 Höhenmeter haben. Es hört sich fast so an, aber das ist überhaupt nicht schlimm. So können wir uns für das in den nächsten Tagen noch Kommende erholen. Es ist auch der Grund, warum wir heute einen etwas längeren Tagesabschnitt haben.

An einem kleinen Picknickplatz halten wir kurz an. Hier stehen ein paar Ginkgo-Bäume. Es muss sowohl für die Wasserzufuhr als auch -abfuhr gesorgt werden. Immer dann, wenn Zweites ansteht, lautet unsere Losung: „Hier ist ein Ginkgo." Der steht stellvertretend für jeden anderen Baum. Deshalb sind das hier Ginkgo-Bäume. Der „Losungshäufigste" von uns ist übrigens Kühle. Das Radfahren scheint für ihn, wie „Treibstoff" zu wirken.

Oft – wie auch jetzt in Ledigos – begegnen uns zwischendurch einfache Gebäude aus Lehm. Ansonsten sind wir auch schon daran vorbeigehuscht und nähern uns der A 231. Ein gutes Stück fahren wir – in gebührendem Abstand – neben ihr her. Einige Kilometer vor Sahagun entfernen wir uns wieder von dem Highway und haben die Stadt schon im Blick. Mittlerweile befinden wir uns in der Provinz Leon.

An der Albergue Viatoris - mit einer lebensgroßen Pilgerfigur in der Fassade - vorbei und um die von außen schmucklose Stierkampfarena herum, kommen wir in die Kleinstadt. An der Ecke zur Calle Antonio Nicolas befindet sich eine kleine Bar und auf der gegenüberliegenden Seite ein Laden. Dort kaufen wir ein. Als ich an der Kasse stehe, fällt mir fast der Kitt aus der Brille. Da schaut mich doch ein riesiger Fischkopf auf der Theke mit seinen großen Augen an. Das ist nichts für mich. Schlagartig ist der Appetit weg. „Cuanto cuesta?" Schnell bezahlen und weg hier.

Derweil diskutiert auf der Terrasse der Bar eine Gruppe von Österreichern über ihre Pilgererfahrungen. Es seien sehr viele Asiaten auf dem Weg. Insbesondere Koreaner. Ehrlich gesagt, deckt sich diese Einschätzung nicht mit meinen bisherigen Beobachtungen. So hat jeder seinen eigenen Fokus auf die Dinge.

Etwas weiter, die Straße entlang, bekommen wir im Benediktinerkloster de Santa Cruz von einer Nonne unseren obligatorischen Stempel. Das zweigeschossige Ziegelgebäude mit vergitterten Fenstern dient heute sowohl als Kloster und Kirche als auch als Museum und Gästehaus.

Sahagun war im Mittelalter als Stadt eine echte Größe. Das Kloster San Benito mit seinem Ursprung aus dem Jahr

1068 wurde zum mächtigsten in ganz Spanien. Die Mönche missionierten in der ganzen Welt. Handel und Wohlstand wurden durch das Verleihen besonderer Stadtrechte stark gefördert. Das führte dazu, dass die Einwohner auch aus England, Frankreich, Italien und Deutschland kamen. Sie hatten sich teilweise während ihrer Pilgerschaft hier niedergelassen. Von diesem Glanz sind nur Fragmente geblieben. Im 15. Jahrhundert wurden durch die Monarchie Privilegien der Abtei wieder eingeschränkt. Später verlor sie auch noch die kirchliche Unabhängigkeit. Im 19. Jahrhundert wurden die Gebäude sogar beschlagnahmt und versteigert.

Nur der Glockenturm blieb davon verschont, da er die Uhr der Stadt enthielt, und der Arco de San Benito, weil unter ihm eine Straße herführte. Der triumphartige Bogen war früher das südliche Tor der Kirche. Beides steht nun ein wenig einsam und verloren da.

Gut erhalten ist dagegen die Kirche San Tirso, weil sie im 20. Jahrhundert in großen Teilen restauriert wurde. Sie weist neben dem maurisch anmutenden Baustil zwei direkt sichtbare Besonderheiten auf. Die Mauern bestehen ausschließlich aus Backsteinen. Nur die Säulen des Vierungsturms sind aus Naturstein. Die besondere dreigeschossige rechteckige Form des auch als Glockenturm fungierenden Turms ist der zweite Hingucker.

Mist. Ob es der stierende Fischkopf war oder reine Schusseligkeit, ist egal. Hermann fährt notgedrungen noch einmal zu unserem Einkaufsladen zurück, weil wir das Brot vergessen haben.

In der Zwischenzeit sehen wir auf der Plaza de San Benito einen zu einem Wohnmobil ausgebauten alten Militärwagen. Ein älteres Schweizer Ehepaar ist damit zu den Orten am Jakobsweg unterwegs. Sie werden nie eine Urkunde bekommen können, weil sie sich weder zu Fuß noch zu Pferd noch mit dem Fahrrad auf den Weg gemacht haben. Das ist ihnen, wie sie uns sagen, aber auch nicht wichtig. Eine beeindruckende Reise sei es dennoch.

Vor der 1085 gebauten Brücke Puente Canto, über die wir die Stadt verlassen, steht ein steinernes Kreuz. Auf der anderen Seite des Rio Cea sieht man einen kleinen Wald, in dem die Bäume, wie es aussieht, ziemlich in Reihe und Glied stehen. Hier soll das Heer Karls des Großen gelagert haben. Dem IV. Buch des Liber Sancti Jacobi nach sollen sich auf einer dort gelegenen Wiese einstmals – wie berichtet wird – die glänzenden Lanzen der siegreichen Kämpfer, die zu Ehren Gottes aufgestellt wurden, belaubt haben. Dieses „Lanzenwunder", das sogar auf einem Relief des Aachener Karlsschreins dargestellt ist, soll in der am nächsten Tag folgenden Schlacht 40.000 Christen den „Märtyrertod" gebracht haben. Es ist eine Legende, die ich nicht glauben kann und will. Den unvorstellbaren Gedanken schiebe ich schnell zur Seite.

Wir haben heute schon fast 40 Kilometer gemeinsam mit den Fußpilgern verbracht. Im Laufe des Tages werden noch einige dazu kommen. Die Hochachtung für die Menschen, die tagelang immer geradeaus laufen, wächst von Meter zu Meter. Wie muss sich das erst für die anfühlen, die das im Hochsommer machen (müssen). Anstatt eines grünen Tischtuchs hat man den ganzen Tag nur die unendliche Einöde der abgeernteten Felder und verdorrten Gräser vor Augen. Ganz zu schweigen von der Hitze in den kurzen Sommern hier oben.

„Würdest du den Weg auch per pedes machen?", fragt Kühle mich. „Das käme für mich wohl kaum in Betracht", antworte ich. „Ich bin leidenschaftlicher Radfahrer und wandere nicht besonders gerne. Zu Fuß wäre der Weg länger und wegen der Abstiege dazu beschwerlicher. Nicht, dass ich Strapazen scheuen würde. Es ist einfach nicht meins."

„Ich habe schon ein paar Male darüber nachgedacht, werde es aber jetzt auch nicht mehr in Betracht ziehen. Zu spät, würde ich sagen. Und der Gedanke, wie die Ameisen hintereinander zu laufen, macht es nicht reizvoller."

„Eine Anziehungskraft hätte es. Ich glaube, dass das Zusammensein und der Kontakt mit lieben Menschen intensiver wären. Man trifft sich immer wieder. Es entstehen häufiger Gruppen und Freundschaften. Vermutlich springt dadurch mehr von der spirituellen Energie über."

Nach einigen Kilometern an der N 120 sind wir jetzt wieder auf einer Seitenstraße. Plötzlich kommt uns eine Gestalt entgegen, die ein mittelalterlicher Pilger sein könnte. Das wäre aber schon deshalb nicht möglich, weil diese zur damaligen Zeit nicht allein gingen. Sie liefen sonst Gefahr, ausgeraubt oder von Wölfen angegriffen zu werden. Andererseits waren über die Jahrhunderte hinweg auch Diebe und Betrüger als falsche Pilger mit Pilgerhut und Umhang unterwegs. Haben wir es mit einem echten oder falschen Pilger zu tun? Die Frage bleibt offen. Jedenfalls ist „El Peregrino del Camino" harmlos.

Er wandert den Weg rauf und runter. Diesmal runter. Der schon ältere Berufspilger sieht so aus, wie man sich den mittelalterlichen Fremden vorstellen würde. Er trägt die Pelerine, den ärmellosen Umhang, über dem Mantel. Auf dem Kopf den Hut mit umgeschlagener Krempe und in der Hand den Pilgerstab aus Weidenholz oder Hasel. Gleich mehrfach ziert er sich mit der Jakobsmuschel. Die weiteren seinerzeit üblichen Utensilien wie Tasche und Kürbisflasche fehlen.

„Dürfen wir ein Foto machen?"

„Si."

„Gracias y Buen Camino."

„Buen Camino."

*Bild 23: Pilger*
*im Mittelalter?*
*Sicher nicht mit*
*Sonnenbrille.*

Mitten in der Landschaft steht später wieder eine kleine Ermita. Das Gebet kann eine große Energiequelle sein. Denkt man darüber nach, könnte man sehr oft am Tag Energie tanken. Warum? Addiert man alle Kirchen, Kapellen, Klöster in den Orten und am Weg, wirst du schätzungsweise am Tag bis zu 20-mal die Gelegenheit dazu haben.

Den wenig reizvollen Ort Bercianos del Real Camino durchqueren wir zügig. Die Mittagspause steht erst in El Burgo Ranero an, exakt zur Mittagszeit. Wir werden mit einem ähnlichen Kreuz empfangen, mit dem wir in Sahagun verabschiedet wurden. Gemäß der zu Hause geplanten Strecke haben wir genau die 2.000-Kilometer-Marke erreicht. Zur Feier des Tages gönnen wir uns zum Mittags-snack einen kleinen Becher Rotwein. Durch Umwege und Abweichungen, zum Beispiel zu den Übernachtungen, sind es bislang 70 Kilometer mehr geworden.

Quasi im Ort finden wir eine kleine Lagune vor, die ver-mutlich im Sommer ausgetrocknet sein wird. Das ist ein idealer Brutplatz für Frösche und, wie sich denken lässt, Jagdgebiet für Störche. Deshalb vermutet man auch, dass sich der zweite Namensteil Ranero auf Frösche bezieht. Rana gleich Frosch.

Danach gehen wir die restlichen noch vor uns liegenden 25 Kilometer an. Bis nach Leon wäre es etwas zu weit ge-wesen. Darüber hinaus wollen wir die in den nächsten Ta-gen noch vor uns liegenden dicken Berge möglichst vormit-tags in Angriff nehmen. So passt die Taktung ganz gut.

Einzig unser Freund, der Wind bläst uns noch einmal für eine Stunde etwas entgegen. Ansonsten ist das Pensum auf ruhigen asphaltierten Straßen gut machbar. Fast unbe-merkt passieren wir einen kleinen Flugplatz. Das Land-schaftsbild ist unverändert. Es wird ergänzt um die unend-lich langen Bewässerungsanlagen für die Felder. Die in Abständen von etwa 50 Metern auf Rädern angebrachten Gestelle sind über Beregnungsleitungen miteinander ver-bunden. Sie werden anscheinend mit Elektromotoren auf den Feldern bewegt.

*Bild 24: Ohne künstliche Bewässerung wächst hier nichts*

Weiterhin erwähnenswert ist lediglich, dass jetzt häufiger entlang des neben der Fahrbahn angelegten Fußweges Bäume gepflanzt wurden. Die Verantwortlichen hatten ein Herz für Pilger.

Unsere zweite Pause am Tag lassen wir auch heute nicht ausfallen und machen sie unweit von Reliegos auf einem Platz, der den Vorbeiziehenden einen angenehmen Raum bietet. Eine Skulptur zu Ehren der Pilger hat das Geschehen zwar immer im Blick, kann aber nicht verhindern, dass der Platz von vielen nicht so verlassen wird, wie er vorgefunden wurde. Wir bugsieren den umliegenden Müll in die extra dafür aufgestellten Mülleimer. Diese Unsauberkeit ist übrigens selten. Das den Spaniern nachgesagte wenig ausgeprägte Umweltbewusstsein kann ich bislang jedenfalls nicht bestätigen.

Auf dem Fußweg kommt eine Gruppe von fünf Reitern auf uns zu. Drei Frauen und zwei Männer mittleren Alters pilgern zu Ross. Der erste Reiter telefoniert mit seinem Smartphone. Anscheinend verspürt sein Schimmel nicht genügend Aufmerksamkeit. Jedenfalls hat er eine ganz andere Vorstellung davon, welches der richtige Weg ist. Der gute Mann und mit ihm alle nachfolgenden Reiter haben große Mühe, mit den Tieren fertig zu werden. Nachdem sie die Zügel dann doch wieder im Griff haben, winken sie uns jetzt wieder lächelnd zu.

Ich habe ja schon einmal von der Beanspruchung unserer Gesäße gesprochen. Wir pflegen sie nach wie vor gut – besser vielleicht als unser Gesicht. Toi, toi, toi, es hat nach wie vor niemand ernsthafte Beschwerden an seinem Allerwertesten. Ich kann mir schlecht vorstellen, dass das genauso glimpflich abgegangen wäre, wenn wir die ganze Zeit auf einem Pferd sitzend verbracht hätten.

Die zwei Kirchen des nächsten Ortes Mansilla de las Mulas sind schon von der Überfahrt der N-601 zu erkennen. Nach dessen Durchfahrt werden wir über die Elsa-Brücke entlassen. Ein Blick nach rechts macht die mittelalterlichen, bis zu 15 Meter hohen noch gut erhaltenen alten Stadtmauern sichtbar.

Wir bleiben auf dem straßenbegleitenden Weg, weil er sich später von der Straße entfernt und über eine noch ziemlich neue Holzbrücke über den Rio Poma führt. So gibt es einen herrlichen Blick auf die 20 unregelmäßigen Bögen der Puente de Villarente, die überwiegend auf dem Trockenen steht. Villarente, den Namen muss man sich auf der Zunge zergehen lassen. Eine Villa, in der heute Nacht einige Rentenbezieher übernachten. Ein höchst angemessener Ort für mindestens vier von uns.

Wir müssen ein wenig suchen, bis wir unsere Albergue San Pelayo finden. Von wegen Villa. Von außen sieht sie sehr einfach aus. Ein kräftiger „Duft" von Pferdeäpfeln umgibt uns. Erleben wir heute unseren ersten richtigen Reinfall? Innen bleibt es einfach, es ist aber sauber. Das Mobiliar stammt aus früheren Jahrzehnten. Ich würde sagen, dass es sich um die Vorstufe eines Refugios handelt. In einem Schlafsaal sind wir nicht. Das Zimmer ist für die drei darinstehenden Betten dennoch nicht üppig. Es ist aber alles da, was man braucht. Kein Reinfall.

Einige der übrigen Gäste sind schon da. Das ist unschwer an den in einem Holzregal abgestellten zehn Wanderschuhpaaren zu erkennen. Auch uns empfangen die Herbergseltern sehr freundlich. „Möchten Sie etwas gewaschen haben?", werden wir freundlich gefragt.

„So richtig in der Waschmaschine und so?"

„Ja, genau."

„Das lassen wir uns nicht zwei Mal fragen. Gibt es eine Möglichkeit, unsere Fahrräder sicher abzustellen?"

„Hinten im Garten haben wir ein passendes Abdach dafür."

„Wie kommen wir dahin?"

„Fahren Sie einfach hier durch das Wohnzimmer, durch die Tür dort drüben, und Sie können es nicht übersehen."

Mit Sack und Pack fahren wir durch die Bude und stellen unsere Fietsen passend ab. Wir sind bass erstaunt über den Innenhof. Auf einem super gepflegten Rasen stehen ein paar Tische mit Stühlen. Mittendrin eine stattliche Palme. Getränke können wir am Automaten bekommen. An dem Fach mit – ja, richtig! – Finkbräu-Pils aus Bayern haben wir eine große Serie. Eine Dose gekühltes Bier nach der anderen fällt, nachdem der Automat gefüttert ist, in das Ausgabefach.

Sehr gemütlich im Sonnenschein lassen wir es uns schmecken. Beim Bestellen des Abendessens frage ich den Besitzer. „Warum haben Sie hier so einen schönen Rasen?"

„Das ist für die meisten meiner Gäste das Highlight. Hier können sie den teils geschundenen Füßen etwas richtig Gutes tun. Barfuß auf dem von der Sonne gewärmten Gras."

Was soll ich sagen! Meine Füße sind zwar nicht geschunden. Aber er hat vollkommen recht.

Bild 25: Warten auf die, denen die Füße gehören

Das Drei-Gänge-Abendessen ist wieder okay. Allein die Vorspeise hätte schon fast gereicht, um satt zu werden. Noch ein Schlummertrunk im Garten, dann ist um 21.45 Uhr Schlafenszeit.

„Seid gewiss, ich bin bei euch alle Tage bis zum Ende der Welt."


Fazit des Tages:

Selbst Gläubige sind manchmal ungläubig.

Heute bekommen wir ein Frühstück, das ich als Mischung zwischen einem typischen spanischen Frühstück und einem Pilgerfrühstück bezeichnen würde. Café con leche – Kaffee mit Milch, geröstetes Brot, etwas Butter und Marmelade. Das war´s. Der Mensch lebt fast vom Brot allein.

Schon kurz vor acht Uhr sitzen wir auf den Rädern. Es ist wieder nur fünf Grad warm, also kalt. Auch sonst hat der Wetterbericht nichts Gutes für uns. Gegenwind von 35 Stundenkilometern. Es wird vor Böen zwischen 50 und 60 Stundenkilometern gewarnt. Wenn ich sage, nichts Gutes, heißt das, dass er uns ins Gesicht blasen wird. Wärmer als zehn Grad dürfte es auch tagsüber nicht werden.

Nach einem kurzen Stück entlang der N-601 müssen wir auf unbefestigter Strecke gleich bergauf. Verbunden mit dem Wind, werden wir zumindest schnell warm. An Arcahueja vorbei auf die Anhöhe des Alto del Portillo in Valdelafuente. Von hier aus lässt sich Leon schon gut überblicken.

Bis wir dort ankommen, ist zunächst noch ein Abenteuer zu bestehen. Weil hinter dem folgenden Kreisverkehr eine Fußgängerbrücke über die N 601 gesperrt ist, landen wir auf einem Autobahnzubringer. Verboten für Fußgänger, Reiter, Traktoren und Fahrradfahrer. Ach, du liebe Zeit, wie konnte uns das passieren? In Lebensgefahr schweben wir nicht. Aufgrund einer aktuellen Baustelle sind wir Gott sei Dank alleine. Einmal tief durchatmen. Dennoch hat das mit Pilgern auf mittelalterlichen Wegen nichts zu tun. Zur Nachahmung nicht zu empfehlen.

Auf Umwegen kommen wir dann doch auf die Avenida Madrid, die uns über den Rio Torio in die Stadt führt. Wir müssen uns jetzt und später auf der Avenida Alcalde Miguel Castano nur wenig im Verkehr behaupten. Am Samstagvormittag ist (noch) nicht viel los. Wir folgen dem Jakobsweg, passieren die alte Stadtmauer und sind wenig später über die schmalen Gassen der Altstadt auf der Plaza San Marcelo.

Leon macht seinem Namen als Königsstadt alle Ehre. Vor uns erstrahlt die Casa Botines. Das imposante Gebäude wurde als Wohn- und Geschäftshaus vom Architekten Antoni Gaudi gebaut und beherbergt heute ein Museum. Antoni Gaudi wird uns auf unserem Weg später auf jeden Fall noch einmal begegnen. Möglicherweise klärt sich ja dann die Frage, warum über dem Haupteingang eine Statue des heiligen Georg angebracht ist.

Auf der rechten Seite haben die Regionalregierung und autonome Verwaltung von Leon ihren Sitz. Der Palacio de los Guzmanes gehörte vom 16. Jahrhundert bis Ende des 19. Jahrhunderts einer der einflussreichsten und mächtigsten Familien Leons.

Schön. Aber jetzt ist das erste Ziel die Kathedrale Santa Maria de Regla, nur wenige hundert Meter entfernt und über die Einkaufsstraße Calle Ancha schnell erreicht. Wir erleben schon wieder eine Enttäuschung. Auch diese bedeutende Kirche am Jakobsweg hat geschlossen. Sie öffnet erst um elf Uhr. Zwei Stunden warten ist uns zu viel.

Die Grabstätte des heiligen Isidor, die man nach Empfehlung des mittelalterlichen Pilgerführers unbedingt besuchen sollte, ist nicht hier, sondern in der Nähe in der Basilika Isidoro. Das Nationalheiligtum kann man, nachdem, was wir wissen, nur mit Führung besichtigen. Eine Alternative ist somit auch das nicht.

Ergo findet die Besichtigung der Kathedrale von außen statt, dafür mit gesteigerter Andacht. Einmal ganz herum. Die Bischofskirche von Leon wurde 1303 eingeweiht. Auffällig sind die vielen, sehr hohen wunderschönen

Glasfenster meist jüngeren Datums. Das Gotteshaus soll 1.800 Quadratmeter Buntglasfenster haben, davon drei große Rosetten mit einem überdimensionalen Durchmesser. Nach Ansicht von Kennern gibt es keine Kirche, die im Verhältnis zum Stein so viele Fenster hat. Von innen dürfte der Blick darauf atemberaubend sein.

An der Ecke des Platzes, am Touristikbüro, steht in Kupfer ein großer Schriftzug mit dem Namen der Stadt. Davor möchte Locke unbedingt fotografiert werden. Warum gerade davor? „Es ist eine Hommage an meinen Sohn, der Leon heißt." Das Foto wird direkt nach Hause geschickt.

Das nächste Ziel ist die Plaza San Marco. Wir durchfahren den Kreisverkehr an der Plaza Santo Domingo. Ein wunderschöner grüner Platz ist das Herz der Stadt. Wir sehen die Iglesia de San Marcelo, möglicherweise eines der ältesten Gotteshäuser Leons. Bei der Ausfahrt fällt uns eine überlebensgroße Bronzestatue auf, die einen liegenden Riesen darstellt, von der Bedeutung her aber an den hier typischen Baum, die Ulme, erinnern soll. Darauf muss man erst einmal kommen.

Über die ebenso schöne – grüne - Plaza de la Immaculada mit einer Madonnenstatue im Zentrum fahren wir auf den Convento San Marcos zu. Die sonst sehr quirlige Stadt zählt heute anscheinend zu den Langschläfern. Auf dem Platz kaufen wir uns einen heißen Kaffee. Der tut richtig gut. Vor uns das weltbekannte ehemalige Pilgerhospital aus dem zwölften Jahrhundert mit seiner sage und schreibe mehr als 100 Meter langen und reichlich verzierten Fassade. Der jetzige Bau stammt aus dem 16. Jahrhundert und war ein Kloster. Der heilige Jakobus als Maurentöter über dem Hauptportal weist auf den Jakobsweg hin.

Menschen, die auf dem Weg sind, können auch heute noch in Leon in einigen Refugios kostenlos übernachten. In dieser (ehemaligen) Pilgerherberge dürfte das jedoch ausgeschlossen sein. Sie ist heute ein Fünf-Sterne-Luxushotel.

Wir halten noch einen ganz kurzen Moment an dem Pilger-denkmal inne. Gemeinsam mit dem Pilger aus Bronze, der auf dem Sockel eines Kreuzes ruht, werfen wir einen Blick auf den heiligen Jakobus über dem Hauptportal.

Über die Puente de San Marco verlassen wir eine beeindruckende Stadt mit einer mehr als 2.000-jährigen Geschichte. Die längere Ausfahrt ist weniger beeindruckend. Eine schlechte Straße, Autoverkehr, Lärm, zwischendurch zwei Industriegebiete, bergauf und Gegenwind. Das ist nicht überwiegend lustig.

Hinter Virgen del Camino, das durch die vierspurige Straße quasi in zwei Teile zerschnitten wird und auch sonst nicht viel zu bieten hat, entgehen wir dem Verkehr. Den Fußpilgern, die wir erst heute Mittag wieder treffen werden, bleibt er noch ein wenig erhalten. Nachdem wir einmal die Autobahn überquert und unterquert haben, sind wir in Fresno del Camino.

Je mehr der Lärm abnimmt, desto heftiger bläst uns der Wind ins Gesicht. Über die freie Landschaft hinweg bieten wir ihm volle Angriffsfläche. Es zieht wie die berühmte Hechtsuppe. Als wenn der Widerstand noch nicht groß genug wäre, gesellt sich zwei Kilometer später in Oncina de la Valdoncia noch eine unbefestigte Straße dazu. Die nach wie vor unendliche Weite der Meseta ist gefühlt noch weiter. Unser Fortkommen messen wir an der Durchfahrt der Dörfer. Nach der Hälfte der Strecke zu Chozas de Abajo darf es wenigstens wieder Asphalt sein.

Später mutet das Schild am Eingang des Ortes mit dem Willkommensgruß unter anderem in Deutsch komisch an. Sind „die" froh, dass wir es geschafft haben, oder ist es das hämische Grinsen von Schadenfreude? Mensch, ich bin doch bescheuert, dass ich auf solche Gedanken komme. „Felix, nimm dich zusammen und lächele!"

Es bleibt dabei. Wir müssen uns abstrampeln. In Villar de Mazarife weisen die Beschriftungen auf der Markise und in schwarzer Farbe an die Wand geschrieben darauf hin, dass wir hier Lebensmittel bei Julia bekommen können. An einer Mittagspause im Freien ist heute nicht zu denken. So schnell könnte keiner laufen, um die wegfliegenden Sachen wieder einzufangen. Deshalb stärken wir uns zunächst mit Julias Bananen und füllen den Getränkevorrat auf.

Heute, da sind wir uns alle einig, wird ein knüppelharter Tag. Und jetzt kommt es ganz dick. Petrus hat den Turbo eingeschaltet. Wir haben Mühe, auf dem Fahrrad zu bleiben. Der von uns wieder eingesetzte Belgische Kreisel ändert daran nur wenig. Der sonst merklich spürbare Windschatten ist hier ein Tropfen auf dem heißen Stein. Selbst bei voller Anstrengung geht die Tachonadel nicht höher als zehn Stundenkilometer. Ein Berg kostet ja schon Kraft. Aber dann sieht man den Feind wenigstens und kann irgendwann voraussehen, wann man ihn bekämpft haben wird. Diesen Feind siehst du nicht. Du hörst ihn nur und spürst ihn.

*Bild 26: Der einzige Widerstand für den tosenden Wind sind wir.*

Vor allem aber kannst du ihn nicht bezwingen, solange er sich nicht selbst zurückzieht oder dreht. Als wenn das alles noch nicht genug wäre: Jetzt wieder auf Schotter, bläst uns auch noch der Staub ins Gesicht und in die Klamotten.

Mitten auf der Strecke kommt uns ein junger Mann entgegen. Den habe ich doch schon vor etwa zwei Stunden gesehen. Wir haben ihn und eine junge Frau überholt. Ob die beiden ein Paar sind, wissen wir nicht. Jedenfalls war er zu Fuß mit einem Rucksack auf dem Rücken unterwegs. Sie fuhr mit einem Mountainbike neben ihm her. Das sah fast so aus, als wenn sie sich nicht entscheiden konnten, wie sie pilgern wollen. Hmm. Und jetzt sitzt er auf dem Rad. Und fährt dazu noch in die falsche Richtung!?

„Is this the way to Villar de Mazarife"? fragt er uns.

„Yes, that´s the only way", antworte ich ihm. „But why are you driving back?"

„I have to go back to wait for my girlfriend."

„Good luck."

Ich kann mir darauf keinen Reim machen. Fährt er immer vor, um den Weg zu erkunden? Wann läuft sie und wann er? Warum machen Menschen das? Er muss doch gleich das ganze Stück zum zweiten Mal gegen den Wind bewältigen. Man beziehungsweise Mann muss nicht alles verstehen.

In Villavante gibt es keine Möglichkeit der Einkehr, dafür einige Kilometer weiter in Hospital de Orbigo. In der Bar „El Puente" ist es angenehm warm. Da wir hier nicht allein sind, müssen wir auf unsere Bestellung etwas warten. Derweil kommen wir mit zwei jungen Frauen am Nebentisch ins Gespräch. Die zwei Augsburgerinnen machen den Weg zu Fuß und alleine. Sie haben ihre Männer zu Hause gelassen. Eine von beiden quasselt ohne Unterbrechung. Wo sie herkommt, was ihr Man jetzt zu Hause macht, dass die Kinder versorgt werden müssen und so weiter und so weiter. Von der anderen erfahren wir aufgrund des

Maschinengewehrvortrags kein einziges Wort. „Nach jetzt zwei Wochen Camino habe ich schon ziemliche Knieprobleme. Auch andere Blessuren haben sich schon angesammelt", geht das Rattern weiter. So jemanden musst du vier Wochen bei dir haben, denke ich. Dann bist du garantiert reif für die Insel. Warum sind die eigentlich allein unterwegs? Kümmern sich die Männer um die Kinder, damit die beiden Freundinnen einen alternativen Urlaub machen können? Ich ziehe die Frage zurück. Wir sind ja auch ohne unsere Frauen hier.

Die Bratkartoffeln mit Spiegelei, dazu Salat, schmecken hervorragend und geben uns Power für den zweiten Teil der Schinderei. Eins weiß ich schon jetzt: Heute Abend werde ich mit Sicherheit müde sein.

Ich muss es noch einmal erwähnen, weil es mich immer wieder neu beeindruckt. Auch hier ist jede freie Stelle auf dem Kirchturm der örtlichen Kirche mit einem Storchennest besetzt. Es sind mindestens drei Horste. Das muss hier eine aufregend fruchtbare Gegend sein.

Aufregend war auch die Aktion des Ritters Suero de Quinones, die er im Heiligen Jahr vom 10. Juli bis zum 9. August 1434 veranstaltet hat. Er hat, so die bekannteste von drei Erzählungen, aus Liebe zu einer bestimmten Dame geschworen 300 Lanzen zu brechen. Er holte sich die königliche Erlaubnis, begab sich mit zehn Kampfgefährten an die Brücke des Orbigo, die nahezu alle Pilger passieren mussten, und forderte die vorbeiziehenden Edelleute zum ritterlichen Zweikampf. Dieser Forderung konnten sich die Geforderten aufgrund des vorherrschenden Ehrenkodex nicht entziehen. Zu Ehren dieser Geschichte, dessen Ergebnis nicht bekannt ist, finden seit einigen Jahren unter der berühmten Brücke wieder Ritterspiele statt.

Uns fordert bei der Überfahrt dieser wunderschönen Brücke der Wind heraus. Die leichte Hoffnung, dass er nachlassen würde, hat sich nicht erfüllt. Zunächst für einige

Kilometer Schotter und später auf Asphalt, meistens parallel zur N-120, stemmen wir uns ihm entgegen. Etwas Erleichterung verschaffen die häufiger werdenden Bäume. Erschwernis ist der Aufstieg zum Montes des Crucero unmittelbar vor San Justo de la Vega. Oben an dem riesigen Kreuz zu Ehren des früheren Bischofs Toribo von Astorga, der Schutzpatron der Stadt ist, werden wir mit einem herrlichen Blick auf die 2.000 Jahre alte Stadt belohnt. Den passenden Hintergrund bieten die Montes de Leon. Das ist die nächste Herausforderung für uns. Da müssen wir morgen drüber her.

Auf einem gepflasterten Weg geht es steil bergab. Wir fahren durch das nahe Justo de la Vega, überqueren am Ortsausgang eine alte Steinbrücke über den Rio Tuerto. Am nächsten Bahnübergang, der nur für Fahrräder bestimmt ist, hat man sich etwas Besonderes einfallen lassen. In einem Stahlgerüst fährt man über drei Ebenen, überquert etwa acht Meter darüber die Gleise und kommt auf der anderen Seite auf dieselbe Art wieder herunter. Wenige Minuten später sind wir schon am Stadtrand von Astorga. Die Veränderung der Vegetation in der letzten Stunde hat es schon angedeutet. Das Kapitel Meseta, eine Hochebene, die nicht eben ist, liegt hinter uns.

Über die Calle de los Sitios kommen wir direkt auf die drei wichtigsten Sehenswürdigkeiten der alten Römerstadt namens „Asturica Augusta" zu. Die erste ist ein Überbleibsel; nicht die erste, sondern die zweite Stadtmauer aus dem dritten Jahrhundert. Seinerzeit hatte Astorga schon eine große Bedeutung, weil sich hier zwei wichtige Römerstraßen kreuzten. Von Norden nach Süden verlief die Via de la Plata, die in großen Teilen noch identisch ist mit dem heutigen gleichnamigen Pilgerweg von Sevilla aus. Die aus Bordeaux kommende Via Traiana entspricht überwiegend dem Jakobsweg. Darüber hinaus waren zur Zeit des Römischen Reiches in der Umgebung die ergiebigsten Goldminen.

Wir treffen wieder auf Antoni Gaudi, den wir schon in Leon kennengelernt haben. Der Architekt hat hier im Auftrag des seinerzeitigen Bischofs 1889 den Bau eines Palastes begonnen, der vor dessen Tod jedoch nicht fertiggestellt werden konnte. Den Nachfolgern war der neugotische Bau möglicherweise zu modern. Jedenfalls lag die Baustelle 20 Jahre still. Anschließend wollte Gaudi nicht mehr. Die Fertigstellung erfolgte mit einem anderen Architekten 1913. Wie heißt es so schön: „Wenn der Wurm einmal drin ist..." Das fertige Gebäude ist zu keiner Zeit für den ursprünglichen Zweck genutzt worden. Es hielt lange einen Dornröschenschlaf und beherbergt heute das Museum des Jakobsweges. Spötter behaupten, dass das Schloss aus weißem Granit Ähnlichkeit mit „Cinderellas Castle" in Disneyland hat.

Die wichtigste der drei Sehenswürdigkeiten, die Kathedrale, wurde im fünften Jahrhundert auf den Fundamenten einer früheren Kirche errichtet. Die beiden quadratischen Türme wurden 1703 vollendet. Das Hauptportal besticht durch Skulpturen, die auf die Kreuzabnahme Jesu hinweisen. Mehr bekommen wir nicht zu sehen. Auch diese Tür ist zu.

Ich habe gestern ja gesagt, wenn man in allen Gotteshäusern, denen man am Tag begegnet, ein Gebet spricht, würde man bis zu 20-mal am Tag beten. Diese Aussage bedarf einer Ergänzung. Rechnet man nur die, die auch geöffnet haben, nimmt die Frömmigkeit deutlich ab.

„Kühle, es geht weiter", rufe ich ihm zu. „Kühle!?" Keine Reaktion. Er hat die Stöpsel im Ohr. Über das Internet verfolgt er an seinem Smartphone den letzten Bundeligaspieltag der Saison. „Du kannst das Ding doch abschalten. Egal wie die Spiele ausgehen, Schalke steht als Vizemeister schon fest."

„Das stimmt schon. Aber als echter Schalker bist du immer bei deinen Jungs. Auch dann, wenn du auf dem Weg zum heiligen Jakob bist."

Dieser Weg ist weiterhin beschwerlich. Über die Calle de San Pedro kommen wir auf die Le-142, die wir danach nicht mehr verlassen werden. Auf der rechten Seite haben wir einen schönen Blick auf Val-deviejas, während wir rechts an der Ermita del Santo Christo vorbeifahren. In diesem und den nach der Überquerung der Autobahn folgenden Orten leben die Maragotas. Das scheue und aufgrund seiner fremden Kleidung und Gebräuche ethnische Bergvolk lebte bis in die jüngste Vergangenheit vom Handel. Die traditionelle Architektur der Region, mit gut gepflasterten Straßen und ausreichend Platz für Fuhrwerke aus Esel und Karren, prägen die Region, die früher Somoza hieß, nach wie vor.

Die strubbelige Landschaft mit niedrigen Pflanzen wie Heidekraut und Ginster lässt darauf schließen, dass hier häufiger ein scharfer Wind weht. Ach was. Durch Murias de Rechivaldo „kriechen" wir durch, an Castrillo de los Polvazares links ab. Hier weichen wir von der eigentlichen Strecke nach Rabanal del Camino ab. Wir haben dort kein Quartier bekommen können.

So langsam finde ich die Situation nicht mehr lustig. Das Abwechseln bei der Führungsarbeit - um den Kollegen Windschatten zu geben - funktioniert auch nicht mehr. Kühle und ich, manchmal auch noch Josef, sind mittlerweile die einzigen, die vorne fahren und sich in den Wind stellen.

Gerade jetzt, wo es noch einmal richtig hart wird. Schlimmer geht immer. Zu dem Wind, besser Sturm, volle Pulle von vorne, kommt eine Steigung dazu und zum Schluss fängt es auch noch an zu regnen. Noch einmal die Regenjacken raus. Ehrlich, ich mache den Jungs keinen Vorwurf. Vermutlich sind die Kräfte aufgezehrt. Aber auch ich bin langsam platt wie eine Flunder. Mann, zerrt das an Körper und Geist! Bei unserer Verona-Tour haben wir uns vorher versprochen, niemals die Frage zu stellen: „Warum tust du dir das an?" Sonst wäre eine Spende in die Gemeinschafts-kasse fällig gewesen. Dieses Versprechen habe ich mir selbst auch für diese Reise gegeben. „Felix, du hältst dich daran, auch jetzt", rede ich mir ein.

Endlich, um 17.30 Uhr sind wir da, in Santa Colomba de Somoza, exakt 1.000 Meter über dem Meeresspiegel. Ich mache drei Kreuzzeichen. Dieser Weg, sagt man, erschüttert jeden irgendwann in seinen Grundfesten. So sehr, dass ich schon loslegen wollte von wegen Teamspirit und so. In diesem Moment zweifle ich daran, dass wirklich jeder für jeden da ist. Kühle beruhigt mich. „Ich verstehe, was du meinst. Aber hilft das? Wir hatten wahrscheinlich einfach nur die meisten Körner um das zu ziehen, als es heute richtig hart wurde."

Nach etwas Suchen finden wir das kleine Hotel mit einem etwas störrischen Wirt und zwei weiteren Einheimischen an der Theke der Bar. Hier sind wir richtig. Beim Zischen des Ankunftsbieres gibt es schon kleine Häppchen – Tapas. Das lässt nichts Schlechtes erwarten. Heute zischen wir noch einen. Und wieder gibt es – ohne Worte – Tapas dazu. Wurst, Käse, Schinken. Super lecker.

Unser Wirt wird mir auf ewig in Erinnerung bleiben, mit seinem unnachahmlichen „Karbacho", oder so ähnlich. Was auch immer das heißen mag. Wahrscheinlich „mir folgen". Jedenfalls zeigt er uns anschließend einen Schuppen, in dem wir unsere Fahrräder abstellen können. Das war so ziemlich das Einzige, was er mit uns gesprochen hat. Das muss ein echter Maragota sein.

„Was für ein Tag", atmet Jupp durch. „750 Höhenmeter auf 83 Kilometern Strecke ist ja für uns Flachlandtiroler allein schon sportlich. Aber mit dem Wind. Das war schon der Hammer."

„Ich weiß nicht, ob ich das alleine, ohne Euren Wind-schatten, geschafft hätte", zeigt Hermann, dass er ebenfalls richtig gefordert war.

Wir kommen gemeinsam zu dem Ergebnis, dass das die bislang zweitschwerste Tageseinheit war. Ich bin froh, dass ich das, was ich auf der Zunge hatte, bei mir behalten beziehungsweise heruntergespült habe.

Ein Abendmenü, wahlweise mit Hühnchen oder Forelle, bringt uns wieder nach vorn. Ich wundere mich, wie schnell sich der Körper wieder erholt. Das wäre vor genau drei Wochen noch ganz anders gewesen. Dieser Weg hat mich gelehrt, meine eigenen Fähigkeiten ganz gut einzuschätzen, mit Grenzerfahrungen klarzukommen, sich von den anderen auch einmal mitziehen zu lassen. Er hat mich gelehrt, mehr zu können und manchmal, so wie heute, mehr zu müssen, als ich gedacht habe.

Fazit des Tages:

Nicht zu glauben. Ich bin bereit, für eine Abkürzung jeden Umweg in Kauf zu nehmen.

## Sonntag, 13.05.2018 – Santa Colomba(E) – Ambasmestas(E)

Unsere Vermutung gestern Abend war richtig. Wir waren gut untergebracht. Übernachtung, komplettes Essen und Trinken zu einer Gesamtrechnung von 234 Euro ist auch mehr als fair. Einzig für das Frühstück gibt etwas Abzug in der Note. Es war halt genauso typisch wie gestern. Weil die Röstung des Brotes arg heftig ist und Kühle Angst um sein „Esszimmer", sprich Gebiss hat, versuchen wir den Sohn des Wirtes in der Küche dazu zu bewegen, uns das Ganze ungetoastet auf den Tisch zu stellen. Das Ergebnis: Er hat uns offensichtlich nicht verstanden.

Heute heißt es, die Montes de Leon hochkraxeln – bei Temperaturen, die man eigentlich zum Wintersport gewohnt ist. Deshalb ziehe ich mir alle Lagen an, die ich zur Verfügung habe. Unterziehshirt, Trikot, langarmige Trikotjacke, Windbreaker, Softshelljacke. Wir werden sehen, ob es reicht. Um acht Uhr machen wir uns auf den Weg.

Über die Le-142 fahren wir aus dem Ort heraus. Wir lagen nicht falsch. Es ist saukalt. Die Temperaturen liegen um den Gefrierpunkt. Hoffentlich hole ich mir heute nichts weg. Schon gestern und auch heute fällt mir auf, dass die Bäume hier äußerst karg und die Stämme fast komplett von einer Flechte bedeckt sind. Im Gegensatz zu Pilzen nehmen sie den Pflanzen keine Nährstoffe oder Mineralien. Sie nutzen lediglich die Fläche als Lebensraum, können sich aber sonst aus der Luft selbst versorgen. Deshalb sind die Flechten hier oben auch ein Indiz für wenigstens gute Luft. Und die können wir für unser Vorhaben der Passüberquerung gut gebrauchen.

Hoch geht's. Es wird bergig. Wie wir das von anderen Passstraßen schon kennen, sollen Leitplanken an den teils steil abfallenden Bergwänden vor einem Abstürzen schützen. Nach sechs Kilometern erreichen wir, jetzt schon etwas bibbernd, Rabanal del Camino. Das erste Stück der Steigung haben wir genommen.

Für den Jakobsweg ist er seit jeher ein wichtiger Ort. Es war und ist für viele die letzte Station vor der schweren Etappe über den Monte Irago. Diese wiederum ist ein Muss für jeden Pilger. Schon früh hatte dieses kleine Dorf mehrere Hospize und Kirchen. Mit der Renaissance der Jakobswallfahrt erfuhr Rabanal del Camino eine Wiederbelebung. Heute gibt es hier, bei gerade einmal 50 Einwohnern, mehrere Herbergen, Pensionen und Restaurants. Und dennoch ist es bei der Anzahl der Pilger nicht verwunderlich, dass wir in diesem Ort für die vergangene Nacht keine Bleibe gefunden haben.

Aus religiöser Sicht ist besonders auf die Gründung des Benediktinerklosters Monte Irago im Jahr 2001 hinzuweisen. Es ist zurzeit mit vier Mönchen besetzt und gehört zur deutschen Erzabtei der Benediktiner Sankt Ottilien im oberbayrischen Landkreis Landsberg am Lech. Für Kühle, Jupp, Hermann und mich schließt sich hier der Kreis zu unserer Alpenüberquerung. Wir waren, wenn auch nicht in der Erzabtei selbst, in Landsberg. In der Pfarrkirche finden fünfmal täglich Gottesdienste in gesungener gregorianischer Liturgie statt, die von den Mönchen und anwesenden Pilgern gestaltet werden.

Wir müssen weiter. Längeres bewegungsloses Stehen ist nicht gesund. Es wird steiler. Haben wir bisher noch so gerade zweistellige Stundenkilometer-Zahlen gehabt, fallen sie jetzt darunter. Wir haben es nach wie vor, das ist der Vorteil, mit einer relativ gleichmäßigen Steigung zu tun. Die Straße bekommt einen leicht serpentinenhaften Charakter. Im Hochsommer gibt es oft Klage über das heiße Wetter, das dem Körper die Kraft entzieht. Das Problem haben wir heute nicht. Ganz im Gegenteil. Wir arbeiten uns durch ein erstes

Schneegestöber. Mein Gott, wir haben Mitte Mai. Jetzt wird mir klar, warum der Pass bis ins 18. Jahrhundert hinein nicht vor dem ersten Juni geöffnet wurde.

Nach weiteren sechs Kilometern sind wir froh, dass wir Foncebadon erreichen. Obwohl diese Stelle bereits im zehnten Jahrhundert urkundlich erwähnt wurde, hätte uns das vor 20 Jahren rein gar nichts genutzt. Es war ein verlassenes Geisterdorf. Aufhalten wollte sich hier niemand. Zudem waren nach Pilgerberichten Angriffe von wilden Hunden zu befürchten. Letztlich hat der wieder anwachsende Pilgerstrom das Dorf vor dem endgültigen Verfall gerettet und uns eine Einkehrmöglichkeit verschafft. Jetzt weist wieder ein ordentliches Ortseingangsschild auf Foncebadon mit tatsächlich nur einem einzigen dauerhaft hier lebenden Einwohner hin.

So finden wir im Convento de Foncebadon einen trockenen und warmen Platz. Ob das heutige Hostal früher tatsächlich einmal ein Kloster war, ist nicht überliefert. Irgendwie versucht man – wenig erfolgreich – den Eindruck zu erwecken. Mit einem eine ganze Wand „schmückenden" Bild, auf dem anscheinend die zwölf Apostel vor einer größeren Pilgerschar mit den Montes de Leon im Hintergrund abgebildet sind. Naja, ein Foto ist es doch wert.

Der Café con leche war richtig gut. Nicht weil er besonders gut geschmeckt hätte, sondern wegen seiner wärmenden Kraft. Weil das bitter nötig ist, nehme ich gleich noch einen. Am schlimmsten hat es den Bereich um die „Zwölf" herum und die Füße erwischt. Die fühlen sich an wie ein paar Klumpen, aus denen das Leben entwichen ist. Jetzt heißer Milchkaffee. Tut das gut.

Ich zeige durch das Fenster nach draußen. „Schaut euch das an!" Zwei Busse, fast voll mit Menschen, fahren an uns vorbei die Passhöhe hinauf. „Unvorstellbar", fliegt es aus mir heraus. „Die fahren hier mit dem Bus hoch. Das Dach des Jakobsweges als Ziel für den Tagestourismus? Oder sind das Pilger, die sich selbst betrügen? Das wäre der Abschied von jeglichem menschlichen Anstand. Charakterlosigkeit im Endstadium." Das musste raus, auch wenn der Tobak etwas zu stark war.

Auf 1.400 Metern sind wir jetzt. Auf 1.530 Meter müssen wir. Weiter. Höher. Kälter. Eine große Kehre liegt vor uns. Zu sehen ist darüber hinaus nicht viel. Es ist diesig und es schneit wieder etwas. Mehr als 100 Meter weit kann man nicht sehen. Dass im Winter der Schnee hier sehr hoch liegen kann, erkennt man an den am Straßenrand stehenden etwa zwei Meter hohen Messstangen. So strampeln wir langsam, aber sicher im Blindflug dem Gipfel entgegen. Auf einmal kommt es rechts ins Blickfeld: das eiserne Kreuz. Wir sind oben und stellen unsere Räder ab. Gott sei Dank sind die vorhin gesehenen Busse schon wieder weg. Die Leute hätte ich jetzt nicht so gut ertragen.

Man schaut unweigerlich andächtig auf das eher kleine Kreuz, das man auf einem, so schätze ich, zehn Meter hohen Eichenstamm montiert hat. Rund um den Stamm herum türmen sich unzählige Steine zu einem vielleicht fünf Meter hohen Berg auf. Das erste Kreuz wurde im Zusammenhang mit der Christianisierung von einem Eremiten Namens Gaucelmo Anfang des zwölften Jahrhunderts aufgestellt.

Die Tradition, an dieser Stelle einen Stein abzulegen, dürfte schon zu Römerzeiten und noch davor bei den Kelten Brauch gewesen sein. Für Pilger ist er ein Symbol für die auf dem Weg hinter sich gelassenen „Sünden" respektive der schon erfahrenen Läuterung. Sie lassen mit dem von zu Hause mitgebrachtem Stein ihre Sorgen fallen. Viele von ihnen nutzen das Cruz de Ferro auch, um am Baumstamm des Kreuzes persönliche Dinge, Briefe oder gar Votivgaben anzubringen.

Mehr als 2.000 Kilometer habe ich meine zwei Steine hierhergetragen. Ich gehe langsam und bedächtig den Berg hinauf. Den ersten Stein lege ich an einer mir passenden Stelle ab. Mir gehen Ingrid und meine beiden Kinder Lena und Thomas durch den Kopf. Die wichtigsten Menschen in meinem Leben. Meine verstorbene Mutter, der ich diese Reise gewidmet habe. Andächtig findet auch der zweite Stein seinen Platz. Heinrich steht darauf. Ich habe es vor ein paar Wochen versprochen:

„Ich weiß nicht, ob es hilft. Aber wenn ich jetzt auf unsere Pilgerfahrt zum Grab des heiligen Jakobus nach Santiago de Compostela gehe, werde ich die Gedanken und den sehnlichen Wunsch an eine schnelle Genesung von deinen schweren Verletzungen mitnehmen", habe ich ihm kurz vor unserer Abreise geschrieben. Ich bete kurz um gute Besserung für ihn. Heinrich ist langjähriger politischer Begleiter von mir und hatte etwa drei Monate zuvor einen sehr schweren Verkehrsunfall.

*Bild 27: Freude und Gänsehaut auf dem Dach des Jakobsweges*

Nachdem ich noch einige wenige bewegende, von anderen hinterlassene Zeilen gelesen habe und gerade wieder an meinem Fahrrad stehe, kommt es zu einem emotionalen Ausbruch, den ich bislang so nicht kannte und den ich schon gar nicht beschreiben kann. Urplötzlich laufen mir die Tränen herunter. Eine ganze Weile. Ich lasse es mit mir geschehen. Es ist alles gut.

Bei einem Blick um mich herum merke ich, dass es den anderen gleich oder ähnlich geht. Woher kommt das? Als Kühle auch wieder an seinem Rad steht, fragt er mich: „Hast du das Buch von Hape Kerkeling schon gelesen?"

„Nein", antworte ich. „Ich habe mir das erst für die Zeit nach unserer Reise vorgenommen. Ich wollte unbeeinflusst unterwegs sein."

„Er hat – meine ich – sinngemäß geschrieben: Irgendwann fängt jeder an zu flennen. Der Weg hat einen irgendwann so weit. Man steht einfach da und heult. Was soll ich sagen! Er hat recht."

„Hätte ich das vorher gelesen, hätte ich bestimmt gedacht: ja, ja, soll wohl. Gefühlsduselige vielleicht. Damit hätte ich voll danebengelegen."

Bevor wir jetzt aber richtig zu frieren beginnen, fahren wir etwa drei Kilometer weiter zum Refugio de Tomas in Manjarin. Es ist leicht und es ist schnell zu erreichen. Jetzt stehen wir davor. Ortseingang. Gefühlt zwei Ruinen. Ortsausgang. In den Blick fällt ein Bretterverschlag, an dem unzählige Schilder mit Entfernungsangaben angebracht sind. Eine kleine Auswahl: Mexiko 9.636 Kilometer; Südpfalz 1.785 Kilometer; Pune India 7.842 Kilometer. An einem Fahnenmast weht die spanische Flagge. Auf einem an einen Holzpfahl genagelten Brett steht: Manjarin – Tomas. Tomas ist der Erbauer der in den Ruinen des Bergdorfes entstandenen, sehr bescheidenen Herberge. Nach der Tradition der Tempelritter gewährt er als Eremit den Pilgern seit 1993 an diesem kalten und unwirtlichen Ort Gastfreundschaft. Tomas ist ein schon älterer Mann, wahrscheinlich schon über 70, Hornbrille, Bart. Der „letzte Templer" finanziert seinen Lebensunterhalt aus Spenden für die Unterkunft und Verpflegung und dem Verkauf von Souvenirs. Ich lege mir ein blaues Pilgerarmband zu.

Die Menschen führen auf dem Camino zum Teil ein entbehrungsreiches Leben. Wenn du das in besonderer Weise erfahren willst, musst du hier wahrscheinlich übernachten. Es scheint etliche zu geben. Zigtausende sollen schon Tomas' Gäste gewesen sein. Wir begnügen uns mit einem Stempel von ihm. Auf dem steht: „Ein Licht auf dem Weg."

Licht bringen auch die lodernden Flammen des aufgestellten Ofens. Genussvoller ist die Wärme, die er abgibt. Plötzlich hören wir auf dem Vorplatz eine Stimme. Tomas hat sein weißes Gewand mit dem roten Templerkreuz angezogen und hält ein großes Schwert in seinen Händen. „Er spricht", so flüstert es uns jemand zu, „ein dreimal pro Tag praktiziertes Gebet. Es soll im ersten Teil die Templerbrüder ehren und um Inspiration für die Krieger des Lichts bitten. Zum Zweiten bittet er die Jungfrau und den Erzengel Gabriel darum, die Pilger zu beschützen."

Ich nehme den Wunsch gerne mit. Nach einem kurzen Ausrollen-Lassen müssen wir noch drei Kilometer wieder nach oben, dann ist der anstrengendste Teil für heute geschafft. Das Kreuz auf dem höchsten Punkt macht es sichtbar. Eine rasante Abfahrt wartet auf uns. Weil die Straßen feucht sind, nutzen wir die Geschwindigkeit nicht voll aus. Damit folgen wir auch dem Warnhinweis am Straßenrand. „Steile Hänge. Vorsichtig fahren." Nichtsdestotrotz spürst du auch bei 40 Kilometern pro Stunde den kalten Fahrtwind.

In El Acebo machen wir einen kurzen Stopp. Schon vor der Einfahrt glänzen die schwarzen Schieferdächer in der jetzt ab und zu zwischen den Wolken blitzenden Sonne. Im Gegensatz zu Manjarin sind die Häuser hier sehr gepflegt und mit Herzblut wieder hergestellt. Ein Schmankerl sind die charakteristischen, der Straße zugewandten Holzbalkone an den aus Granit dieser Region gebauten Anwesen. Viele dieser überdachten Vorbauten sind über Außentreppen, ebenfalls aus Holz, erreichbar. Man darf davon ausgehen, dass der neuerliche Pilgerstrom dem Ganzen wieder Leben eingehaucht hat. Die Siedlung könnte die Kulisse für einen Ort sein, der sich an einen 1.000 Meter hohen Berg klebt und die keltische Sagenlandschaft überblickt. Zitat Jupp: „Das hier könnte glatt die Mongolei sein." Zitat Ende.

Direkt am Ortsausgangsschild am Friedhof des Dorfes findet sich auf einer kleinen Grünfläche ein Denkmal, das nachdenklich macht. Auf einem Granitstein, steht ein Fahrrad aus Baustahl. Das Vorderrad ist angehoben, der Lenker lehnt an einer Stange, an der Pilgerhut, Kürbisflasche und Kreuz symbolhaft zu erkennen sind. Es ist die Erinnerung an den deutschen Pilger Heinrich Krause, der am 13. August 1987 hier in den Bergen zu Tode gekommen ist. Und es soll die Radfahrer vor der kurvenreichen und steilen Abfahrt nach Molinaseca warnen.

Und tatsächlich hat es diese Abfahrt in sich. Die Straße ist zwar asphaltiert, aber nicht besonders gut. Die Decke ist teilweise brüchig und der Seitenstreifen nicht befestigt. Deswegen gehen wir es mehr oder weniger leicht gebremst an. Dadurch zieht sich „das Feld" schnell auseinander. Vorneweg Jupp, dann Kühle, Felix, Josef, Hermann. Das Schlusslicht macht Locke. Es klart auf, sodass die Sicht auf die schöne Berglandschaft etwas besser ist. Nur kurz hebe ich zwischendurch den Blick. Zu sehr ist die Konzentration auf die Strecke notwendig.

*Bild 28: Schön, aber nicht un-gefährlich*

Riego de Ambras, der nächste Ort, liegt etwas unterhalb der Straße auf der linken Seite. Der Blick auf die Pfarrkirche Santa Maria Magdalena eröffnet sich nur kurz. Zu schnell sind wir unterwegs.

Bei dieser Strecke denke ich unvermittelt an die Abfahrt aus dem Tramontana-Gebirge auf Mallorca hinunter nach Sa Calobra. Warum eigentlich? Die Region ist eine ganz andere. Die Vegetation kann man auch nicht miteinander vergleichen. Schon gar nicht die Temperaturen im Mai. Ich habe noch in Erinnerung, dass das auf Mallorca etwa 800 Höhenmeter auf etwa zwölf Kilometern waren. In dem Punkt passt der Vergleich.

Vor Molinaseca wird das Tempo gedrosselt. Dafür ist auch die als Erstes sichtbare und unmittelbar am Weg liegende Ermita de Nuestra Senora de las Augustias verantwortlich. Das Gebäude stammt in seiner jetzigen Ansicht aus dem 17. Jahrhundert. Der sich am Straßenrand erhebende Glockenturm wurde erst 1931 errichtet, um den Druck des Berges gegen das Gebäude zu reduzieren und es vor Schäden zu schützen. Ich würde sagen: zwei Fliegen mit einer Klappe geschlagen.

Kurz vor der Überquerung des Rio Meriuelo über eine sehr sehenswerte Brücke halten wir an. Wieder sammeln.

„Das war schon eine wunderschöne Abfahrt. Schade, dass es so frisch ist", sagt der gerade angekommene Hermann. „Es ist schon etwas Herrliches. Von dem letzten Zacken auf meinem Navi bis hier herunter sind es doch tatsächlich auf einer Strecke von rund 14 Kilometern mehr als 900 Meter Höhenunterschied gewesen", ist Jupp begeistert.

„Stellt euch jetzt einmal diejenigen vor, die zu Fuß unterwegs sind", denke ich an die Menschen, die wir zwischendurch getroffen haben. „Für die ist der Weg, so steil bergab, echt beschwerlich. Und sie benötigen dafür sicher einen halben Tag."

Heute ist in dem schmucken Ort mit den vielen frisch renovierten Häusern nicht viel von den sonst zahlreichen Wochenendausflüglern zu sehen. Wen wundert es. Mit dickem Mantel und Handschuhen ist das wenig reizvoll. Sonst sicher. In jedem Fall haben die Touristen nicht viel gemein mit der überlebensgroßen steinernen Pilgerfigur, die einen Brunnen schmückt. Später, vor der nächsten leichten Anhebung vor der Urbanisation Patricia, eröffnet sich uns schon ein Blick auf Ponferrada, die letzte größere Stadt vor Santiago de Compostela.

Direkt am ersten Kreisverkehr ist der Gedanke, sich in einer Bar erst einmal aufzuwärmen. Da diese aber nur ein Zeltdach hat und von innen spärlich mit wenigen Strahlern beheizt ist, scheint sie uns wenig gemütlich zu sein. Wenige hundert Meter weiter werden wir im Café Rabel fündig. Das war knapp. Wir bekommen die letzten fünf noch freien Plätze und die nette Bedienung besorgt aus dem Lager noch einen zusätzlichen freien Stuhl. Wenn eng gemütlich ist, ist es hier richtig gemütlich. Die vielen einheimischen Gäste sorgten für einen jedoch ziemlich hohen Lärmpegel. Man versteht fast sein eigenes Wort nicht. Ich bin nichtsdestotrotz hoch zufrieden. Mit jetzt schon etwas wärmeren Gliedern stehe ich noch unter dem Eindruck der beeindruckenden Abfahrt durch Schluchten und Dörfer. Maria, wie die Bedienung von den Einheimischen genannt wird, hat uns eine superleckere Bocadillo mit Serrano-Schinken gemacht und der Cappuccino ist auch klasse.

Was wäre Ponferrada ohne seine Burg. Das Castillo de los Templarios macht die Bedeutung der Stadt aus. Im elften Jahrhundert wurde für die Pilger eine Brücke über den Fluss Sil gebaut. In der Folge ist darum eine Siedlung entstanden, die zunächst von den Templern beherrscht wurde. Der Orden „Arme Ritterschaft Christi und des salomonischen Tempels" wurde um 1120 herum gegründet, um insbesondere die Pilger auf den unsicheren Wegen nach Jerusalem und später auch nach Santiago vor Räubern und anderem Ungemach zu schützen. Der Orden hatte sein Quartier in der heutigen Al-Aqsa-Moschee auf dem Tempelberg in Jerusalem. Daher auch der Name. Im Jahr 1139 wurden die Mönchsritter, die nach strengen Regeln lebten, direkt dem Papst unterstellt. Damit waren sie von der Steuer befreit und konnten selbst Steuern erheben. Dadurch gewannen sie schnell an Einfluss. Durch großzügige Spenden von dankbaren Pilgern und Monarchen wurden sie zudem vermögend. Sie verliehen Geld gegen Zinsen, was nicht erlaubt war, aber toleriert wurde. Mit einem Kreditbrief, der in einer anderen Ritterfiliale wieder eingelöst werden konnte, erfanden sie den Vorläufer der heutigen Reiseschecks. So wuchsen die Tempelritter bis zum Ende des zwölften Jahrhunderts zu einer europäischen Finanzmacht.

In Ponferrada haben sie die ehemalige keltische Befesti-
gungsanlage mit königlicher Erlaubnis aus dem Jahr 1178
zu einer riesigen Ritterburg umgebaut. Sie beschützten von
hier aus die Pilger nach Santiago de Compostela, bauten
Kirchen und Hospize und unterstützten die Spanier beim
Kampf gegen die Mauren.

Die sehr sehenswerte Burganlage präsentiert sich so, wie
wir uns als Kinder eine Ritterburg vorgestellt haben. Riesige
Mauern mit vielen dicken, runden und eckigen Türmen,
Zinnen, Graben, Zugbrücke. Über dem imposanten Hauptportal wehende Standarten. Das ganze Programm.

Diese Anlage ist die einzige noch erhaltene Burg des alten
Templerordens in Europa. Alle anderen wurden zwischenzeitlich zerstört. Der Orden wurde nämlich im Rahmen des
Konzils 1311/1312 von Papst Clemens V. aufgelöst. Mit
steigendem Einfluss und Macht kamen auch die Gegner.
König Philip IV. „der Schöne" war beim Orden stark ver-
schuldet. Zudem soll sein Antrag auf Mitgliedschaft von den
Templern abgelehnt worden sein. Anscheinend Grund genug, den Orden der Ketzerei zu bezichtigen. Massenverhaf-
tungen und Beschlagnahme des Vermögens waren die
Folge. Bestehende Abhängigkeiten des Papstes führten
schließlich zur Auflösung. Nur Tomas, der selbsternannte
Templer, ist übriggeblieben.

Wir fahren einmal um die Burg herum, überqueren den
Rio Sil und radeln auf der Calle Camino de Santiago über
mehrere Kreisverkehre, dann auf der Avenida Galicia in
Richtung Stadtausfahrt. Passende Namen, wie ich finde.
Auf dem Jakobsweg in Richtung Galizien.

Praktisch in eins über geht der besiedelte Bereich der
Stadt mit der folgenden Ortschaft Camponaraya. Die Le-
713 ist nur mäßig befahren, sodass wir sicher unterwegs
sind. Nachdem wir die Autobahn unterquert haben, sind
wir wieder in der Natur, über Magaz de Abajo nach Cacabelos. Wir sind in der fruchtbaren Region EL Bierzo. Diese

liegt auf 500 Metern Höhe und ist umgeben von 2.000 Meter hohen Gebirgszügen. Von denen werden die kalten Winde abgehalten, sodass hier Obst, Gemüse und Wein exzellent wachsen können.

Dass wir Santiago schon näher sind, wird an Cacabelos deutlich. Das Dorf wurde nach einem Streit mit dem Bischof von Astorga im Jahr 1138 an das Bistum Santiago verschenkt. Bis 1890 war das weit und breit der einzige Ort, der zu einer entfernten Diözese gehörte. So nah ist es bis zum Ziel dann doch noch nicht.

Ab hier wird sichtbar, wodurch die Region besonders bekannt ist. Weinanbau auf den sanften Hügeln mit den galicischen Bergen vor uns. Hier wachsen insbesondere Rotweine. Die etwa 20 Kilometer seit der Mittagspause bis nach Villafranca del Bierzo sind etwas für die Augen. Augenblicke zum Festhalten.

Und auch dieser Ort hat etwas zu bieten. Nachdem die ersten Gebäude an uns vorbeiziehen, taucht auf der linken Seite das Schloss des Marquis von Villafranca aus dem 16. Jahrhundert auf. Das auf alten Mauern stehende quadratisch, praktisch gute Ensemble hat an allen Ecken mächtige runde Türme. Es ist auch heute noch im Privatbesitz und kann nur mit ausdrücklicher Genehmigung des Eigentümers besichtigt werden.

Villafranca del Bierzo war früher ein wichtiges Zwischenziel auf dem Jakobsweg – zwischen zwei hohen Bergketten. Wegen der vielen Kirchen und Pilgerherbergen nannte man es im Mittelalter das „kleine Santiago". Das wollen die Einwohner auch heute noch wissen. Der folgende Kreisverkehr wird in der Mitte von dem Symbol der gelben Jakobsmuschel auf blauem Untergrund geschmückt. Das Selbstbewusstsein ist auch durchaus berechtigt. Der Ort ist mit seinen kleinen Gassen sehr ansehnlich. An der Plaza Mayor laden zahlreiche kleine nette Bars, umgeben von schicken, meist pastellfarbenen Häusern, zum Verweilen ein. Die

Iglesia San Francisco hält von oberhalb des Platzes ein gütiges Auge auf das Geschehen.

Wer kann dieser Versuchung schon widerstehen? Zumal zwischenzeitlich die Sonne etwas in den Vordergrund getreten ist und man – wenn auch mit einer Jacke – sogar auf der Terrasse sitzen kann. Also herunter von den Fietsen und Platz genommen. „Cuatro Café con leche, por favor." Allein in dieser einen Bar laufen gleichzeitig drei Fernseher. Zwei drinnen und einer hängt an der Außenwand draußen. Ein Phänomen, das wir in den letzten Tagen immer wieder gesehen und erlebt haben und das uns ganz sicher bis zum Ziel begleiten wird. Die Bildschirme sind Marathonläufer, laufen und laufen, überall und 24 Stunden am Tag. Oft „muss" man sich Stierkämpfe in irgendwelchen Arenen antun. Heute am Sonntagnachmittag um 15.30 Uhr steht die Formel eins auf dem Programm. Das ist sicher auch nicht jedermanns Sache; etwas mehr als 20 Fahrer mit ihren Autos Runde um Runde im Kreis herumfahren zu sehen. Wohl aber die der um uns herumsitzenden Spanier. Gespannt auf die Glotze blickend, feuern sie ihren Landsmann Fernando Alonso an. Der zweimalige Formel-1-Weltmeister fährt in seiner letzten Saison 2018 jedoch nicht mehr in der ersten Reihe. Heute wird er beim Großen Preis von Spanien in Barcelona am Ende des Rennens als Achter ins Ziel kommen.

Ich genieße die Sonne, ertappe mich aber auch hin und wieder bei einem Blick auf den Fernseher. So wie es aussieht, wird aber auch Sebastian Vettel heute nicht ganz oben auf dem Treppchen stehen. Ich überlege noch kurz, ob ich nicht die bekannte Iglesia Santiago Apostol besuchen soll. Sie ist heute wie früher die erste Kirche, die die ankommenden Pilger aufsuchen. Das Nordportal trägt den Namen Gnadenpforte (Puerta del pardon). Wer seit dem 16. Jahrhundert in den Heiligen Jahren, das ist immer dann, wenn der Namenstag des heiligen Jakobus auf einen Sonntag fällt, dieses Tor durchschritt, bekam denselben Ablass wie am Grab des heiligen Jakobus. Der Grund waren die weiteren anstrengenden Anstiege auf die galicischen Pässe O Cebreiro, Alto San Roque und dem Alto do Polo.

Felix Büter! So leicht kommst du mir nicht davon. Erstens gilt dieses Sonderrecht nur für Schwache und Kranke. Zweitens sind wir 2018 nicht in einem Heiligen Jahr. Und drittens ist dein Weg hier noch nicht zu Ende. Oder willst du schlapp machen? Nein, das will ich nicht. Ich werde dabeibleiben, bis zum Schluss.

Wir versuchen stattdessen unser Glück an der Iglesia de San Nicolas. Der Kirche war früher einem im 17. Jahrhundert gegründetes Jesuitenkloster angegliedert. Die prächtige Fassade ist wohl der Gesu-Fassade in Rom nachempfunden. Das ehemalige Kloster ist jetzt ein Museum und eine Herberge. Das Versuchen des Glücks war glücklos. Die Kirche ist geschlossen.

Also weiter. Westwärts. Kurz vor dem „Viaducto fuente quintano" müssen wir an einer roten Ampel anhalten. Diese herrliche mittelalterliche Brücke ist so schmal, dass sie jeweils nur von einer Seite überfahren werden kann. Manche Bilder bleiben lange, wenn nicht ein Leben lang in Erinnerung. Dieses einmalige Bild von der Brücke, der fruchtbaren Landschaft, den Bergen und dem kleinen glasklaren blauen Fluss Burbia gehört dazu.

Weg von diesem schönen Fleckchen Erde, wird ab jetzt der Rio Valcarde eine ganze Zeit lang unser Begleiter sein. Von der Le-731 wechseln wir jetzt auf die Nationalstraße N-VI. In früheren Berichten war zu lesen, dass diese Straße sehr gefährlich sein sollte. Das kann ich nicht bestätigen. Offensichtlich nimmt die fast parallel verlaufende Autobahn jetzt fast den ganzen Verkehr auf. Ob das an Wochentagen ebenso ist, weiß ich nicht. Die Straße geht stetig leicht bergauf. Leider zieht sich der Himmel wieder zu. Die Autobahn, die wir an mehreren Stellen unterqueren, zerstört das Bild, das einem den Blick auf die Bergwälder und ab und auf den Fluss darbieten würde, ebenso, wie das Brummen der darauf fahrenden Autos die Stille und das Rauschen des Wassers zerreißt.

Kurz vor Trabadelo müssen wir an einer erneuten Unterquerung anhalten, um unsere Regenklamotten anzuziehen. Es hat angefangen zu regnen. Schade. Man muss das Wetter eben nehmen, wie es kommt. Wir verlassen die Bundesstraße und radeln so zügig wie möglich unserem Tagesziel entgegen. Ankommen ist die Devise. Der Wald nimmt nicht sehr viel vom Regen weg. Wir sind schon klatschnass. Für den Ort haben wir auch keinen Blick. Nach etwas mehr als einer halben Stunde sind wir nach heute 77 Kilometern und 1.060 Höhenmetern in unserem schmucken Hotel in Ambasmestas.

Auch wenn wir pitschnass sind und uns das Wasser mehr oder weniger aus den Schuhen läuft, lassen wir auch heute unser Anlegerbier nicht ausfallen. Zumal zwei sehr nette und nebenbei auch noch richtig gutaussehende Damen für unser leibliches Wohl sorgen. Als ich auf unserem Zimmer bin, habe ich das Reich für mich alleine. Kühle kommt und kommt nicht. Frisch geduscht und die Klamotten gewaschen, komme ich zum Essen die Treppe herunter. Da sitzen Locke, Josef und Kühle immer noch am Tresen vor einem Cerveza.

„Jungs, was ist mit euch? Keinen Hunger heute?" „Manchmal ist das mit dem Anlegerbier so eine Sache. Hat man erst einmal angelegt, werden aus einem schnell zwei, aus zwei dann drei, und aus drei können manchmal auch vier werden", ist Locke schon leicht selig.

„Frisch gestylt wie ihr sind wir nicht, aber sooo lustig", säuselt Josef mit Blick auf Jupp, Hermann und mich.

Kühle: „Und Hunger haben wir auch. Also gehen wir so, wie wir sind. Wofür ein paar Bierchen nicht alles gut sind; unsere Klamotten sind wieder trocken. Sehr schön".

Ein anstrengender, der bislang kälteste, ergreifendste und emotionalste Tag ist zu Ende. Nicht ganz. Erst wird das noch kräftig gefeiert. Wir haben schließlich gegenüber den anderen dreien noch etwas nachzuholen.

Fazit des Tages:

Starke Männer heulen nicht – von wegen!!!!!!!!!

Kühle wacht heute Morgen mit einem leicht schlechten Gewissen auf.

„Gestern bin ich ungeduscht und ungewaschen ins Bett. Aber gut geschlafen habe ich; vielleicht gerade deshalb."

„Du solltest dich was schämen. Du Schmutzfink", lege ich den Finger in die Wunde. „Ich weiß nicht, ob ich das noch einmal durchgehen lassen kann."

„Okay, du hast einen gut bei mir. Solltest du einmal in der Situation sein, drücke ich auch ein Auge zu."

„Sehr generös. Übrigens, die Regenkleidung brauchen wir nicht einzupacken. Es regnet schon."

Seit gestern Nachmittag sind wir unterhalb der 200-Kilometer-Grenze. Von jetzt an bleiben noch rund 180 Kilometer bis zum Ziel. Das sind die entscheidenden für den Erhalt der Pilgerurkunde. Sie wird an alle Pilger vergeben, die die letzten 100 Kilometer entweder zu Fuß oder zu Pferd oder die letzten 200 mit dem Fahrrad zurückgelegt haben.

Gut gefrühstückt, haben wir heute wieder eine schwierige Etappe vor uns, unter schwierigen Bedingungen. „Der heilige Weg war mit Absicht so angelegt", habe ich gelesen, „dass er voller seelenreicher Schmerzen und Mühen war." Gewisse Abschnitte des Camino stellten eine wahre Herausforderung dar. Der heutige dürfte dazu gehören.

Zunächst geht es mäßig hoch. Wir passieren Vega de Valcare. Eigentlich ein schöner Ort. Aber bei Dauerregen ist alles grau. Bis kurz vor Ruitelan bleiben wir auf einer Nebenstraße, wechseln dann wieder für einige Kilometer auf die N-VI und stehen kurz vor Las Herrerias am Scheideweg. Entweder fahren wir die Berge der Sierra de Ancares bis zur ersten Passhöhe auf der Hauptstraße hoch. Oder wir nehmen den „harten Weg" des Camino auf Nebenstraßen.

Letzterer ist mit einer Strecke von knapp neun Kilometern 4,5 Kilometer kürzer, aber deutlich steiler.

Den Weg bestimmst du selbst. Du hast immer eine Entscheidung, wo du abbiegst. Du kannst Umwege machen oder den direkten Weg nehmen; jeden Tag beginnt das Abenteuer neu, auf eine immer andere Weise; das Finden nach sich selbst und dem Tagesziel. Die meisten Pilger verinnerlichen das. Manche nehmen es wörtlich, wenn sie zu zweit starten, später aber allein den Weg bestimmen. Und wir?

Jupp hat in dieser Situation wieder einen seiner passenden Sprüche parat: „Das Licht kann nicht ohne Dunkelheit sein. Wenn es stimmt, dass das Empfinden von Glück auch etwas mit Leiden zu tun hat, dann werden wir heute Abend erheblich glücklicher sein, wenn wir den steileren Weg nehmen." Trotz einiger ungläubiger Blicke ist die Entscheidung gefallen.

Über eine kleine römische Brücke fahren wir auf einer schmalen Straße durch den Ort. Und dann beginnt das „Glück". Es wird richtig steil. Jetzt muss jeder wieder für sich den Rhythmus, mit dem er mit muss, finden. Nach den ersten knapp 100 Höhenmetern wird eine kurze Pause eingelegt, um wieder zusammenzukommen. Es ist auch heute wieder kalt. Die sechs Grad fühlen sich wegen des Regens kälter an. Das heißt, längeres Stehen ist echt ungesund. Also sprechen wir uns ab, dass jeder für sich den Berg erklimmt und wir uns in La Laguna vor der Passhöhe an einer Bar wiedertreffen.

Jetzt bin ich allein unterwegs. Die Abstände untereinander werden nach einigen hundert Metern größer. Josef, wer sonst, fährt vorne weg, dann Kühle, dann ich. Die anderen folgen. Stetig und gleichmäßig mit fünf bis sieben Kilometern pro Stunde gewinne ich Meter für Meter an Höhe. Nach weiteren 150 davon halte ich wieder an. Ich muss unbedingt darauf achten, genug zu trinken. Gerade weil das Durstgefühl bei diesem Wetter nicht so stark ist.

An dieser Stelle muss ich aufpassen. Nicht nach La Faba, sondern um fast 180 Grad nach rechts hoch. Für einen Moment überlege ich, ob ich noch warten soll, damit Hermann, Jupp und Locke den „richtigen" Weg nehmen. Da aber auf die Fahrbahn ein gelbes Fahrrad mit einem entsprechenden Wegweiser gemalt wurde, dürften sie die Richtung nicht verfehlen.

„Dieser Weg wird kein leichter sein, dieser Weg wird steinig und schwer." Mit den Zeilen eines früheren Songs des Sängers Xavier Naidoo nehme ich die zweite Hälfte bis zum Zwischenziel in Angriff. Wie recht der Xavier damals (noch) hatte, stelle ich zwei-, dreimal zwischendurch fest. Es holt mich vom Rad. Schieben, weil es zum Fahren zu steil ist. Einmal auch, weil wieder einmal ein Taxi, diesmal viel zu dicht, an mir vorbeifährt und mich zum Absteigen zwingt. Taxi hier? Es sind die modernen falschen Pilger, die sich einen Teil des Weges sparen wollen und sich samt Gepäck fahren lassen. Der Jakobsweg macht mich demütig. „Kein Grund, sich aufzuregen."

Nach einer halben Stunde sehe ich trotz schlechter Sicht den vereinbarten kleinen Ort auf der anderen Seite des Tales schon. Ich muss „nur" noch um den Berg herum. Das geht schneller, als ich befürchtet habe. Nach weiteren zehn Minuten fahre ich an einem Hof vorbei, der nicht besonders einladend aussieht. Alles ist nass. Der Bauer sinkt mit seinen Stiefeln tief im Schlamm ein. Es erinnert mich an einen Hof in unserem Dorf Wessum, der mitten im Ort liegend ein ähnlich armseliges Bild abgibt. Sehr zum Leidwesen der Nachbarn in ihren schicken Einfamilienhäusern. Das Problem dürfte der Bauer bei den fünf Häusern hier nicht haben. Ich bin da. Ich sehe schon an der Hauswand des nächsten Hauses das Schild: Albergue La Escuela.

Josef und Kühle erwarten mich schon. Es folgen im Abstand einiger Minuten Hermann und Jupp. Hier drinnen ist es ziemlich voll. Weil allen Pilgern das Wasser nur so herunterläuft, ist hier eine Luftfeuchtigkeit, die nahe an 100 Prozent geht. An das Trocknen der Klamotten ist nicht zu denken. Während wir auf Locke warten, bestellen wir schon einmal Getränke.

„Ihr müsst aus unserer Ecke kommen", ruft uns eine Frau mittleren Alters vom Nachbartisch zu. „Eure Art zu sprechen klingt ziemlich münsterländisch."

„Stimmt", antworte ich. „Wir kommen aus Ahaus. Wo seid Ihr zu Hause?"

„Ich komme aus Rhede und meine Freundin aus Bocholt", stellt sich Klaudia vor.

„Wie klein doch die Welt ist. Meine Frau Ingrid wohnt zwar seit fast 40 Jahren nicht mehr in Rhede, ist aber dort geboren und aufgewachsen."

Wir unterhalten uns eine ganze Zeit. Dabei stellt sich heraus, dass Klaudia meine Schwiegereltern ganz gut kennt und wir uns unbekannterweise schon einmal begegnet sind. In dem Moment kommt Locke zur Tür herein. Triefend nass und ziemlich erschöpft aussehend. Ich vermute, dass er den größten Teil des Berges sein Fahrrad geschoben hat. Seit meiner Ankunft ist mehr als eine halbe Stunde vergangen.

„Es war nett, mit dir zu plaudern, Klaudia. Herzliche Grüße nach Rhede, wenn ihr hoffentlich wohlbehalten wieder zu Hause seid. Und bis dahin Buen Camino."

„Für euch auch ein gutes Weiterkommen und liebe Grüße an deine Schwiegereltern."

In der Tat ist Locke ziemlich ausgelaugt.

„Das Wetter, vor allem die nasse Kälte, macht mich fertig. Ich glaube nicht, dass ich den Tag auf dem Rad zu Ende schaffen werde."

Es wundert mich nicht, dass Locke richtig zu kämpfen hatte. Ein großes Stück schieben bei seinen kaputten Hüften heißt leiden. Wir reden schließlich nicht von einer leichten Fitnessübung. Der Weg über den Cebreiropass dürfte, so war im Vorfeld zu lesen, die Pilger sogar mehr anstrengen als die Pyrenäenüberquerung. Es ist angeblich der steilste Anstieg auf einer Länge von elf Kilometern. Ob das stimmt, weiß ich nicht. Gefühlt ist das auf jeden Fall so, mindestens für Locke.

Als die Tochter des Besitzers nach seinem Getränkewunsch fragt, macht Locke schon einen Vorstoß. „Könnte ich für mich und mein Fahrrad einen Transfer bis nach Puertomarin bekommen?" Es dauert etwas, bis sie versteht, was er will. Schließlich zeigt sie an, dass er mit zur Theke kommen soll. Einige Minuten später kann man das Ergebnis schon an Lockes freudestrahlendem Gesicht sehen.

„Es hat geklappt. Der Vater der jungen Dame muss ohnehin mit seinem Lieferwagen in die Richtung und will mich mitnehmen. Ich muss nur eine Stunde warten."

Wenn das Empfinden von Glück etwas mit Leiden zu tun hat...

Nach insgesamt einer Stunde geht es für uns fünf weiter. Zunächst bleiben wir auch zusammen. Es regnet immer noch. Hütten liegen meistens oben auf dem Berg? Denkste. Wir sind noch nicht oben. Noch eine Kuppe, noch eine und noch eine...Dazwischen überqueren wir die Grenze von Kastilien-Leon nach Galicien. Wir haben die letzte, die westlichste Region erreicht. Durch diese Bergkette wird sie von den östlichen Nachbarn abgeschnitten. Im Westen laufen die zerklüfteten Klippen in den Ozean. Im Süden ist die Grenze zu Portugal. Insofern scheinen wir in eine geografisch isolierte Region zu kommen. Mal sehen, was sie uns bringt.

Schließlich fahren wir auf den mystischen Ort O Cebreiro und ein großes Steinkreuz zu. Dahinter befindet sich Santa

Maria la Real, die älteste Pilgerkirche am Camino de Santiago. Alfons II. der Keusche soll bereits 836 sowohl Kirche als auch Kloster und Pilgerhospital gestiftet haben.

In dieser Kirche hat sich im 13. Jahrhundert das durch Papst Innozenz VIII. von der katholischen Kirche offiziell anerkannte „Hostienwunder" zugetragen. Ein frommer Bauer nahm wie jeden Tag den harten Weg auf die Passhöhe des Cebreiro auf sich. Weder Wind und Wetter noch Schnee konnten ihn abhalten. Als der Mönch schon die Wandlungsworte sprach, betrat der Bauer die Kirche. Anstatt sich über seinen einzigen Gottesdienstbesucher zu freuen, sprach er spöttisch zu sich: „Wahrlich ein Narr, wer bei solchem Unwetter daherkommt, nur um ein wenig Brot und Wein zu sehen!" Kaum hatte er die Worte ausgesprochen, verwandelte sich vor seinen erschrockenen Augen die Hostie in Fleisch, der Wein in Blut. Der Mönch war von seinem Unglauben geheilt. Kelch und Hostienteller werden seitdem als Reliquien verehrt und sind in der Kirche untergebracht.

Achtung, Rechtskurve. Nicht zu fassen. Vor uns überquert ein Mann, vermutlich Engländer, die Straße. Trotz des lausigen Wetters trägt er am Oberkörper nur ein dünnes ärmelloses „Muskelshirt". Hrrr. Nur um seine voll tätowierten muskulösen Oberarme zu zeigen?

Auf dem rauen Felsplateau lassen wir auf der LU-633 das für seine „Pallozas" bekannte Dorf links liegen. Eine dieser runden oder elliptischen Steinhütten mit den spitz zulaufenden Strohdächern nehmen wir nur umrisshaft wahr. Fenster und Türen haben die vorrömischen, vermutlich keltischen Gebäude nicht. Wer Asterix und Obelix kennt, kann sich ein Bild davon machen. Es ist fast nicht vorstellbar, dass auf zehn bis 20 Metern Durchmesser vor dreitausend Jahren Mensch und Tier darin unter einem Dach gelebt haben. Früher konnten darin auch Pilger übernachten.

Noch zwei kleine Pässe liegen vor uns. Zunächst der Alto San Roque (1270 m) hinter dem Ort Linares. Hier steht die

Pilgerstatue, die bei keiner Äußerung im Zusammenhang mit dem Jakobsweg fehlen darf. Der etwa sechs Meter hohe Pilger stemmt sich, aufgrund der tiefhängenden Wolken für uns nur sehr schemenhaft, gegen Wind und Wetter. Gen Santiago gerichtet. „Herzlich willkommen im Club."

Ein zweites Mal kurz hinunter und dann ab Hospital den dritten Pass für heute angehen. Den Alto de Poio (1.335 Meter). Dass Galicien die regenreichste Region Spaniens ist, kann ich voll und ganz unterschreiben. Bevor ich mich zwischen zwei Windungen frage, was ich hier eigentlich mache, wird mir bewusst: Wenn du diesen Gipfel geschafft hast, kann dich auf dieser Tour nichts mehr erschüttern. Das Härteste liegt dann hinter dir. Und zwar genau jetzt und genau hier. Gipfelkreuz? Nicht gesehen.

„Männer, wir müssen irgendwo einkehren, mir ist rattenkalt", höre ich Jupp durch den Nebel rufen. Als es auch schon hinuntergeht. Trotz gut asphaltierter Straße eine Höllenpiste. Keine Sicht, nasse Fahrbahn, klamme Finger, die ich zum Bremsen brauche. „Und ich düse, düse, düse, düse im Sauseschritt und bring die Liebe mit von meinem Himmelsritt."

Eine halbe Stunde dauert der. Zwischendurch kommen wir aus den Wolken heraus. Die Straße ist nicht mehr so nass, weil es weniger regnet. Und weil es inzwischen auch heller geworden ist, bekomme ich von dem vielfach beschriebenen fantastischen Blick auf die galicische Bergwelt jetzt so eine kleine Vorahnung. Alles andere wird mir mit großer Wahrscheinlichkeit immer verborgen bleiben. 14 Kilometer weiter und 700 Meter tiefer steuern wir in Triacastela das erste Café an.

Wir befinden uns anscheinend in der einzigen geöffneten, etwas ungemütlichen und spärlich möblierten Bar des Ortes. Aber ich will weiß Gott nicht meckern. Es ist warm und man hat Platz für uns. Nur wenige Männer des Dorfes sitzen an der kleinen Theke und unterhalten sich lautstark mit dem Wirt, einem jungen Spanier. Nur kurz werfen sie uns einen ungläubigen Blick zu. Der junge Mann ist etwas verdattert, sagt aber nichts, als wir unsere nassen Sachen auf die noch freien zehn Stühle verteilen und uns unser letztes noch trockenes Kleidungsstück überziehen. Spätestens jetzt hat die Bar nichts Gemütliches mehr, gleicht mehr einer Waschküche.

Wir bestellen einen Café con leche und fragen nach einem Bocadillo mit Serrano-Schinken. Ich habe schon einen richtigen Heißhunger darauf. Verursacht durch einen schönen großen Schinken, eingespannt in einem Holzgestell auf der Theke. Wir bekommen das Gewünschte. Für jeden zwei Baguettescheiben – gut belegt.

„Bringen Sie uns gleich noch einmal das Gleiche", bestellt Kühle schon Nachschub, als der Teller noch nicht einmal auf dem Tisch steht. Kopfschüttelnd trottet der junge Mann zurück und macht sich erneut mit einem großen Messer an dem Schinken zu schaffen.

„Gerne hätten wir noch eine Portion." Das Prozedere wiederholt sich so oft, bis jeder von uns einmal bestellt hat. Es schmeckt sooo lecker. Der Mann muss denken, dass wir in den vergangenen drei Tagen unter Nahrungsentzug gelitten haben.

Mit Hilfe eines weiteren Café con leche und dem trockenen Shirt wird uns langsam wärmer. Auch die Klamotten haben schon etwas angetrocknet. Als ich gerade daran denke, dass ich an zwei Tagen hintereinander selten so gefroren habe und vor einer knappen Stunde noch völlig durchnässt war, kommt ein Spanier mittleren Alters herein. Auch ihm läuft das Wasser aus den Schuhen. „Buenos Dias", begrüßen wir ihn und bekommen es auch von ihm zurück. Es läuft mir eiskalt den Rücken herunter. Denn der Mann ist in kurzen Hosen und nur einer leichten Jacke unterwegs. Der muss verdammt durchgehärtet sein.

Nachdem wir uns für die Gastfreundschaft bedankt haben, nehmen wir Abschied von Triacastela, den „drei Burgen", von denen nichts mehr zu sehen ist. Ebenso wenig wie von einem ehemaligen Kalksteinbruch. Von dort nahmen Pilger früher Steine mit, schleppten sie nach Castañeda, um sie dort brennen zu lassen. Sie wurden dann für den Bau der Kathedrale von Santiago de Compostela verwendet.

Weil wir um 13.45 Uhr zwar schon 1.000 Höhenmeter, aber weniger als die Hälfte der Tageskilometer geschafft haben, wird es wohl spät werden. Gott sei Dank hat es sich, als wir nach der Pause aus dem Café kommen, weiter aufgehellt. Sogar die Sonne kommt durch. Zunächst nur zaghaft, später etwas mehr. Nach und nach können wir unsere wärmenden Sachen ausziehen, bis wir irgendwann nur noch in Trikot und kurzer Hose fahren. Welch ein angenehmes Gefühl, die wärmende Sonne auf dem Rücken zu spüren. Das sind die Momente, in denen das Radfahren nicht nur Plackerei und harte Arbeit ist, sondern man es einfach genießen kann.

Mit leichtem Auf und Ab radeln wir an einigen Ortseingangs- und ausgangsschildern vorbei, ohne dass wir die wenigen Häuser als echte Ortschaften wahrnehmen. Das ist erstmalig in Samos anders. Direkt am Ufer des Rio Sarria liegt das San Julian de Samos. Im sechsten Jahrhundert war es eines der ersten Klöster in der westlichen Welt und entstand, weit bevor das Grab des heiligen Jakobus wiederentdeckt wurde. Und dennoch ist es eng mit dem Jakobsweg verbunden. Nicht nur deshalb, weil der schon genannte Stifter der Kirche in O Cebreiro nach der Ermordung seines Vaters hier aufgewachsen ist. Die Abtei wird bis heute von Benediktinern geführt und hatte immer ein Gästehaus, ein Refugio. Über die Jahrhunderte wurde das Kloster durch Brände und Plünderungen mehrfach zerstört und jedes Mal wieder aufgebaut. Zuletzt ist 1951 ein großer Teil abgebrannt, weil beim Schnapsbrennen ein Tank voller Alkohol

Feuer gefangen hatte. Finger weg also vom Alkohol! Ob dann aber eine Tankstelle vor der Haustür eine gute Idee ist?

*Bild 29: Die Ruhe vor dem Ansturm*

Da das Refugio offen ist, schauen wir es uns an. In dem sauberen, aber engen, gewölbten Raum befinden sich etwa 40 Schlafplätze in Doppelstockbetten. Noch ist niemand hier. Es lässt sich leicht vorstellen, wie es abends und nachts, voll belegt, sein kann. Viele Menschen auf engem Raum, besonders im Sommer der Geruch von Schweiß und stickige Luft. Bescheidene hygienische Verhältnisse bei wenigen sanitären Anlagen, nur eine behelfsmäßige Möglichkeit, die Wäsche zu waschen. Für jemanden wie mich, der es gewohnt ist, bei offenem Fenster zu schlafen, keine Möglichkeit des Lüftens. Die Gefahr von Lagerkoller und Fußpilz. Von einer Unterstellmöglichkeit fürs Fahrrad ganz zu schweigen. Das Schwierigste dürfte aber wohl die fehlende

Nachtruhe sein bei einem ständig vorhandenen Geräusch-
pegel, vielfachem Schnarchen und sehr verschiedenen Zu-
Bett-geh- und Aufsteh-Zeiten.

Warum nutzen dennoch so viele Pilger diese Übernach-
tungsmöglichkeit? Muss man sich noch zusätzlich kas-
teien? Reicht die körperliche Anstrengung nicht aus? Ich
denke, dass es sich früher mangels anderer Möglichkeiten
so ergeben hat. Heute gehört es dazu, weil es günstig ist
und man so dazu gehört. Nirgendwo sonst dürfte die Umgebung von vielen lieben Menschen, die auf dem gemeinsamen Weg sind, so intensiv erlebt werden. Schon aus diesem
Grund hätte ich die Erfahrung gerne gemacht. Es hat sich
– wie schon beschrieben – nicht ergeben.

Leider ist der „Herbergsvater" nicht da, sodass wir uns
nach einem kurzen Ketteölen auf den weiteren Weg nach
Sarria machen. Was es doch für einen Unterschied macht,
wenn man sich zwar immer noch anstrengen muss, das
aber bei angenehmem Wetter tun kann. Nichtsdestotrotz
sind die Beine mittlerweile alles andere als der reine Jung-
brunnen.

Sarria ist mit seinen rund 12.500 Einwohnern eines der
größeren Pilgerstädtchen auf dem Camino Francés, weil es
die letzte verkehrsgünstig gut gelegene Stadt vor der 100-
Kilometer-Grenze (Mindestlaufstrecke für Fußpilger, um die
Compostela zu erlangen) ist. Auf mich übt sie keinen besonderen Reiz aus. Ich habe das Gefühl, durch Häuser-
schluchten zu fahren. Überall findet man Kneipen, Herbergen, Souvenirshops, und es wimmelt nur so von
„Neupilgern". Auch Andreas, der mit mir in der Kranken-
hausstiftung zusammenarbeitet, ist mit seiner Tochter hier
gestartet. Wir kaufen Kuchen ein, um wegen des inzwischen
sehr schönen Wetters später noch eine Tasse Kaffee zu kochen.

Ab Sarria schlägt das ländliche grüne Herz Galiciens. Ei-
chenwälder, kleine Wäldchen und Wiesen wechseln sich ab.

Die Höhen bleiben uns treu. Kraxeln ist angesagt. Jetzt sind wieder 200 und später noch einmal 100 Meter zu überwinden. Kühle ist ungewöhnlich ruhig.

„Ist alles okay?"

„Mir geht es nicht so gut. Ich bin richtiggehend platt."

„Einen Hungerast?"

„Ich hoffe nicht. Sonst geht hier gleich gar nichts mehr."

„Lass uns schauen, dass wir irgendwo anhalten, wo wir zusätzlich zu dem Kuchen noch für Kohlenhydrate sorgen können."

Wenig später sehen wir am Ortsrand von Paradelis auf der rechten Seite eine Tankstelle, an der wir uns mit Kola und Eiscreme eindecken. In der gegenüberliegenden Bushaltestelle machen wir unsere wohlverdiente und für Kühle bitternötige Pause. Ab jetzt gibt es nur noch einen kleinen Buckel und die Abfahrt nach Portomarin. Trotz der schon etwas fortgeschrittenen Zeit lassen wir es in aller Ruhe angehen.

Der spätere Ausblick ist grandios und die Abfahrt durch die romantische idyllische Hügellandschaft einmalig. Zwischendurch eröffnet sich ein paar Mal der Blick auf den tiefer gelegenen Stausee und die darüber führende Brücke. Sehr schön.

Dann kommen wir an den nicht besonders breiten, aber sehr langen See heran. Durch den 40 Kilometer entfernten Bau der Staumauer entstand 1956 der Belesarsee. Der aufgestaute Fluss Minor überflutete den am Ufer gelegenen mittelalterlichen Pilgerdurchgangsort, der laut Pilgerführer Liber Sancti Jacobi seinerzeit „Pons Minea" (Mino-Brücke) hieß. Bei ganz niedrigem Wasserstand taucht der Ort im wahrsten Sinne des Wortes wieder auf.

Ständig und gut zu sehen ist das märchenhaft wirkende „neue" Portomarin auf dem gegenüber liegendem Hügel, mit dem passenden Namen Monte do Christo. Nach dem Überqueren der „neuen Brücke" sehen wir über den

Kreisverkehr gespannt den sogenannten Christinabogen. Dieser mittelalterliche Brückenbogen und unter anderem die romanische Kirche San Nicolas wurden Stein für Stein komplett abgetragen und hier am neuen Standort wieder aufgebaut. Wahnsinn, oder?

Der Platz rund um die auffällige Wehrkirche aus dem zwölften Jahrhundert ist wunderschön, und wir haben inzwischen eine angenehme Abendwärme. Das genießen wir mit den immer mehr gewordenen Pilgern, unter anderem eine Schulklasse, die sich auf den Stufen der Kirche niedergelassen hat. Locke wartet schon auf uns. Er hat einen Platz freigehalten. Ansonsten ist jede Sitzgelegenheit besetzt. Das frische Anlegerbier bringt die müden Krieger schnell wieder auf die Beine. Gestern hatten wir den emotionalsten Tag, heute den anstrengendsten. Die Königsetappe mit fast 1.600 Höhenmetern.

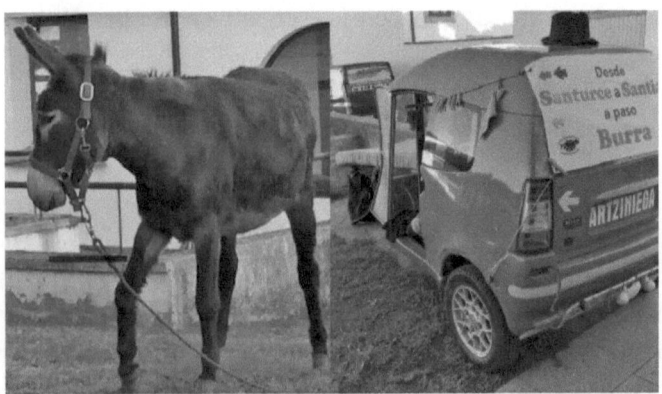

*Bild 30: Frei übersetzt: Von Santurce (bei Bilbao) nach Santiago im Eselstempo*

Auf dem Weg zu unserer Unterkunft treffen wir einen ganz speziellen Pilger. Er hat einen alten Kleinwagen, vermutlich VW-Polo, knallrot, in der Mitte durchgeschnitten. Das offene Vordere wurde mit durchsichtigen Planen, versehen mit einer Reißverschlusstür, wieder dichtgemacht.

Vorne sorgt eine angebaute Gabel dafür, dass dieses Kleinstwohnmobil gezogen werden kann.

Auf der Wiese ist ein Esel angebunden, der offensichtlich als Lasttier und Zugmaschine fungiert. Wie kommt so jemand an die Pilgerurkunde? Er reitet nicht. Er fährt kein Rad. Er bewältigt den Pilgerweg nicht zu Fuß. Ich denke, er wird eine Melodie darauf finden.

Geduscht, gewaschen, das Pilgermenü mit Rotwein genossen, um 22.30 Uhr müde in die Heia. Das war der 14. Mai 2018. Übrigens: Ohne Nachtruhe bin ich auf unserer Pilgerreise keine Nacht gewesen. Weder Kühle noch Josef hatten das Bedürfnis, durch nächtliche Geräusche auf sich aufmerksam zu machen. Keine Gaumenschnarcher, keine Nasenschnarcher, keine Zungenschnarcher. Die vorher eingekauften Ohrenstöpsel werden wahrscheinlich originalverpackt wieder mit nach Hause zurückkommen. Darüber bin ich sehr froh. Dass es leider auch anders kommen kann, habe ich bei einem Skiurlaub vor einigen Jahren erlebt. Mit zwei Kegelbrüdern das Zimmer teilend, habe ich die ganze Nacht kein Auge zugetan. Beide Kumpels haben in der Art und Weise, vor allem aber in der Lautstärke versucht, sich gegenseitig zu übertreffen. Hätte ich das Fenster weit aufgesperrt, hätte ich vermutlich sogar noch das Echo gehört.

Fazit des Tages:

Leid- und freudvoll an unwirtliche und versunkene Orte; weniger und mehr geht nicht.

# Dienstag, 15.05.2018 – Puertomarin(E) - O Pedrouzo(E)

Es sind noch 96 Kilometer bis Santiago. Da die ganz dicken Berge hinter uns liegen, wäre das an einem Tag zu schaffen. Wir haben uns gestern Abend bewusst anders entschieden. Unser Rückflug ist erst am Samstag. Die Reservetage haben wir nicht in Anspruch nehmen müssen. Wir werden deshalb etwa 20 Kilometer vor dem Ziel übernachten. So können wir morgen die Tour d`honneurs – die Ehrenrunde – nach Santiago machen. Und wir haben die Gelegenheit, vorher am Flughafen die Mitnahme unserer Fahrräder zu klären. Die konnten wir im Vorfeld leider nicht direkt mitbuchen.

Wir haben die Zeit, heute Morgen in aller Ruhe zu frühstücken. Dementsprechend starten wir später um 8.45 Uhr. Aus der Retortenstadt heraus, sind wir wieder auf der bekannten LU-633. Die letzten beiden Tage waren bestens dazu geeignet, das Bergefahren zu üben. Und das setzt sich jetzt fort. Schon auf den ersten 13 Kilometern steigen wir von 400 Metern auf 700 Meter.

Es bleibt waldreich. Das kleine Galicien besitzt übrigens fast ein Drittel aller spanischen Wälder. Das Klima ist hier ausgesprochen mild und es fällt genug Regen. Bis zu 150 Tage im Jahr. Einen davon haben wir gestern erlebt. Heute sehen wir einen der anderen mehr als 200 Tage. Es ist sonnig. Das feuchte Klima und häufiger Nebel verhindern die vielen Waldbrände nicht. Die regenreichste Region Spaniens ist gleichzeitig auch die am meisten von Waldbränden betroffene.

Ich habe den Geruch noch heute in der Nase. Im Jahr 2006 waren wir in der Region in Cambados, etwas südlicher an der Atlantikküste, bei einem früheren Gastwirt in Ahaus zu Besuch. Er war nach etlichen Jahren in seine Heimat zurückgekehrt. In dem Jahr hatte zwei Wochen vorher, Anfang August, in 1.600 Brandherden das Feuer gewütet und in kurzer Zeit 70.000 Hektar Wald zerstört. Stefan, so heißt der mit Kühle und mir bekannte Wirt, sagte uns damals, dass die Ursache meist Brandstiftung von Bauspekulanten gewesen sei. Daneben dürften auch das Vorhandensein von Monokulturen und trockenes Unterholz durch mangelhafte Bewirtschaftung der Wälder verantwortlich gewesen sein. Jedenfalls waren endlose Flächen nur noch ein verkohltes Etwas. Und überall roch es nach Brand. Ich weiß noch genau, wie erschrocken mich das gemacht hat. Die Katastrophe hat anscheinend einen Umdenkungsprozess eingeleitet. Jedenfalls ist allein in den letzten zehn Jahren der Baumbestand um 80 Prozent gestiegen. Gut so.

Die Strecke ist weder für uns noch für die Fußpilger auf dem Weg neben der Straße besonders spektakulär. Oft geradeaus und wenig Unterbrechungen im Landschaftsbild. Mal eine ausgediente Ziegelei, mal ein Hersteller für organischen Dünger am Straßenrand.

Überdeutlich sichtbar ist hingegen das Unterschreiten der Grenze für das Erlangen der Compostela. Der Pilgerstrom wird immer größer. Die Peregrinus – aus dem Lateinischen übersetzt – sind die, die quer durchs Land gehen. Danach wären wir ja keine „echten" Pilger, weil wir fahren? Jedenfalls würden wir mit eigener Kraft ankommen und mehr als das Zehnfache der geforderten Mindestkilometer hinter uns gebracht haben. Mag sein, dass der Kontakt zu anderen, vorher nicht bekannten Menschen weniger intensiv ist. Innerhalb der Gruppe ist das ganz anders und gerade deshalb auf seine Weise besonders. Ich fühle mich jedenfalls als Pilger. Das Gefühl hat sich eingestellt und immer mehr verstärkt, seitdem wir von den gelben Pfeilen, der Muschel und den blauen Schildern begleitet werden.

Die grüne bergige Landschaft lässt für mich einen Vergleich mit Irland zu. In Gonzar werden wir bildhaft darauf hingewiesen, dass dem mindestens in einem Punkt nicht so ist. Mitten über der Straße hängt an einem großen Mast ein Schild mit rotem Dreieck und einer Kuh in der Mitte. Achtung, Viehtrieb. Hier weiden auf den Wiesen keine Schafe, sondern Kühe einer galicischen Blondviehrasse.

Hinter Castromaior und nach Überquerung der N 540 ruft Hermann in dem -Drei-Häuser- und Eine Bar-Ort: „Halt! Stempel holen!" Für einen Moment denke ich, wo soll es denn hier wohl einen Stempel geben? Dann sehe auch ich die kleine Kapelle da Magdalena. Und darin wartet ein alter blinder Mann auf seine Gäste. Sehr freundlich und gutgelaunt versorgt er uns mit dem nächsten Eintrag in den Ausweis. Inzwischen ist es schön warm geworden. Die Beinlinge und die Jacke können ausgezogen werden.

Noch eben über die Kuppe, dann haben wir es fürs Erste geschafft. Wir werden zwar heute den ganzen Tag einen Wechsel zwischen auf und ab haben. Das wird aber zu bewältigen sein.

Kurz vor Ligondes steht auf einem massiven Steinsockel, eher unauffällig zwischen den Bäumen, entlang einer halbhohen Steinwand, ein Kreuzstock. Das frühzeitlich anmutende, schlanke, hohe Steinkreuz aus dem 17. Jahrhundert spiegelt die Tradition Galiciens wider. Schon die Kelten verehrten ihre Toten an Wegemarkierungen. Die Galicier setzten dieses Ritual fort und stellten skulptierte Kreuze zum Beispiel dort auf, wo die Trauernden auf dem Weg zum Friedhof entlanggingen. Das Cruceiro de Ligonde ist eines der bekanntesten auf dem Jakobsweg. An der Darstellung der trauernden Maria auf der einen und Christus am Kreuz mit einem Totenkopf zu Füßen auf der anderen Seite wird die häufige Mischung von katholischen Symbolen und Riten beziehungsweise keltischen Legenden sichtbar.

Ligondes und Airexe sind zwei typische galicische Dörfer. Die Häuser sind aus Granit gebaut und die Dächer mit Schieferplatten beziehungsweise Schindeln gedeckt. Die neueren Bauten sind weiß verputzt. In beiden stehen eine Kirche, jeweils ein Wegekreuz. Und die berühmten Horreos – typische Mais- und Getreidespeicher –, auf die ich später noch einmal eingehe, dürfen natürlich auch nicht fehlen. Diese beiden für heimatliche Verhältnisse sehr kleinen Orte gehören hier schon zu den größeren. Teilweise bestehen die weit verstreuten galicischen Dörfer und Weiler nur aus ein paar Häusern, manchmal nur einem Hof. Spätestens dann lässt sich die eigentlich unerlässliche Infrastruktur, nämlich mindestens eine Kirche und eine Kneipe zu haben, nicht mehr aufrechterhalten.

Auch heute ist es durchaus anstrengend zu fahren. Es ist aber ganz gut zu schaffen. Schließlich sind wir inzwischen gut trainiert. Das gute Wetter und die reizvolle Umgebung tun das Übrige. Es macht heute richtig Spaß. Immer wieder einmal steigt uns ein leicht minziger Geruch in die Nase. Er kommt von dem Baum, der von den Koalas in Australien so geliebt wird. Der Eukalyptus hier am Straßenrand ist in Galicien sehr verbreitet.

Schade, das Ruhige, Idyllische, Mystische ist vorbei. Der Weg führt uns an der N-547 entlang. Die Straße ist jetzt dreimal so breit. Der Vorteil: So dünn besiedelt wie das Land, so dünn befahren ist momentan die Straße.

Schnell sind wir in Palas del Rei. Für galicische Verhältnisse eine Großstadt mit gut 3.000 Einwohnern. Hier kaufen wir ein. Original übersetzt müsste das hier ein Königspalast sein. Davon merken wir nichts. Es ist zwar nicht heruntergekommen, hat jedoch keine besonderen Bauwerke, keinen Hinweis auf geschichtliche Vergangenheit. Selbst die Kirche San Tirso bekommen wir hinter den Häusern nicht zu sehen, steuern sie aber auch nicht gezielt an. Damit ist unsere Durchreise beendet.

Wir nähern uns immer mehr unserem Ziel. Das Verkehrsschild zeigt den Autofahrern noch 65 Kilometer an. Bei dessen Anblick beschleicht mich ein komisches Gefühl. Was mache ich eigentlich, wenn ich da bin? Wird mir dann das tägliche Aufs-Rad-Steigen fehlen? Ich schiebe den Gedanken wieder zur Seite. Ich bin noch nicht da – und passieren kann immer noch etwas. Ich bete. Jetzt bitte nicht mehr. Nicht so kurz vorm Ziel. Wie bitter wäre es, nach all den Strapazen doch noch aufgeben zu müssen?

Da es bergab geht, können wir an dem Abzweig nach Curbian schnell wieder auf eine ruhige Nebenstraße wechseln. Im steten Auf und Ab fahren wir durch knorrige Wälder, verschachtelte Wiesengründe und namenlose Dörfchen. Es herrscht nahezu totale Stille. Durch die durch die Blätter hindurch lugende Sonne ergibt sich ein immer wechselndes Bild zwischen Licht und Schatten. Auffällig verbreitet sind Haine mit den schlanken, hohen Eukalyptusbäumen. Wie kommen die eigentlich hierher?

Im 19. Jahrhundert wurden sie durch einen galicischen Religiösen, der im entfernten Australien missionierte, eingeführt. Die Pflanze passte sich gut dem Klima an und breitete sich schnell aus. Der Baum wird oft für die Papierproduktion verwendet, weil er schnell wächst – zirka 30 Meter in zehn Jahren. Andererseits wird er mittlerweile sehr kritisch gesehen. Weil er sehr viel Wasser zieht, wächst unter ihm nichts mehr. Flora und auch Fauna gehen zurück. Zudem ist er durch seine brennbaren Öle schnell entflammbar. Wie so oft: Fluch und Segen.

Nach acht Kilometern schöner Strecke hat uns die N-547 wieder. Wir könnten jetzt auf dem Fußweg bleiben. Um jedoch nicht in Konflikt mit der Fußpilgerkarawane zu kommen, nehmen wir die Straße. Es gibt nicht wenige, die diese Massenbewegung beklagen. Zu viele Leute aus aller Herren Ländern auf der Strecke hätten nicht mehr viel mit demütiger Pilgerschaft zu tun. Das ist jedoch nicht erst ein Phänomen nach der Revitalisierung des Jakobsweges. Schon im Mittelalter, so hat der Europarat festgestellt, war die Pilgerreise nach Santiago die größte Massenbewegung des

Mittelalters. Eine viertel Million, in Heiligen Jahren sogar bis zu einer halben Million Menschen machten sich im 15. Jahrhundert jedes Jahr auf den Weg. Und schon damals kamen die Menschen nicht nur aus Frankreich, Italien, Großbritannien und Deutschland, sondern auch aus Griechenland, Polen und Ungarn. Es waren oft einfache Menschen. Aber auch bekannte Persönlichkeiten. Unter ihnen zum Beispiel Franz von Assisi, mit dem wir in Pamplona schon Bekanntschaft gemacht haben.

Nach heute bislang insgesamt 40 Kilometern taucht zur Mittagszeit ein etwas ungewöhnlicher Pausenplatz, direkt neben einem Autohaus, kurz hinter Leboreiro auf. Es ist ein Gelände des Santiago-Ordens. Das macht uns neugierig. Kann das sein, dass es den Orden heute noch gibt?

Gegründet wurde er 1170, mit einer Besonderheit. Die Angehörigen mussten zwar, wie üblich, ein Gelübde ablegen. Die Verpflichtung zur Keuschheit gehörte jedoch nicht dazu. Die Ritter sollten die Pilger nach Santiago schützen. Andere sagen, dass sie in erster Linie gegen die Sarazenen gekämpft haben. Wie dem auch sei. Jedenfalls ging der Orden im 16. Jahrhundert auf den Staat über.

Der Weg durch ein Tor entlang von Grabsteinen führt zur Capilla des los Caballeros. Diese hat keine Wände, keinen Eingang, nichts außer einigen Holzbänken und vorne ein großes Holzkreuz. Erläuterungen finden wir auf einem angebrachten Schild. Sinngemäß ist übersetzt mit Google zu lesen:

„Im Mittelalter und gemäß der Geschichte kamen die mittelalterlichen Ritter in eine einfache halbprivate Kapelle, die voller Symbole war, um vor dem Kreuz Christi zu beten und unseren Herrn, der auf dem Kalvarienberg gekreuzigt wurde, zu bitten, sie vorher zu erleuchten, wenn sie zu den Kreuzzügen gingen, ihnen die Kraft zu geben, sich den Herausforderungen des Lebens zu stellen, und bei allen Entscheidungen, die sie treffen, fair zu sein, da ihre

Hauptmottos Ehre, Gerechtigkeit, Loyalität, Demut, Adel und Großzügigkeit waren.

Heute erinnern wir an diese Ritter und als Hommage errichten wir diese Kapelle.

Die Legende geht weiter.

Die Damen und Ritter des Ordens vom Jakobsweg."

Tatsächlich wurde der Orden unter der Regentschaft des Königs Juan Carlos I. (1975 bis 2014) von Spanien als Zivilverein wieder ins Leben gerufen und hat heute mehr als 1.000 Ritter, darunter auch viele Frauen. Die bekanntesten sollen der frühere Ministerpräsident Spaniens Mariano Rajoy und der Schauspieler Kirk Douglas sein. Wir lassen uns in ritterlicher Ehrfurcht ganz profan unseren Kaffee und das belegte Brot schmecken.

Da ich gerade gelesen habe, dass die jetzigen Ritter auch verpflichtet sind, an den Veranstaltungen des Ordens zum Heiligen Jahr teilzunehmen, frage ich Kühle, was es damit auf sich hat:

„Uns ist der Begriff des Heiligen Jahres schon ein paar Mal begegnet. Das ist ja immer dann, wenn der Jakobustag, also der 25. Juli, auf einen Sonntag fällt. Ich habe in Erinnerung, dass Maria und du 2004 in einem Heiligen Jahr gepilgert seid. Richtig?"

„Das ist in der Tat so", erklärt Kühle. „Wegen der Schaltjahre sind die Zeiträume zwischen den Heiligen Jahren unterschiedlich lang. Das letzte war 2010 und das nächste wird 2021 sein."

„Was ist das Besondere daran", fragt Locke nach.

„Früher standen die Pilger in den Heiligen Jahren unter dem besonderen Schutz der Herrscher. Das machte das Pilgern sicherer. In Santiago selbst ist dann 365 Tage lang an der Ostseite der Kathedrale die sonst verschlossene Heilige Pforte oder Gnadenpforte geöffnet."

„Mit welcher Bedeutung?"

„Im Heiligen oder man sagt auch Compostelanisches Jahr können Christen den Ablass aller ihrer Sünden bekommen. Dazu müssen sie die Kathedrale besuchen, Buße tun, am Gottesdienst teilnehmen und dort die Sakramente der Eucharistie und der Buße empfangen."

„Sonst nicht?"

„Wir werden sehen."

Aufbruch. Nun ist es nicht mehr weit bis zum geografischen Zentrum der Region. Melide. Ganz besondere Bekanntheit hat die Stadt dadurch, dass der Camino primitivo – einer der fünf spanischen Jakobswege – in den Camino Francés mündet und mit ihm gemeinsam weitergeht.

*Bild 31: Ein Ende in Sicht – oder doch nicht?*

Es ist ungewöhnlich. Je länger wir unterwegs sind, desto weniger brauchen wir das wuselige Leben. Immer da, wo es städtischer wird, sind wir schnell durch und wieder weg.

Auch hier. Am Stadtausgang müssen wir links herunter von der N-547.

Weil es so schön runter geht, sind Kühle und ich schon an der Kreuzung vorbeigefahren. Also wieder hoch und jetzt rechts ab.

Direkt um die Ecke kehren wir, wie weitere Pilger auch, in die kleine Kirche Santa María de Melide ein. Ein junger Mann empfängt uns am Eingang überschwänglich. Jeder wird gefragt, wo seine Heimat ist, und in seiner Muttersprache willkommen geheißen. Bis wir an der Reihe sind und ich mein „Herzliches Willkommen" höre, hat er sich schon in Italienisch, Spanisch, Portugiesisch und Englisch versucht. „Nein, danke", antworte ich auf die Frage, ob ich eine kleine Führung durch die Kirche wünsche. Stattdessen nutzt er die Zeit, in der er uns den Stempel verpasst, um sie uns näher zu erläutern Und so schwelgt er fast schauspielerisch mimisch und gestisch begleitet, voller Begeisterung:

„Die als Nationaldenkmal eingestufte Kirche ist das Juwel des romanischen Stils von Melide. Es ist eine Kirche mit einem einzigen Kirchenschiff. Die halbrunde Apsis ist am Ende mit Renaissance-Gemälden geschmückt. Weitere zwei herausragende Elemente der Kirche sind der romanische Altar (einer der wenigen romanischen Altäre in Galizien) und ein Bild der Muttergottes, der Schutzpatronin der Gemeinde."

„Vielen Dank."

Bis Arzua gehen die gehenden und fahrenden Pilger nun getrennte Wege. Wir sind unter uns. Das Bild verändert sich sonst kaum.

Aus der Geschichte heraus war die galicische Landbevölkerung immer ziemlich arm. Die Menschen hier durften als Bauern zwar das Land bestellen, mussten aber große Teile der Erträge und Geldbeträge an den Besitzer (Adel oder Kirche) abgeben. Erst im 20. Jahrhundert wurde der größte Teil des Landes an die Bauern übergeben. Als es in der zweiten Hälfte des 19. Jahrhunderts zur Agrarkrise kam, sind aus der Not heraus bis weit ins 20. Jahrhundert hinein fast zwei Millionen Galicier ausgewandert. Inzwischen ist die Bevölkerung wieder gewachsen und der Lebensstandard gestiegen, was man unzweifelhaft an den vielen gepflegten Anwesen und Dörfern sehen kann.

Es ist nun nicht der direkte Weg nach Arzua, der Umweg ist aber lohnenswert. Nachdem man ein ganzes Stück, etwa acht Kilometer, auf der CD-4603 fährt, muss man an einer Kreuzung auf das unscheinbare Schild „Arzua 8" achten und rechts auf die DP-7901 abbiegen. Da wir heute wieder in einer Ferienwohnung untergebracht sind, wollen wir uns dort für das Abendessen eindecken. Nach einer noch einmal länger gezogenen Steigung mit einem kleinen Zwischenstopp dort angekommen, entscheiden wird uns um.

„Jupp ist ein perfekter Koch. Aber sollen wir ihm nicht aufgrund der günstigen Preise der vergangenen Tage einen arbeitsfreien Abend gönnen?", fragt Hermann.

„Du meinst, wir sollten schick essen gehen?", scherzt Locke. Abgemacht.

Arzua ist ebenfalls Zusammenführungsort. Hier stößt der Camino Norte, der Küstenweg, auf unsere Pilgerroute. Obwohl der Ort alles für alle Pilger zu bieten hat und sehr bekannt für seine Käseproduktion ist, bleiben wir uns treu. Kaffeetrinken in der freien Natur. Nicht besonders idyllisch in einer Ausbuchtung der alt bekannten N-546, gibt es den dennoch gut schmeckenden Kaffee und Kuchen. Danach fahren wir die letzten 17 Kilometer des Tages zügig bis nach O Pedrusco, an der wenig reizvollen Hauptstraße entlang, durch. Als ich auf meinen Reisecomputer des Navis schaue, bin ich doch überrascht. Wir haben nach den Tagen mit den Passüberquerungen heute mit 1.400 fast die meisten Höhenmeter hinter uns gebracht.

Wir haben eine ganz schöne Wohnung. Für das Frühstück sorgen wir morgen wieder selbst und kaufen das

Nötige ein. Nur eine Frage bleibt noch offen: Wo bleiben wir mit unseren Rädern? Uns kann nur eine Abstellmöglichkeit vor der Tür angeboten werden. Hier kommen aber viele Leute vorbei. Und heute wie damals wird es einige geben, die nicht nur als fromme Wanderer unterwegs sind.

„Ich mache es wie die Rennradfahrer in Santo Domingo", trifft Kühle seine Entscheidung. „Die Wohnung ist groß genug. Ich gehe heute mit meiner Leeze ins Bett."

*Bild 32: Ehre, wem Ehre gebührt.*

Irgendwann ist immer das erste Mal. Dass meine Fietse immer einen besonderen Platz bei mir haben würde, war schon vorher klar. Sie hat mich ohne Murren und verlässlich über die Alpen und bis hierher nach Santiago getragen. Nun kann ich ihr eine besondere Ehrerbietung erweisen und mit ihr schlafen gehen. So machen es alle.

Einen Engpass gibt es beim Duschen und Waschen. Sechs Leute, eine Dusche. Das will gut organisiert sein.

Ankommen, auspacken, duschen, waschen, die Tube Rei nicht vergessen, spülen, erst die Leine, dann die Wäsche aufhängen, trocknen lassen, Ausgehanzug an, fertig. Und das alles schön hübsch hintereinander. Bei der inzwischen entwickelten Routine kriegen wir das prima hin.

Das schnieke Restaurant ist die Pizzeria um die Ecke und das Gala-Dinner das Pilgermenü für neun Euro. Der Pilger soll ja entbehrungsreich leben. Es ist lecker. Und ganz ehrlich: Wir haben zwar sparsam gelebt, aber Asketen wollten wir von Anfang an nicht sein. Eine gute Nacht. Die letzte vor dem Erreichen von etwas Größerem.

Fazit des Tages:

Man findet überall Orte, die das Zeug dazu haben, dass man sich in sie verliebt.

## Mittwoch, 16.05.2018 – O Pedrouzo(E) - Santiago de Compostela(E)

Als ich heute Morgen aufwache, denke ich das erste Mal nicht daran, anzukommen, sondern wie es sein wird, wenn man angekommen ist. Ich habe den Blick auf die Kathedrale vor Augen. Ich habe sie schon einmal „in echt" gesehen. Bei unserem Besuch hat uns Stefan aus Cambados 2006 vom Flughafen abgeholt. Auf dem Weg zu ihm konnten wir zwischendurch die Silhouette gut sehen. „Das ist sie", war sein Kommentar, den ich so schnell nicht vergessen werde. „Die Kathedrale von Santiago de Compostela. Die werden wir nicht besuchen. Wenn ihr sie sehen wollt, müsst ihr noch einmal wieder kommen." Hä, habe ich damals gedacht, was soll das denn? Jetzt sind wir schon einmal hier und müssen uns das entgehen lassen? Jetzt würde ich sagen: „Es war gut so. So blieb die Spannung auf eine emotionale Begegnung erhalten."

Diese Spannung ist anscheinend bei allen ziemlich groß. Wir sind früh dran, obwohl wir alle Zeit der Welt haben. Schon um 7.45 Uhr sitzen wir im Sattel. Das erste Ziel ist der neun Kilometer entfernte Flughafen. Wir werden noch einmal daran erinnert, dass wir nicht im flachen Münsterland sind. Die Strecke ist ganz gut ausgeschildert, sodass wir um 8.30 Uhr problemlos den Terminal erreichen.

Die Anspannung ist deutlich zu spüren. Die Flüge haben wir von zu Hause aus gebucht. Da dürfte nichts passieren. Für die Fahrräder war das nicht möglich. Die müssten wir abhängig von der Nachfrage vor Ort nachbuchen. Ob das klappt? Hoffentlich sind noch Kapazitäten frei. Nach zehn Minuten können Hermann und ich die gute Nachricht weitergeben. „Unsere Fahrräder haben auch einen Platz im

Flieger. Das hat ziemlich unkompliziert und super geklappt."

Na, dann los. Freudig zum Berg der Freude. Im nächsten Ort Lavacolla biegen wir links ab an einen kleinen Bach, der unter der Straße hindurch verschwindet. Ob es sich hierbei um die Stelle handelt, an der sich dem Brauch nach die Pilger zur Vorbereitung auf die Begegnung mit dem Apostel noch einmal gründlich reinigten? Jedenfalls sind die Gehenden und Radelnden wieder friedlich miteinander vereint.

Das ist auch gut so. Denn wir müssen bei der Fahrt auf den Berg, durch einen Eukalyptuswald, noch einmal richtig ran. So sehr, dass Locke erneut ein Stück auf zwei Beinen absolviert. Zwei ältere Fußpilger stehen ihm beim Schieben wohlgelaunt zur Seite. Alle drei kommen freudestrahlend die Kuppe hoch. Auch für Locke ein besonderes Gänsehauterlebnis.

*Bild 33: Ein Wahrzeichen Galiziens – der Horreo; hier aus dem Jahr 1895*

In dem kleinen Weiler Vilamaior sehen wir zwischendurch gleich sechs der von den Galiciern so geliebten Horreos. 30.000 Stück soll es davon geben. Auch wenn sie heute oft nicht mehr als Lagerplätze für Mais und Korn genutzt werden, sind sie nach wie vor das Symbol für den Nordwesten Spaniens. Man sagt oft, dass sie aussehen wie Särge auf Stelzen. Das liegt daran, dass die Kulturgüter aus Holz oder Granit schmal und langgestreckt meist auf Pfeilern stehen. Die dazwischen eingebauten breiteren Steinscheiben sorgen dafür, dass keine Nagetiere an das wertvolle Lagermaterial kommen. Auf dem mit roten Ziegeln gedeckten Satteldach finden sich typischerweise an der einen Seite ein Kreuz und der anderen Seite ein Pyramidensymbol. Die „Fica" ist das Fruchtbarkeitssymbol der Kelten.

An der höchsten Stelle hat sich die Radio- und Fernsehstation Galiciens niedergelassen. Vermutlich konnte man zu Zeiten des analogen Zeitalters von hier per Antenne die meisten Haushalte erreichen.

Wer im Mittelalter als Erster den Monte do Gonzo hochkam und wenige hundert Meter entfernt den ersten Blick auf die Jakobsstadt werfen konnte, wurde von seiner Gruppe zum Pilgerkönig ernannt. Das wollen wir auf keinen Fall. Für uns ist die Mannschaft der Pilgerkönig. Deshalb lassen die Ermita de San Marco und das ein wenig irreal wirkende Denkmal unsere Herzen gemeinsam höherschlagen. Viele Pilger halten sich hier singend und betend auf. Es herrscht eine fröhliche, aber nicht ausgelassene Stimmung, von der ich mich gerne mitziehen lasse.

Das moderne Kunstwerk zeigt auf einem quadratischen, konisch zulaufenden massiven Steinsockel vier große Stierhörner, die in alle Himmelsrichtungen weisen, verbunden mit einem Kreuz. Die beiden Pilger dazwischen sollen Franz von Assisi und Papst Johannes Paul II. darstellen. Zu dessen Ehren wurde das Denkmal errichtet. Papst Johannes Paul II. hat als bisher einziger Papst Santiago den

Compostela gleich zweimal besucht. 1982 aus Anlass des Heiligen Jahres hat er in der Kathedrale gepredigt. Er betonte die Vorbildwirkung eines apostolischen Lebens in Nachfolge und Demut, forderte das christliche Europa auf: „(...) So rufe ich, Johannes Paul, (...) dir, Altes Europa, von Santiago aus voll Liebe zu: Kehre um! Finde zu dir zurück! Sei wieder du selbst! Besinne dich auf deinen Ursprung! Belebe deine Wurzeln neu! Baue deine geistige und freie Einheit wieder auf in einer Atmosphäre der Achtung gegenüber anderen Religionen! (...) Noch immer kannst du Leuchtturm der Zivilisation und Anreiz zum Fortschritt für die Welt sein. Die anderen Kontinente blicken auf dich - und hoffen, von dir die Antwort des heiligen Jakobus zu hören, die er einst Christus gab: 'Ich kann es!'" Bei seinem zweiten Besuch 1989 zum IV. Weltjugendtag hat er hier auf dem Berg eine Messe gelesen für die Jugendlichen der Welt.

Bin ich in den vier Wochen zu mir gekommen? Weiß ich heute besser, wer ich bin und was ich von mir und anderen erwarte? Bin ich ich selbst? Keine Ahnung. Das kann ich auch unter diesem Eindruck nicht entscheiden. Das wird sich vermutlich erst später zeigen. Eins kann ich aber mit Gewissheit sagen: Ich bin wesentlich gelassener geworden.

Dieser Höhepunkt muss festgehalten werden. In der kleinen Einsiedelei holen wir uns den obligatorischen Stempel. Übrigens: Wer die Erwartung hat, wie früher einen atemberaubenden Blick auf die Kathedrale zu haben, könnte enttäuscht sein. Die Sicht ist durch Wald und Bebauung sehr erschwert. Nur mit geübtem Blick oder einem Fernglas lässt sich der Glockenturm erspähen. Der emotionalen Bedeutung tut es nur wenig Abbruch.

Wir setzen unsere Tour d´honneurs fort. Schnell ist die Faszination dahin. Der riesige Pilgerkomplex mit unzähligen Betten in einer Stadt aus Containerbauten ist wenig ansehnlich. Einen sehr schmerzhaften Endspurt hat offensichtlich die vermutlich südamerikanische Pilgerin, die am

Straßenrand geht. Nein, das ist der falsche Ausdruck. Sie schleppt sich regelrecht den Berg hinunter. Beide Knie sind verbunden und sie humpelt. Freundlich, aber mit einem gequälten Lächeln erwidert sie unseren Gruß mit einem „Buen Camino". Bemerkenswert, wie sie sich demütig dem Schicksal fügt. Hoffentlich übersteht sie die letzten sechs Kilometer, ohne weiteren Schaden zu nehmen. Wie müssen sich wohl Pilger fühlen, die den Camino beginnen und nicht ankommen, abbrechen müssen. Was geht in den Menschen vor?

*Bild 34: 0,00 km – was für ein Gefühl!!!*

Mit diesen Gedanken kommt die Stadt immer näher auf mich und uns zu. Am Ortsschild stellen wir uns in Reihe und Glied auf. Immer diese gestellten Fotos. In der wunderschönen Altstadt nehmen wir von der Praza de Cervantes über die Praza da Inmaculada das Fahrrad an die Hand. Unter den Torbögen des Kathedralmuseums einige Stufen hinunter, und wir stehen auf dem Platz (Praza do Obradoiro) vor der Portico de la Gloria. Veranda des Ruhmes, das passt zu meinen Gefühlen. Majestätisch. Überwältigend. Ruhmreich. Wir liegen uns in den Armen. Ich bin ergriffen. Wir haben es tatsächlich geschafft. Zusammen. Ein Traum hat sich erfüllt. Ein drittes Mal sind meine Wangen feucht.

Um uns herum sind allerhand Souvenirverkäufer und viele, viele Menschen, denen es geht wie uns. Am Ziel. Überall wird fotografiert. Würde man die Bilder des heutigen Tages entwickelt oder ausgedruckt auslegen, wäre wahrscheinlich die große Praza komplett bedeckt. Viele der Klicks werden als Selfies gemacht und oft Fremde um ein Foto gebeten. Das zeigt noch einmal die große Zahl derjenigen, die ganz allein am Ziel angekommen sind.

Auch für die heutigen Pilger verliert Santiago de Compostela scheinbar nichts von seiner Bedeutung. Die vielen Millionen Menschen, die den Apostel immer noch religiös motiviert besuchen, machen die Stadt zu einem Zentrum christlicher Frömmigkeit.

In einer Ecke des Platzes sehen wir eine sehr große Gruppe. Alles Radfahrer. Mädchen und Jungen. So viele haben wir auf der ganzen Reise bis hierher nicht gesehen. Die Kleinen haben die gleiche Begeisterung wie wir. Sehr sympathisch. Die Schülerinnen und Schüler machen so eine Art Fahrradprüfung. Ganz praktisch – fahrend durch die Stadt.

Von der Kathedrale geht es auf Umwegen erst einmal zum Pilgerbüro – oder wie am Eingang steht: Internationales Pilgerempfangszentrum. Die Suche gestaltet sich etwas schwierig, weil wir sie nach alter Herren Sitte angehen. Leute ansprechen und nach dem Weg fragen. Jeder kennt ihn. Aber jeder einen anderen. Naja, so haben wir schon einen kleinen Teil der 90.000-Einwohner-Stadt kennengelernt.

Wir werden oft angesprochen, ob sie uns nicht den Rücktransport unserer Fahrräder organisieren sollen. Fast an jeder Ecke drückt uns jemand eine Karte mit dem Angebot in die Hand, es nach Hause zu schicken.

„Soweit kommt es noch", sagt Kühle. „Da sitze ich dann zu Hause, warte wahrscheinlich mehr als eine Woche ungeduldig, und am Ende kommt das Paket nicht an. Nein, danke."

Wir denken, dass wir für die Compostela nicht so lange werden anstehen müssen. Es ist noch relativ früh am Tag und die meisten erreichen ihr Ziel sicher später am Tag. So verabreden wir uns jeweils zu zweimal zweit hinein zu gehen, während die weiteren zwei auf die Räder achtgeben. Flöte gepfiffen. Nach weniger als einer halben Zigarettenlänge klingelt das Telefon. „Unser Vorhaben wird nicht klappen. Nehmt die Wertsachen mit, schließt alles ab und kommt direkt nach. Als ich durch die Tür schaue, traue ich meinen Augen nicht. Es stehen schätzungsweise 250 Leute vor uns in der Schlange. Mindestens zwei Stunden Wartezeit.

Normale Touristen hätten spätestens jetzt die Krise gekriegt. Aber hier sind Pilger, die tage- und wochenlang gewandert und geradelt sind. Sie nehmen trotz der Mühen und der ganzen Plackerei, die Wartezeit in Kauf. Kein Murren. Kein Drängeln. Im Gegenteil herrscht eine gute Stimmung. Wie gesagt – man wird gelassener. Unter völlig Unbekannten finden lockere Gespräche statt. Die Leute sind stolz. Sie sind da. Haben sich einen Traum erfüllt. Und sie stehen jetzt „nur noch" für ein Stück Papier, die Pilgerurkunde an.

In dem großen Raum am Anfang der Schlange arbeiten sage und schreibe zehn Personen, die den ganzen Tag nichts anderes machen, als das begehrte Papier auszustellen. Und dabei ist noch nicht einmal Hauptsaison. Ich nutze die Zeit, um mich umzuschauen und mit dem einen oder anderen zu plaudern. Die Rennradfahrer aus Italien haben wir schon einmal in Melide getroffen. Ansonsten nur wenig bekannte Gesichter. Die beiden jungen Damen vor mir waren sechs Wochen unterwegs. Für sie war es eine Glaubenspilgerschaft. Sie kommen aus Kalifornien und finden es hier richtig kalt. Ich bewundere die beiden zierlichen Persönchen, die tief religiös über den Großen Teich kommen, um hier näher bei Gott zu sein. Der Japaner meines Alters dagegen war auf der Jagd nach Prämien. Er war voller Stolz über jeden Stempel, den er ergattert hatte.

Dann stehen Josef und ich nebeneinander an der hölzernen Theke und geben unseren Pilgerausweis ab. Die freundliche, aber pflichtbewusste Mitarbeiterin schaut mich an und überprüft die eingetragenen Stempel. Alles okay. Josef hat noch leichte Schwierigkeiten. Es wird bemängelt, dass er an einem Tag lediglich einen anstatt der notwendigen zwei Stempel in seinem Credencial stehen hat. Als klar wird, dass wir zusammengehören und ich meine Urkunde schon habe, bekommt auch er den berechtigten Beweis. Puh.

Ins Deutsche übersetzt, wird uns bescheinigt:

„Das Kapitel dieser segenspendenden Apostel- und Metropolitankirche von Compostela, Hüter des Siegels des Altares des seligen Apostels Jakobus, macht entsprechend seiner Absicht, allen Gläubigen und Pilgern, die aus der ganzen Welt aus frommer Neigung oder zur Erfüllung eines Gelübdes an der Schwelle unseres Apostels, des Patrons und Schutzherren der spanischen Lande, des heiligen Jakobus, zusammenkommen, eine gültige Urkunde zur Bestätigung ihres Besuches auszustellen, hiermit allen und jeden, die in die vorliegende Urkunde Einblick nehmen werden, bekannt, dass

Felicem Büter / Josephus Witte

dieses hochehrwürdige Gotteshaus aus Frömmigkeit ehrerbietig besucht hat. Zur Beglaubigung dessen überreiche ich ihm diese vorliegende Urkunde, versehen mit dem Siegel der genannten heiligen Kirche.

Ausgestellt in Compostela, den 16. Mai im 2018. Jahr des Herrn."

Noch ein Schreck in der Morgenstunde, als Kühle, zurück an seinem Rad, feststellt, dass ihm aus der Roloffnabe im Hinterrad Öl ausgelaufen ist. „Scheiße. Aber Gott sei Dank am Ende der Tour. Ich kümmere mich darum, wenn ich wieder zu Hause bin."

Weiter geht's zum Radladen, den wir von zu Hause aus ausfindig gemacht haben. Die Internetseite hat nicht zu viel versprochen. Wir bekommen die Räder auseinandergebaut in passende Kartons verpackt. Der Transport von Ross und Reiter zum Flughafen ist ebenfalls im Angebot. Gesamtpreis pro Person 33 Euro. Bei einem Preis von 17 Euro nur für den Karton am Flughafen ist das fast geschenkt.

Im gebuchten Hotel ist noch einmal langes Warten angesagt. Vor uns checkt gerade eine große Gruppe Italiener ein. Entsprechend laut ist es und es dauert. Das Haus ist ruhig und die Betten sind gut.

Alles, was zu erledigen ist, ist erledigt. Jetzt geht es erst einmal ins Getümmel. Heute soll es nicht nur ein Anlegerbier für den Tag sein, sondern fürs Ganze. Es ist ein ganz besonderes Gefühl der Entspannung, der Gelassenheit, des begrenzten Interesses an dem, was die Stadt sonst noch ausmacht. Das liegt wohl vor allem daran, dass wir im Kopf angekommen sind. Für Hermann, Jupp und Locke steht nicht zuletzt deshalb fest, dass sie die „Kür" zum Kap Finisterre morgen mit dem Bus unternehmen werden.

Eine Beschreibung Santiago de Compostelas, durch dessen Zentrum noch ein kleiner Bummel ansteht, ist kaum möglich. Es gibt so viele Eindrücke auf einmal. Man könnte wahrscheinlich schon allein davon ein Buch schreiben, das es ebenso wahrscheinlich schon x-mal gibt, und das vermutlich wesentlicher schlechter wäre als ein guter Stadtführer. Deshalb versuche ich es erst gar nicht.

Später am Abend essen wir wieder für wenig Geld gut zu Abend. Wir bleiben uns auch in dem typisch spanischen Restaurant treu. Sechsmal Pilgermenü, bitte. Nach einem gemütlichen Abend steht auch der Plan bis zur Abreise. Morgen nach Finisterre. Abends Besuch der Pilgermesse. Freitag heißt es Abschied von unseren Gefährten nehmen und den Rest des Tages irgendwie zu Ende bekommen. Samstag wartet hoffentlich pünktlich der Flieger auf uns.

Fazit des Tages:

Wenn du bereit bist, Großes zu wollen, können Träume in Erfüllung gehen.

## Donnerstag, 17.05.2018 – Santiago de Compostela(E) – Finisterre(E)

Frühmorgens werden Kühle und ich vom Klingeln seines Handys geweckt.

„Kühlkamp. ...... Guten Morgen, Josef .... Hat es dich richtig erwischt? ....... Schade. Dann kuriere dich gut aus und bis später."

„Was ist los?", frage ich ihn.

„Josef hat sich krankgemeldet. Er hat sich anscheinend stark erkältet. Hat Halsschmerzen und auch etwas Fieber. Er wird uns nicht zum Kap Finisterre begleiten können."

„War er sehr geknickt?"

„Ich denke nicht. Er hat es genommen, wie es ist."

„Glück im Unglück ist, dass es erst am Ende passiert ist. Was machen wir zwei Schönen denn jetzt? Fahren oder nicht fahren, das ist hier die Frage. Ich denke, wir haben es uns vorgenommen, dann sollten wir es auch umsetzen."

„Si."

Wir drängen auf ein frühes Frühstück, während die anderen noch schlafen. Wir müssen zeitig am Ziel sein, um auch die Rückfahrt gut organisiert zu bekommen. Noch vor acht geht es los. Über einige Hauptstraßen gelangen wir am Park Alameda, der Universität, den Kliniken vorbei aus der Stadt heraus. Heute werden wir ganz überwiegend auf für den Autoverkehr zur Küste bestimmten Straßen unterwegs sein. Das ist weniger reizvoll als die Landschaft. Aber wir haben einen guten Belag, der Verkehr ist sehr erträglich und wir können Kilometer bolzen.

Es ist irgendwie komisch. Heute Morgen musste ich mich mehr überwinden als an allen Tagen unserer Reise zuvor. Vielleicht war ich ja auch im Kopf angekommen. Aber jetzt, da wir einmal unterwegs sind, freue ich mich riesig auf die

Fahrt an den Atlantik. Schönes Wetter mit einer guten Sicht werden wir auch haben.

Inzwischen haben nach Unterquerung der Autobahn Bertamirans erreicht. Die Stadt hat mit 9.000 hier lebenden Menschen die größte Einwohnerzahl in der Umgebung. Die vielen neuen Häuser zeigen, dass der Ort schnell gewachsen ist. Durch den Zuzug insbesondere von jungen Menschen hat sich die Einwohnerzahl in den letzten 18 Jahren mehr als verdreifacht. Mir fällt wiederholt und nicht nur hier auf, dass mehr in die Höhe gebaut wird. In der Nähe des Zentrums sind es vier Geschosse.

Mitten im Ort geht es im 90-Grad-Winkel rechts hinauf. 200 Meter Höhenunterschied liegen vor uns. Jetzt merke ich erst richtig, was für eine Wohltat es ist, kein Gepäck dabei zu haben. Es ist schwer zu schätzen. Vielleicht ein Drittel der Last ist weg. Das zeigt auch der Tacho an. Wir sind am Berg anstatt fünf bis sechs nun zehn bis elf Stundenkilometer schnell. Durch Wälder von Pappeln, Eichen und Eukalyptus nähern wir uns Negreira. Wir überqueren den Rio Tambre, den wir aus Arzua schon kennen. Am folgenden Kreisverkehr nehmen Sie bitte die dritte Ausfahrt, in Richtung a Barca, und wechseln wenig später auf eine Seitenstraße, würde jetzt die Stimme meines Navis sagen, wenn es eine hätte

In A Chancela befindet sich am Wegesrand ein von Steinmauern umgebendes Herrenhausgelände. Die Pazos kommen in Galicien oft vor und sind große palastähnliche Gutshäuser, die zwischen dem 16. und 18. Jahrhundert gebaut wurden. Der Turm stammt oft, wie auch hier in der Pazo de Albarina, aus dem Mittelalter. Bewohnt wurden sie von den Fidalgos, dem Kleinadel. Bis heute sind die meisten in privatem Besitz. Einige kann man besuchen, diese nicht.

Wir fahren zügig in nordwestlicher Richtung weiter. Dabei kommt uns auch der Wind entgegen, indem er uns nicht entgegenkommt, sondern ein wenig anschiebt. Einige kleine

Siedlungen wie Ordoeste, Corneira und San Martino fliegen fast an uns vorbei. In A Pereira passieren wird den Kreisverkehr geradeaus, und wenig später hebt Kühle die Hand. „Ein Ginkgo", ruft er.

Wir füllen Wasser nach, lassen aber auch Wasser.

„Ich habe richtig Spaß heute", sagt Kühle. „Es ist wie einer meiner Wochenendtrainings, nur in anderer, schönerer Umgebung."

„Das geht mir genauso. Es ist wie eine Kür, die immer etwas Außergewöhnliches ist, dem Ganzen eine zusätzliche Bedeutung gibt."

„Im nächsten Ort, sollten wir kurz nach einem Supermarkt Ausschau halten."

„Ja, sollten wir. Ich muss mehr trinken, das wird mir jeden Tag neu bewusst."

Wenig später führen zwei Brücken über den Rio Xalles. Neben der Straßenbrücke existiert noch eine weitere links von uns. Die alte Bogenbrücke von Brandomil war Teil des alten Weges nach Finisterre. Inmitten von saftig grüner Umgebung gibt sie ein gutes Fotomotiv ab. Im Ort selbst ist von einer Einkaufsmöglichkeit nicht viel zu sehen. Also legen wir weitere traumhaft schöne Kilometer in Richtung Stausee zurück. Als wir an einem seiner Ausläufer herankommen, sieht er nicht so aus, als wenn er der zweitgrößte seiner Art in Galicien ist. In den 1970er-Jahren stand durch den Bau einer 27 Meter hohen und 127 Meter langen Mauer eine Fläche von 1.250 Hektar unter Wasser.

In Bainas müssen wir links in südlicher Richtung weiter. Direkt an der Ecke wartet der Supermarkt Nuino auf uns. Getränke, Bananen und Kuchen sind schnell geordert. Ein kurzes Päuschen gefällig? Darf sein, nach schnellen 50 Kilometern, die wir in einem ständigen mehr Auf als Ab um kurz nach halb elf schon hinter uns gebracht haben. Nach einem kräftigen Schluck aus der Flasche führt uns die Straße immer geradeaus an weniger Bäumen und mehr

Wiesen, Kühen, Ginsterbüschen und ab und zu an schwarzen Ackerflächen vorbei. Auf diesen dürfte – denke ich – Mais angebaut werden.

Am Ende der Straße kurz vor Olveiroa, nicht zu verwechseln mit Olveira, das wir schon durchquert haben, sehen wir schon die nächste Bergwertung auf uns zukommen. In perfekter Teamarbeit meistern wir zwei Aufstiege und machen bei der dazwischen liegenden Abfahrt richtig Tempo. Jaaa! 63 Sachen! Spitzenwert für mich. An den höchsten Punkten hat man naturgemäß die schönsten Aussichten. Hinter dem Ort Hospital wird der heute an einem Kreisverkehr markiert. In riesigen grünen Buchstaben aus Buchsbaum auf einem Kiesbett steht darauf „Dumbria" geschrieben. Was die Aussichten angeht, gibt es keine Regel ohne Ausnahme. Die Windräder hier oben sind ja noch okay. Aber an den hässlichen Industriekomplex einer Eisenlegierungsfabrik, der so vor sich hin dampft, kann und will ich mich nicht gewöhnen.

Wahre Freude bereiten uns jedoch die nächsten etwa zehn Kilometer. Von jetzt 383 Metern hinunter bis fast auf null. Auf der kurvenreichen rauschenden Abfahrt haben wir zum ersten Mal den Blick auf den Atlantik. Aufgrund der tollen Weitsicht ist auch das Kap zu erspähen. Eine Kurve nach der anderen führt ans Wasser. In Carboal auf einer kleinen Anhöhe eröffnet sich wieder ein wunderschöner Blick auf das blaue Meer.

Hinter Raso heißt es, an dem Gewerbegebiet entlang rechts auf Cee zuzusteuern. Hier im Tal steht ein Abbild des dampfenden Kolosses. Die Firma Ferroatlantica, die übrigens auch die Wasserkraftwerke des Encoro-da–Fervenza-Stausees betreibt, hat hier ein zweites Werk. Im dahinter liegenden Hafen liegt gerade ein Feuerschiff.

Um den Strand von Cee fahren wir herum und haben von der anderen Seite des „Rias" noch einmal einen schönen Blick darauf. Rias sind charakteristisch für die galicische

Küste. Tief ins Land eindringende Meeresbuchten sind im Norden gekennzeichnet durch die hohe felsige Steilküste und laufen im südlicheren Teil sanft ins Meer. Deshalb findet man hier auch die bekanntesten Strände der Region. Dazwischen liegt die Costa da Morte.

Zunächst die tolle Küstenstraße entlang in Richtung Corcubion, erklimmen wir den Alto de San Roque, um über die Landzunge in die nächste Bucht nach Estorde zu kommen. Erklimmen ist bei 100 Metern Höhe übertrieben, denn schon schnell geht es wieder ans Wasser. Zwischendurch versucht das Auge immer wieder die heute eher ruhige See zu erhaschen. Und es wird belohnt. Besonders hinter dem Sardineiro de Abaixo an einer höheren Stelle, mit einem umwerfenden Blick auf das Kap.

Ehe wir uns versehen, erreichen wir schon Finisterre, an dem zwei Kilometer langen Sandstrand entlang, der jedoch von schicken Häusern, Villen, Restaurants und Hotels verstellt ist. Durch Finisterre fahren wir zunächst einmal durch. Das Kap ist unser Ziel. Dreieinhalb Kilometer entfernt etwa 120 Meter höher. Es sind schöne Kilometer und schöne Höhenmeter. Etwa auf halber Strecke zeigt uns eine Pilgerstatue mit ihrer Körperhaltung den Weg. Es gibt aber auch keinen anderen. Um 13 Uhr sind wir am Kreuz, das auf einem großen Stein steht. Trotz der 1.300 Höhenmeter haben wir die 92 Kilometer mit einem Durchschnitt von 20 Stundenkilometern geschafft. Wir klatschen uns ab, ehrfürchtig vor dem gewaltigen Ausblick von den schroffen Felsen. Das war die Kröning der ganzen Reise. Von Ahaus bis an das Ende der Welt. Finis Terrae, wie die Römer sagen. Man glaubte, dass es jenseits dieses Punktes nichts mehr gab.

Der Weg zum Kap ist älter als der Jakobsweg und wurde von der Kirche nie wahrhaftig als Pilgerweg anerkannt. Er galt immer nur als Verlängerung oder als Auftakt. Der Gedanke an die Ewigkeit müsse Richtung Himmel führen und nicht hinauf aufs offene Meer. Dennoch gaben sich besonders ab dem 15. Jahrhundert viele Pilger nicht damit zufrieden, das Apostelgrab besucht zu haben. Die Neugier trieb sie weiter. Bis heute, bis zu uns ist die Faszination geblieben. Spätestens heute Abend in der Pilgermesse werden unsere Gedanken aber nicht mehr auf die nicht endende See, sondern Richtung Himmel gerichtet sein.

Der Moment jetzt wird festgehalten. Im Gedächtnis und im Bild. Manches ist nicht so einfach, wie es scheint. Eine von uns angesprochene Dame ziert sich, ein Foto von uns zu machen.

„Fragen Sie lieber jemand anderen. Ich bin keine gute Fotografin."

Als Kühle seinen ganzen Charme spielen lässt, lässt sie sich breitschlagen.

Nach einem herzlichen Dankeschön und dem Blick auf das Foto kommt die Erkenntnis.

„Sie hatte recht. Sie ist wirklich keine gute Fotografin." Was soll`s.

Übrigens hat auch das Kap Finisterre wie fast alle beliebten Orte mit negativen Begleiterscheinungen zu kämpfen. Wie unsere Fotografin sind viele „Schaulustige" mit dem Auto und dem Bus hier heraufgekommen. Einige haben sich beim Gerangel um einen Parkplatz offensichtlich sogar so in die Haare bekommen, dass die Guardia Civil (Polizei) den Streit schlichten muss. Parkende Autos und ein Souvenirshop mit billigem Krimskrams trüben leider zusätzlich die Atmosphäre.

Nachdem wir uns den Pilgerstein mit dem Kilometer null und der blauen Muschel sowie den Leuchtturm näher angesehen haben, machen wir bei einem leckeren Stück Kuchen eine kleine Pause. Weitere Bräuche sparen wir uns. Nackt in den Atlantik springen wäre ein öffentliches Ärgernis und unsere Klamotten verbrennen zu schade. Locker-

leicht rollen wir auf den Hafen zu, wo wir unsere Kameraden treffen.

*Bild 35: Finisterre – stellt man sich so das Ende der Welt vor?*

Die gerade an den Tisch gebrachte Paella lässt mir das
Wasser im Mund zusammenlaufen. Sie ist so üppig mit
Meeresfrüchten belegt, dass der Reis darunter fast völlig
unsichtbar ist. Damit ist das Mittagessen klar: „Eine Paella,
bitte". Kühle ist da deutlich zurückhaltender. Meeresfrüchte, Muscheln und so weiter sind nicht wirklich seine
Leidenschaft. Schon bei unserem gemeinsamen Besuch in
Cambados fragte ihn ja sein Tischnachbar: „Unser Brot
schmeckt gut, oder?" Außer dem Baguette hatte Kühle
nichts von dem reichlich und unglaublich vielfältigen Angebot an Miesmuscheln, Entenmuscheln, Herzmuscheln, Jakobsmuscheln, Venusmuscheln in Anspruch genommen.

Es schmeckt herrlich, und Kühle auch der Wein. Wir
können unsere Rückfahrgelegenheit klarmachen. Die heute
Morgen noch offene Frage, ob im Bus, mit dem die anderen
hierhergekommen sind, zwei Plätze frei bleiben würden, ist
beantwortet. 15 Euro, und wir und unsere Fahrräder sind
dabei. Besser hätte es nicht laufen können. Und das Sahnehäubchen: Wir fahren mit dem Bus an der Küste entlang

und kommen so auch noch in den Genuss unvergesslicher Bilder.

Um 18 Uhr zurück, wird kurz geduscht, und um 19.30 Uhr haben wir eine Verabredung. Gottesdienst in der Kathedrale. Unglaublich, wie viele die Einladung angenommen haben. Der große Kirchenraum ist proppenvoll, und die meisten von uns müssen stehen. Und dass, obwohl wir schon eine halbe Stunde vorher da waren.

Ich bin geneigt, dem Verfasser des Liber Sancti Jacobi zuzustimmen, der schon vor 900 Jahren von der Schönheit des Domes überwältigt war. Allein der Besuch der Kathedrale sei schon Grund genug gewesen, die Strapazen des Jakobsweges auf sich zu nehmen. Im Nachhinein bin ich froh, nicht 2006 schon einen Besuch gemacht zu haben. Die Faszination des Augenblicks wäre verloren gegangen.

Schon die Dimensionen des Baus aus dem elften Jahrhundert sind beeindruckend. Das Mittelschiff ist 100 Meter lang, das Querschiff 63 Meter. Die Höhe des Mittelschiffes beträgt 24 Meter. Der prächtige Hochaltar ist überhangen von einem vergoldeten Baldachin. Inmitten der Szene befindet sich die sitzende lebensgroße Figur des heiligen Jakobus des Älteren mit Pilgerstab und Pelerine. Der kostbare Umhang aus Silber ist mit Diamanten und anderen Edelsteinen besetzt. Unter dem Hochaltar ist das eigentliche Ziel des Jakobsweges. In der Krypta mit einem silbernen Schrein sollen sich die Gebeine des Heiligen befinden.

Hinter dem Altar können wir auch während des Gottesdienstes Pilger sehen, wie sie über eine Treppe hinter die Plastik gehen und deren Schulter von hinten umarmen. „Danke, lieber Freund und Bruder Jakobus, dass du mir geholfen hast, hier anzukommen. Danke für deine Person, für deine Begleitung, für dein Zeugnis, für dein Vermächtnis."

Manche Besucher kommen einer spirituellen Einkehr wenig nahe. Sie sorgen mit ihrem Benehmen für wenig

angenehme Begleiterscheinungen. Drängeln, völlig unange-
messene Kleidung, ständiges Herumfuchteln mit dem Foto-
apparat und anderes. Der allergrößte Teil verfolgt jedoch
mit großer Andacht einen Gottesdienst, den ich in der Fei-
erlichkeit noch nicht erlebt habe. Neun Priester zelebrieren
die heilige Messe. Eine winzige Nonne mit einer großartigen
Stimme geht ans Herz. „Denn jeder hörte sie in seiner Sprache reden", heißt es in der Apostelgeschichte zum bevorstehenden Pfingstfest. In der eigenen Sprache zu hören sind
sie nicht, zu verstehen sehr wohl. Die spirituelle Wirkung
ist so stark, dass sich spürbar ein Gänsehautgefühl breit
macht. Den anderen geht es genauso. Ich schätze, dass
etwa 1.000 Gläubige zur heiligen Kommunion angestanden
haben. Im Anschluss an den feierlichen Segen kommen wir
auch noch in den Genuss des womöglich größten Wahrzei-
chens der Kathedrale.

*Bild 36: Der Bo-
tafumeiro ist der
vielleicht größte
Weihrauchkessel
der Welt.*

Der Botafumeiro kommt sonst nur bei den wichtigsten Feierlichkeiten der Kathedrale zum Einsatz. Möglicherweise wird er heute aufgrund vorheriger Anmeldung einer größeren Pilgergruppe in der Kathedrale geschwungen. Der 53 Kilogramm schwere und 1,50 Meter hohe Weihrauchkessel wird von der zentralen Kuppel der Kathedrale aus bewegt. Dort ist er an einem komplexen Rollensystem für den Schwung in die Seitenschiffe aufgehängt. Um ihn tragen zu können, sind acht Männer, die so genannten „Tiraboleiros", erforderlich. Das Gefäß hängt in 20 Metern Höhe und im Flug erreicht es eine Geschwindigkeit von 68 Stundenkilometern. Unglaublich beeindruckend. So manche Träne kullert schon wieder.

Nach dem Abendessen liege ich noch eine ganze Zeit lang wach im Bett. Der Tag hat mich doch ziemlich aufgewühlt.


Fazit des Tages:

Mit dem Gedanken an die Ewigkeit ans Ende der Welt und in Richtung Himmel.

**Freitag, 18.05.2018 – Santiago de Compostela(E)**

Heute schlafen wir länger. Um neun Uhr geht es in die City, Richtung Fahrradgeschäft, um uns von unseren geliebten Drahteseln zu verabschieden. Noch nicht ganz abgegeben, werden sie schon von dem Mitarbeiterteam flugtauglich verpackt. Wir wundern uns etwas über die Eile, denken aber nicht weiter darüber nach. Auch nicht darüber, warum wir morgen nicht eine halbe Stunde früher als vorgeschlagen zum Flughafen fahren können.

Die Antwort bekommen wir ein paar Stunden später. Das Hotel ist am Telefon. Es stehe ein Kleinbus vor der Tür, um uns zum Flughafen zu bringen. Exakt 24 Stunden zu früh. Das Missverständnis lässt sich schnell ausräumen. Besser zu früh als zu spät. Ansonsten ist heute Bummeltag. Wir sind durch die Stadt gebummelt und haben einen kleinen Einkaufsbummel gemacht. Ich kaufe mir ein gesegnetes Kreuz als Andenken. Ein weiteres dauerhaftes Andenken habe ich in meiner Geldbörse. Auf den spanischen Ein-, Zwei- und Fünf-Centmünzen des Euro ist nämlich die Kathedrale von Santiago de Compostela abgebildet

Nachdem die erste Anspannung des Ankommens in Santiago abgeklungen ist und ich zur Ruhe gekommen bin, setze ich mich noch einmal in eine Bank der Kathedrale. Mir reicht es, den heiligen Jakobus noch einmal zu betrachten. Auf den „Abrazo", die Umarmung, verzichte ich. Verzicht ein wenig auch deshalb, weil man viel Geduld aufbringen müsste. Lange Wartezeiten wären in Kauf zu nehmen. Einen kurzen Moment denke ich darüber nach, ob ich nicht später sagen werde: „Ich hätte es doch machen sollen. Diese Geste kannst du nicht nachholen." Ein vermeintliches Muss für jeden Pilger könnte fehlen. Nein, ich bleibe dabei. Mir reicht das hier.

Fazit des Tages:

Immer mit der Ruhe

## Samstag, 19.05.2018 - Santiago de Compostela(E) –Ahaus(D)

Die Heimreise ist ziemlich unspektakulär. Der Kleinbus steht zum zweiten Mal, jetzt zur exakten Uhrzeit vorm Hotel. Die Fahrräder sind schon drin. Wir jetzt auch. Auf der kurzen Fahrt zum Flughafen wird viel gelacht. Die Vorfreude auf unsere Lieben ist groß.

Als wir das „Sperrgepäck" aufgegeben haben, wird aus unseren jeweils zwei Gepäcktaschen per Folienmantel ein Gepäckstück gemacht, das wir aufgeben können. Weil wir sehr pünktlich sind, müssen wir ein wenig warten. Bei der Gelegenheit lerne ich Karl-Heinz aus Köln kennen. „Ich bin den Camino in diesem Jahr zum zehnten Mal gelaufen", erklärt mir der 78-Jährige.

„Zehn Mal? Wie kommt man dazu? Und woher nehmen Sie die Konstitution, das in dem Alter noch gut zu schaffen?"

„Ich habe ein Bauunternehmen und einen ziemlich stressigen Job. Ich brauchte vor etlichen Jahren dringend eine Auszeit. Die habe ich auf dem Jakobsweg verbracht. Das hat mir so gutgetan, dass ich das regelmäßig wiederholt habe."

„Sind Sie denn mit Ihren 78 Jahren immer noch selbstständig?"

„Das war ganz anders geplant. Mit 66 Jahren habe ich das Unternehmen an zwei fähige Mitarbeiter übergeben. Alles lief gut. Einige Jahre später sind beide in kurzer Zeit hintereinander unerwartet verstorben. Weil ich mein Lebenswerk nicht den Bach abgehen lassen wollte, musste ich notgedrungen wieder ran. Jetzt habe ich zum zweiten Mal alles geregelt. Mitte des Jahres ist Schluss."

„Und Santiago?"

„Mit viel Wehmut werde ich auch meine Pilgerstiefel an den Nagel hängen. Dies war das letzte Mal."

„Ich wünsche Ihnen alles erdenklich Gute. Bleiben Sie noch lange fit und gesund."

„Danke, Ihnen auch.

Was für ein bemerkenswerter Mann.

Einige Stunden später sitzen wir nach einem zwischenzeitlichen Umstieg in der Maschine von Madrid nach Düsseldorf. Vieles geht mir durch den Kopf. Was wird von dieser Reise bleiben? Zunächst ist es das, an das man sich nach jeder besonderen Reise erinnert. Das, was einen fasziniert hat, was traumhaft schön war, an liebevolle Begegnungen, kulturelle Highlights, erlebte Geschichte und Geschichten. Ganz persönliche Eindrücke.

War es das? Oder ist da mehr? Pilger beschreiben nicht selten, dass der Jakobsweg ihren Charakter und ihre Persönlichkeit verändert hat. Habe ich das ähnlich erlebt?

Ja und nein, ist meine Antwort. Ja, es war mehr. Die außergewöhnlichen körperlichen Anstrengungen führen zu der Erkenntnis, dass du mehr kannst, als du meistens denkst. Grenzen auch mal zu überschreiten muss nicht immer negative Konsequenzen haben. Der Glaube versetzt keine Berge, hilft aber, sie zu überwinden. In einem echten Team bist du auch für andere verantwortlich und kannst dich darauf verlassen, dass es umgekehrt ebenso ist. Und nein. Meine Persönlichkeit hat sich nicht verändert. Noch nicht. Möglich, dass die neu gewonnenen Erkenntnisse und Erlebnisse der Anfang davon sind: Wenn du von etwas überzeugt bist, versuche es umzusetzen. Du kannst es schaffen. Wenn du absteigen musst, kommt die nächste Gelegenheit, wieder aufzusteigen, ganz bestimmt. Du musst es nur tun. Die kleinen Schwierigkeiten treten automatisch in den Hintergrund, wenn du das Wesentliche vor Augen hast. Gelassenheit ist eine Tugend, die dir meistens mehr bringt, als dass sie dich lähmt. Ich werde mich beobachten, welches Ende dieser Anfang hat.

Und religiös? Dazu fällt mir eine sehr passende Geschichte ein, die ich vor ein paar Jahren bei einer Abiturfeier im Gottesdienst gehört habe. Der verkürzte Text lautet in etwa:

Christoph hatte eines Nachts einen Traum. Er träumte, dass er am Strand entlang ging und sein ganzes Leben am Himmel zu sehen war. Bei seiner Geburt begann der Weg und für jeden Schritt waren Spuren im Sand zu sehen. Als Christoph so am Strand entlangging, erinnerte er sich an viele Begebenheiten in seinem Leben.

An die guten Tage, wie an den Tag, als er laufen lernte. Mama und Papa hatten sich mit ihm gefreut, als er es endlich alleine konnte. Es war einfach ein schöner Tag gewesen. Und als er so an diese Tage zurückdachte, waren im Sand seine Fußspuren zu sehen und neben seinen Spuren noch ein weiteres Paar. - Wem könnten diese Fußspuren nur gehören?

Er erinnerte sich an die weniger guten, wie an den Tag, an dem er nicht rechtzeitig mit seinem Fahrrad bremsen konnte und kopfüber über den Lenker flog. Mit einem dicken Arm und vielen Schrammen landete er im Krankenhaus. Eine Woche später durfte er das Krankenhaus mit einem Gipsarm wieder verlassen. Und wie Christoph so an seinen Unfall dachte, fiel ihm auf, dass wie immer an den „schlechten" Tagen nur ein Paar Fußabdrücke im Sand zu sehen waren. Gerade in den schlimmen Zeiten war sein „Freund" anscheinend nicht bei ihm.

Beim Frühstück erzählte er seiner Mutter von seinem merkwürdigen Traum. Seine Mutter überlegte lange. Doch dann sagte sie: „Christoph, ich glaube das zweite Paar Fußspuren können nur die Fußspuren Gottes sein. Er begleitet dich ein Leben lang." Da erwiderte Christoph: „Aber warum hat mich denn Gott gerade dann alleine gelassen, wo ich ihn am dringendsten gebraucht hätte?" Da antwortete sie: „An den Tagen, an denen es dir nicht gut ging und du Gott brauchtest, sind nur ein Paar Fußspuren zu sehen. Aber nicht, weil dich Gott hier alleine gelassen hat. Das eine Paar Fußspuren sind Gottes Fußspuren. In den schweren Zeiten hat er dich getragen."

Das Gefühl, von Gott begleitet und getragen zu sein und genau das öfter und stärker als irgendwann sonst konkret gespürt zu haben, ist für mich das religiöse Besondere. Ich kann klar sagen, dass ich vor vier Wochen als Radreisender gestartet und jetzt als Pilger angekommen bin.

Die Stimme einer Stewardess holt mich zurück. „Wir sind im Landeanflug. Bitte schnallen Sie sich an." Nach der Landung in Düsseldorf stehen wir am Gepäckband. Alle anderen Passagiere haben ihr Gepäck schon. Wir sind inzwischen unter uns. Von den sechs Gepäckstücken sind nur vier angekommen. Und Hermann hat als Einziger sein Fahrrad in dem ziemlich lädierten Karton in Empfang nehmen können. Das darf doch nicht wahr sein. Vier Wochen haben wir ohne gravierende Zwischenfälle überstanden, und jetzt das. Wir fragen uns an mehreren Schaltern durch und kommen und kommen nicht weiter, finden keinen Ansprechpartner, der uns weiterhelfen kann. Lediglich eine Verlustmeldung lässt man uns ausfüllen.

Ziemlich betrübt kommen wir zu Hause an. Ich habe kaum Hoffnung, dass mein Fahrrad noch seinen Ehrenplatz bei mir bekommen kann. Bleibt es für immer verschollen?


Fazit des Tages:

Ob ich den Verlust verschmerzen werde?

## Nachwort

Zwei Tage später, am Pfingstmontag, stehe ich mit Kühle vor seiner Haustür.

„Alles okay?"

„Ja, alles bestens."

„Genau, alles hat sich zum Guten gewendet."

Die Suche nach unseren Fahrrädern und dem Gepäck hat uns nicht ruhen lassen. Trotz Pfingstfest haben wir uns die Finger wund telefoniert. Es gab eine Absage nach der anderen. Die Flughafengesellschaft Iberia Airlines in Madrid nahm sich unseres Anliegens nur halbherzig an. Ein trauriger Tag.

Am Abend klingelte dann doch noch Kühles Telefon. Man habe zwei Gepäckstücke und vier Fahrräder wieder aufgefunden. Sie seien in einem Fundraum am Flughafen deponiert.

„Nein, das kann nicht sein. Es müssten fünf Räder sein."

Nach zunächst höflicher, später eindringlicher Aufforderung schaute die Dame an Ort und Stelle noch einmal nach. Kühle habe recht. Es seien tatsächlich fünf Fahrräder. Das Angebot, alles an die jeweilige Heimatadresse zu schicken, bekam eine Abfuhr. Nur unsere eigenen Hände bekämen Gepäck und Räder noch zu fassen. Heute Morgen sind wir hingefahren und konnten soeben uns und unseren Mitstreitern alles wohlbehalten übergeben.

Ganz am Ende ist alles gut. Oder wie es auf dem Stempel aus Belorado heißt:

„Eine gute Reise. Gott zeigt dir den Weg".